本书为国家哲学社会科学基金西部项目（项目批准号：08XZS003）

秩序与情感的冲突

解读清代的亲属相犯案件

魏道明◎著

图书在版编目（CIP）数据

秩序与情感的冲突：解读清代的亲属相犯案件／魏道明著．—北京：中国社会科学出版社，2013.3

ISBN 978 - 7 - 5161 - 1856 - 6

Ⅰ．①秩…　Ⅱ．①魏…　Ⅲ．①亲属—侵权行为—案例—研究—中国—清代　Ⅳ．①D923.902②D923.82

中国版本图书馆 CIP 数据核字（2013）第 294914 号

出 版 人	赵剑英	
选题策划	李炳青	
责任编辑	吴丽平	
责任校对	林福国	
责任印制	张汉林	

出　　版	中国社会科学出版社	
社　　址	北京鼓楼西大街甲 158 号（邮编 100720）	
网　　址	http://www.csspw.cn	
	中文域名：中国社科网　　010 - 64070619	
发 行 部	010 - 84083685	
门 市 部	010 - 84029450	
经　　销	新华书店及其他书店	

印　　刷	北京市大兴区新魏印刷厂	
装　　订	廊坊市广阳区广增装订厂	
版　　次	2013 年 3 月第 1 版	
印　　次	2013 年 3 月第 1 次印刷	

开　　本	710 × 1000　1/16	
印　　张	16	
字　　数	265 千字	
定　　价	48.00 元	

凡购买中国社会科学出版社图书，如有质量问题请与本社联系调换
电话：010 - 64009791

目　录

附表目录

前　言

　　清代遗留下来的各类刑事档案中，亲属相犯案件占有相当的比重。亲属相犯，不仅反映出亲属关系的真实面貌，揭示了亲属之间的道德情感与道德水准，也折射出社会关系的方方面面，有着极高的研究价值，应该是历史学界、伦理学界、社会学界及法学界共同关注的研究课题。

　　迄今为止，学界对于亲属相犯问题的研究，多集中于法律责任及法律关系，或比较亲属相犯与常人相犯不同的法律责任，或借以说明亲属间特殊的法律关系。20 世纪 40 年代，瞿同祖先生在《中国法律与中国社会》一书中，选用以《刑案汇览》为代表的清代案例汇编，系统比较了亲属相犯与常人相犯不同的法律责任，认为古代法律以伦理为立法根据，在亲属相犯的法律规定及处罚方面完全以服制上的亲疏尊卑秩序为依据。① 在此之后，类似的研究还有一些。郑定、马建兴通过梳理《唐律》中纯因亲属身份而致罪的情形和因亲属身份而致刑之加减的情形，认为服制原则是中国传统法律伦理法特征的集中表现，透过这些法律规定，不难观察到丧服制度对传统法律文化的重要影响，也从一个侧面反映中国传统法律文化的独特特征。② 高学强也认为服制是刑事法中定罪量刑的前提和重要标准，服制案件也即亲属相犯案件的处理主要从亲属关系的远近出发，以"亲亲"和"尊尊"为基本原则，具体的表现就是以尊犯卑，处罚很轻甚至免除处罚；而以卑犯尊则处罚很重。这

---

　　① 参见瞿同祖《中国法律与中国社会》，中华书局 1981 年版，第 27—55 页。
　　② 郑定、马建兴：《略论唐律中的服制原则与亲属相犯》，《法学家》2003 年第 5 期。

是中国古代法律引礼入法、礼法结合的重要体现，充分反映了封建法律维护尊卑等级秩序的主要特征和儒家化、伦理化色彩。① 武志文的硕士论文，则主要考察了清代对亲属间相犯案件的处理原则，认为清代法律虽在亲属相犯方面以尊卑等级为指导原则，但由于清政府采取的是扶持以父权、夫权为表现形式的家长制家庭以分散宗族势力的政策，所以，总体上讲，尊卑等级性原则，多体现在服内亲属而非全部亲属。②

过去我们一直以为"亲亲尊尊"是中国传统法律伦理化的典型体现，是中华法系与西洋法的最大区别所在。范忠信先生则另辟蹊径，在考察中西方法律规定之后发现，对于亲属之间的侵害案件，在确定法律责任时，奉行"亲亲尊尊"原则，并非中国古代的专利，西方法传统中也存在此类原则的应用，甚至现代欧美法中仍有大量体现"亲疏有别、尊卑有别"的刑事规范，其"亲亲尊尊"之程度实为我们想象所不及。虽然中国古代讲"亲亲尊尊"过了头，但有其一定的合理性。③类似的研究还有马启华的硕士论文，文章将亲属之间的相互犯罪分为人身侵害、性侵害、财产侵害和其他侵害四类，并简单介绍了我国古代和外国刑法关于亲属相犯的处罚规定；同时认为基于亲属之间不同于常人的亲伦情感以及由此而产生的不同于常人之间的权利义务关系，对他们之间的犯罪给予特殊的处罚是合理的。④

众所周知，清代遗留有大量的刑事档案，研究中国古代法律的学者往往以此作为研究素材。由于这些刑事档案中有着为数众多的亲属相犯案件，因此以清代刑事档案作为研究素材的论著，不可避免地要涉及亲属相犯问题。如美国学者德克·布迪和克拉伦斯·莫里斯在《中华帝国的法律》一书中，就曾选用《刑案汇览》中的 190 个案例作为研究素材，这 190 个案例，其中有不少属于亲属相犯的事例。但作者的研究旨趣在于通过案例具体分析《大清律例》在清帝国司法活动中的运用，故只是从法律适用的角度分析亲属相犯案例，并未特意与常人相犯案件

---

① 高学强：《丧服制度与中国传统刑事法：以亲属相犯为考察中心》，《中国刑事法杂志》2009 年第 6 期。

② 武志文：《试论清代亲属相犯的法律责任》，硕士学位论文，西南政法大学，2004 年。

③ 范忠信：《"亲亲尊尊"与亲属相犯：中西刑法的暗合》，《法学研究》1997 年第 3 期。

④ 马启华：《论亲属容隐与亲属相犯》，硕士学位论文，中国政法大学，2003 年。

区别开来进行研究。① 另一位美国学者步德茂也以清代刑科题本为素材，从经济结构变迁的角度，研究 18 世纪广东、四川、山东等地普通百姓的日常冲突，认为"田土产权和经济制度的变革要求加剧了暴力争端的潜在可能"。与德克·布迪和克拉伦斯·莫里斯不同，步德茂注意到这些暴力纠纷中，发生于同房同族的占到三分之一左右。至于亲属之间的暴力纠纷为何如此常见？步德茂先生认为由于伦理规范在日趋繁复的商品化经济中被侵蚀，故宗亲纽带并没有起到缓解暴力纠纷的作用。②

在中国古代，由于聚族而居的传统以及亲属组织事业化的倾向，亲属间极易产生各种矛盾与纠纷，亲属相犯，实际上都是因为日常生活矛盾与纠纷未能得到有效化解而引起。为防范矛盾、纠纷升格为刑事相犯案件，古代社会也极为重视纠纷的化解，有着一套自己的纠纷解决机制。中外学者在这方面进行了富有价值的研究，有众多的研究成果。

在日本学者滋贺秀三看来，中国古代的民事诉讼是一种"父母官式的诉讼"或"教谕式的调停"，州县长官不是依据法律而是按照"情理"（中国式的良知）这种缺乏规范化和确定性的东西作为裁决依据。③对此，华裔美籍学者黄宗智则提出不同看法。黄宗智以清代淡新、宝坻、巴县地方档案为依据，发现在清代州县自审的民事案件中，绝大多数都是依据《大清律例》作出判决的。故此，黄宗智认为中国古代对于民事诉讼实际上采取的是依法审判的做法，滋贺秀三所谓情理调停的说法并不能成立。④ 其后的研究者，则折中了滋贺秀三与黄宗智的观点。如春杨考察了晚清乡土社会民事纠纷的调解制度，认为清代存在着民间调解、州县官调处及介于官方和民间之间的半官方性质调解等三种类型；纠纷调解依据也呈多元化的特征，除去国家制定法以外，儒家伦

---

① ［美］德克·布迪、克拉伦斯·莫里斯：《中华帝国的法律》，江苏人民出版社 2010年版。

② ［美］步德茂：《过失杀人、市场与道德经济：18 世纪中国财产权的暴力纠纷》，社会科学文献出版社 2008 年版，第 225—234 页。

③ 参见［日］滋贺秀三《清代诉讼制度之民事法源的概括性考察——情、理、法》、《清代诉讼制度之民事法源的考察——作为法源的习惯》，载［日］滋贺秀三等著，王亚新等编《明清时期的民事审判与民间契约》，法律出版社 1998 年版，第 19—96 页。

④ 参见［美］黄宗智《民事审判与民间调解：清代的表达与实践》，中国社会科学出版社 1998 年版，第 76—107 页。

理、家法族规、乡规民约、民事习惯等均发挥着重要作用。① 里赞也以清代四川南部县档案为依据，指出所谓州县在审判时完全依律或完全依情都只可能是在个案中得出的结论，并不能全面反映州县裁断案件的整体情况。情理尽管构成了州县处理具体纠纷的基本价值准则，但这并不是对所有的案件和所有的当事人都同样适用的客观规范。在里赞看来，州县在处理案件时，一般不会单独选择情、理、律之一作为审断的依据，而是将三者结合在一起，裁决并没有脱离律例的规定，但也考虑具体案情，并在判词中引用经义加以说理。②

纠纷解决机制，除了国家司法层面上的诉讼或审判以外，还有非诉讼层面上的调解机制。对此，学界也进行了探究。范忠信、胡旭晟、夏新华等人都从传统文化的价值导向来解释古代社会的调解机制，范忠信认为古代社会以"无讼"为理想，因而"贱讼"进而通过教化和调解来"息讼"；万不得已才提起诉讼，即使诉讼，也是重"名分"而轻"是非"，依照情、理、法等多元因素来判决。③ 胡旭晟、夏新华也认为调解具有强大的理论体系和社会观念作为基石，是古代中国最具文化代表性和最富于文化韵味的争端解决形式，贯穿了"息讼"、"德化"以及"和谐"的原则与精神。④ 毛国权则以宗法结构与宗法关系来解释古代社会的民事争议解决机制，认为中国古代社会是一种宗法社会，体现人与人之间关系的宗法结构不仅是历代王朝正统法律理论的学说，是帝制王朝法律运行的实践，也主导了纠纷解决机制。⑤

除去对古代社会纠纷解决机制的整体性研究，还有不少对某一时期纠纷解决机制进行细致化研究的论著。主要集中于明清两代。如王日根考察了明清时期乡约的属性与变迁，民间社会秩序形成与变迁的基本概

---

① 春杨：《晚清乡土社会民事纠纷调解机制研究》，北京大学出版社 2009 年版。

② 里赞：《晚清州县诉讼中的审断问题：侧重四川南部县的实践》，法律出版社 2010 年版，第 185—186 页。

③ 范忠信：《情理法与中国人》，中国人民大学出版社 1992 年版。

④ 胡旭晟、夏新华：《中国调解传统研究》，《河南政法管理干部学院学报》2000 年第 4 期。

⑤ 毛国权：《宗法结构与中国古代的民事争议解决机制》，法律出版社 2007 年版，第 170—173 页。

貌以及福建乡里械斗等纠纷解决的机制等问题。① 卞利、韩秀桃等学者依据明初颁布的《教民榜文》或徽州地方档案、契约等对明清时期的纠纷解决机制进行了探讨。② 陈会林考察和解读了明清时期各类地缘社会组织参与纠纷解决的历史实情，并分析了地缘社会组织广泛参与民间解纷的原因以及地缘组织解纷与国家司法之间的关系。③ 国外学者在这方面也有许多研究论著。如日本学者寺田浩明对于明清时期的禁约、乡约、盟约等进行了解读，主要论述了法与约的关系、乡约的存在形态和内在结构、约与地域性秩序的关系等问题。④ 另一位日本学者中岛美章则利用大量的徽州法律文书，深入探讨了以徽州为代表的明代乡村纠纷及秩序的形成与变迁过程，解析当时历史背景下的社会结构，复原了当时乡村社会纠纷解决机制和社会秩序的形成状况。⑤

综上所述，学界虽对亲属团体之间的纠纷解决机制有着较多的论述，但对于亲属相犯问题本身，研究则局限于亲属相犯与常人相犯不同的法律责任或亲属间特殊的法律关系方面，因此还留有相当的研究空间，可供探究的问题还有很多。本书选择亲属相犯的原因进行分析。全书共分为五章，第一章主要是对亲属、亲属相犯等基本概念的界定以及《大清律例》中亲属相犯罪名的归类和特点分析；第二章是对亲属相犯行为的性质分类及起因分析；第三章主要叙述亲属相犯行为折射出的亲属关系；第四章为全书重点，着重说明在高度重视"亲亲"伦理的古代社会何以频繁发生亲属相犯案件的原因，进而讨论"亲亲"伦理的特点、价值及实际效用等问题；第五章为结论部分。

历史研究有两个层面，一是叙述过去发生的历史事实，也即说明"是什么"，二是分析、解读过去的历史事实，也即说明"为什么"。虽

---

① 王日根：《明清民间社会的秩序》，岳麓书社 2003 年版。
② 韩秀桃：《〈教民榜文〉所见明初基层里老人理讼制度》，《法学研究》2000 年第 3 期；韩秀桃：《明清徽州的民间纠纷及其解决》，安徽大学出版社 2004 年版；卞利：《明代徽州的民事纠纷与民事诉讼》，《历史研究》2000 年第 1 期。
③ 陈会林：《地缘社会解纷机制研究：以中国明清两代为中心》，中国政法大学出版社 2009 年版。
④ ［日］寺田浩明：《明清时期法秩序中"约"的性质》，载 ［日］滋贺秀三等著，王亚新等编《明清时期的民事审判与民间契约》，法律出版社 1998 年版。
⑤ ［日］中岛美章：《明代乡村的纠纷与秩序》，江苏人民出版社 2010 年版。

然，在不少人看来，"是什么"只是历史研究的初级层次，其目的是为分析"为什么"做好基础工作，"为什么"才是历史研究的高级层次和终极目的。但笔者对分析"为什么"，一直心存疑虑，敬而远之。心存疑虑是因为分析"为什么"不过是研究者个人对历史现象（事实）的一种解读和认识，主观色彩浓厚，观察问题的角度与目的，甚至个人的好恶、生活经历、健康状况等都会影响、制约分析与解读，故结论不能服众或经不起推敲的情形，时有发生。敬而远之是因为分析"为什么"对个人的学识素养、理论水平要求较高，而这正是笔者的软肋。所以，自己以往的一些研究工作，多以考实性研究为主。对亲属相犯案件产生兴趣，最初也只是想通过比较亲属相犯与常人相犯不同的法律责任来说明亲属间特殊的法律关系。但在搜集整理资料的过程中，却发现清代遗留下来的各类案例汇编中，亲属相犯案件占有相当的比重，如《刑案汇览》人命、斗殴类下共载有各类杀伤案例 1337 例，其中属于亲属间杀伤的就有 625 例，占到案例总数的 47% 左右。这一状况，颇出笔者的意料。众所周知，"亲亲之爱"是中国传统道德伦理的起点，也是最高的道德标准，直到今天，仍在我们内心深处占有极为重要的地位。所以，在笔者的想象中，亲属关系应是一种和睦、亲爱的情景。然而清代频频发生的亲属相犯案件，却告诉我们，亲属之间并不一定比常人关系融洽，生活实际与道德理想之间存在着巨大的反差。正是这种反差，使得笔者的研究初衷发生了改变，转而思考在高度重视"亲亲之爱"的古代中国社会，亲情为何如此淡漠？亲属关系为何沦落为常人关系？为什么频繁发生亲属相犯案件？本书就是笔者对这一问题的初步思考。

关于亲属相犯事件频繁发生的原因，学界尚无专论，本书在分析归纳大量亲属相犯案件起因的基础上，概括总结了导致亲属相犯的一般原因；在方法上，力求实证研究与理论研究的结合。这既给研究带来了新意和价值，同时造成了诸多的难点：

首先，本书虽然是从亲属相犯的角度反向研究儒家的"亲亲"伦理，但研究的主旨却是出于"同情理解"和"善意解读"。如何在反向解读中保持人文关怀精神，避免可能出现的扭曲批评或恶意中伤，也就成为我们必须认真考虑的问题。

其次，亲属相犯的起因极为复杂，将之全部纳入一个框架中进行解释，可能会出现削足适履的情况。因此，在研究中，需要认真归纳、总结亲属相犯案件的特点，注意区分个别与一般、诱因与原因、表象与实质，从具体到抽象，渐次推进，保证逻辑关系的严密与清晰。

最后，本书是推究亲属相犯的一般原因，理论性、概括性较强，许多问题不易把握。如情感与秩序的关系、德性与权利的关系、亲属间道德的特殊性问题、儒家"亲亲"伦理性质的转变及其价值与作用问题、亲属相犯与常人相犯的异同，等等。这对笔者的学识和理论素养构成了严峻挑战。

正是因为有上列的诸多难点，本书的思考与撰写，让笔者着实费力不少，仅思考、论证方面，就历时两年左右，2008 年，有幸获准国家社科基金项目，直至 2011 年底，最终完稿，前前后后也花费了五六年光景。除去个人的努力，师友也给予了很多的指导和帮助：课题组的成员伊敏副教授、白贤老师，在资料收集整理及课题论证方面，多有贡献；国家社科基金项目的匿名评审专家及参加本课题开题论证会议的白文固教授、何波教授、杜常顺教授、张礼萍教授、李少波教授、邓智华教授等提出了非常好的意见与建议；中国社会科学出版社的李炳青女士、吴丽平女士为本书的编校、出版颇费辛劳，她们精湛的专业知识和认真负责的工作态度，使得本书增色不少。在此一并致谢。

第 一 章

亲属与亲属相犯

第一节　基本概念的界定

一　亲属

亲属是因婚姻、血缘关系以及法律拟制而产生的人与人之间的社会关系，其外在表现是有亲属关系的人相互之间的身份称谓，这种关系一经法律调整，便在亲属之间产生法定的权利和义务。

论及亲属，首先需要明确的是亲属范围，而这一点恰恰又最困难。亲属本是自然存在的社会关系，凡沾亲带故皆可称亲属，因此，从社会学意义上说，亲属的范围可以无限扩大，乃至于将社会中的一切人都视为亲属。以中国古代社会为例，由于家国一体的社会结构及家族本位的文化特色，亲属关系成为中国古代社会关系的基本模式，其他各种关系均是亲属关系的衍射，如君臣之间称"君父"和"臣子"，官民称"父母官"与"子民"，师生分称"师父"和"弟子"，全部的社会关系就可以看成各种各样亲属关系的社会化，[1] 亲属范围得以无限扩大。[2]

---

[1]　郑秦：《十八世纪中国亲属法的基本概念》，《比较法研究》2000 年第 1 期。

[2]　中国人皆自称为"炎黄子孙"，国民称"同胞"，以至于"天下一家"、"四海之内皆兄弟"；两个同姓的中国人相见，都习惯说"五百年前是一家"；与自己父、祖同辈的人，我们一概称作"叔叔"、"爷爷"，与自己母亲、祖母同辈的人，也一概称作"姨姨"、"奶奶"；两个有通婚关系的国家，称"甥舅之国"，著名的"唐蕃会盟碑"又称作"甥舅会盟碑"。这些都是亲属概念无限扩大的例证。

法律意义上的亲属，虽然概念相对明确，但扩大的倾向依旧存在。最明显的莫过于古代各朝法律中"同姓不婚"的规定，① 这一规定的理由无非是基于凡同姓皆属于亲属的逻辑。即便是认为"同姓不婚"一般处于名禁而实不禁的状态，② 同姓事实上不能构成具有法律意义的亲属关系，但具备法律效力的亲属范围仍然相当广泛。在《大清律例》中，亲属从种类上可分为宗亲、姻亲、妻亲三类，分别称父（宗）党、母党、妻党；从亲等上可以分为斩衰、齐衰、大功、小功、缌麻、袒免六等。

所谓斩衰、齐衰、大功、小功、缌麻、袒免，原是指丧服，即居丧时的穿戴。在中国古代社会中，服饰被看作区别尊卑等级的重要标志，不仅平常所穿的"吉服"有等级之别，居丧时生者为死者守丧所穿的"凶服"（即丧服）也有区别。

斩衰：斩，不缉、截布断之，即丧服以最为粗糙的麻布做成，丧服的边缘保留裁割原状，不加缝缉、锁边，兼含"痛甚"、"仓促"之义，故名之。丧服以三升麻布制成（古制，麻缕，八十根为一升，升数越少，布质越粗）。丧期为三年。子为父，妻为夫，臣为君，父为长子等，皆服斩衰。

---

① 一般认为，"同姓不婚"始于周代，《魏书》卷7上《文帝纪上》："夏、殷不嫌一族之婚，周世始绝同姓之娶"（中华书局1974年版，第153页）。后世则遵循了这一原则，出现于汉代的《白虎通·德论》曰："同姓不得相娶，以重人伦"；北魏对同姓而婚者以不道罪处治（《魏书》卷7上《文帝纪上》，第153页）；唐以后的各朝法律都有明确禁止同姓相婚的条文，参见《唐律疏议》卷14《户婚》"同姓为婚"条（中华书局1983年版，第262页）、《宋刑统》卷14《户婚》"同姓及外姻有服共为婚姻"条（法律出版社1999年版，第246页）、《大明律》卷6《户律·婚姻》"同姓为婚"条（法律出版社1999年版，第62页）、《大清律例》卷10《户律·婚姻》"同姓为婚"条（法律出版社1999年版，第208页）。

② 唐律中虽规定同姓不得为婚，但《疏议》曰："同宗共姓，皆不得为婚"，意思是说，同姓不婚限于同姓又同宗者，同姓异宗者仍可为婚（参见《唐律疏议》卷14《户婚》"同姓为婚"条，第262页）；明、清律中一概禁止同姓为婚，同姓异宗也在禁止之列，但司法实践中，只处罚同宗为婚者。据瞿同祖先生的研究，在清代的案例汇编《刑案汇览》、《续增刑案汇览》及《新增刑案汇览》中，有不少夫妻同姓的例子，但没有一个案例是单纯为同姓为婚而涉讼的，因其他案件而被发现，官府也不加追问，并不强制离异，这说明清代事实上不处罚同姓为婚者，因此，《大清律例汇辑便览》注云："同姓者重在同宗，如非同宗，当援情定案，不必拘文。"（参见瞿同祖《中国法律与中国社会》，中华书局1981年版，第90—92页）

齐衰：齐，缉也，即丧服边缘加以缝缉，较之斩衰做工较细，麻布质量也好一些，以五升麻布制成。齐衰服的丧期最为复杂，有齐衰三年、齐衰杖期、齐衰不杖期、齐衰五月、齐衰三月五等。其中，子为母，齐衰三年；夫为妻、子为出母、嫁母，齐衰杖期。为祖父母、伯叔父母、在室的姑、姊妹、兄弟、侄等齐衰不杖期；为曾祖父母齐衰五月；为高祖父母等齐衰三月。

大功：丧服用熟麻布制成，根数为九升，质地较细，但加工较为粗糙，即"用功粗大"，故名大功。期限为九月或七月，服丧对象主要包括出嫁之姑母、姊妹、女儿、堂兄弟、庶孙、嫡（子）妇、夫之祖父母、伯叔父母和妾为妻之庶子。

小功：丧服以十一升麻布制成，用料为澡麻布，也即漂洗过的麻布，加工也比较细致，"用功细小"，故名小功。丧期为五月，服丧对象主要包括从祖父母、从祖昆弟、外祖父母、夫之姑姊妹等。

缌麻：丧服以十五升麻布制成。缌，同丝，即用精加工的麻布制作，类似于丝布，故名缌麻。丧期为三个月。服丧对象主要包括族曾祖父母、族祖父母、祖父母、族昆弟、庶孙之妇、从祖姑、姊妹适人者、外孙、乳母、曾孙、舅、甥、岳父母、女婿。

以上五个丧服等级称作五服，五服之外则为袒免，袒免则无丧服、丧期，遇丧时仅袒露左臂，去冠括发而已。服丧对象为同五世祖及以下的亲属。

由于丧服制度是根据血缘关系的远近及尊卑关系而制定的，丧服等级即是亲等的差别，故礼制中的丧服名称就转化为法律上的亲等名称。但丧服等级与亲等略有差异，不能完全对应。丧服制度中父、母不同制，分别有斩衰、齐衰三年、齐衰杖期，而法律中父母则并列，单用斩衰、齐衰不能包容，故法律中的亲等不直接使用斩衰、齐衰之名，而是将齐衰杖期以上的直接称至亲，其他属于齐衰服制的亲属（包括齐衰不杖期及齐衰五月、齐衰三月）统称为期亲。其余大功、小功、缌麻、袒免等丧服名称则直接转化为法律上的亲等名称。其具体的范围，至亲就是父母（包括祖父母、曾祖父母、高祖父母），其余者，大体上如《礼记》孔颖达注云："同父则期，同祖则大功，同曾祖则小功，同高祖则缌麻。"① 五世祖以下的亲属则为祖免亲。

以上亲等所包含的亲属，从种类上说，可分为宗亲、姻亲、妻亲三类，但从数量上讲，主要是宗亲。法律在界定亲属关系时，几乎将所有的父系成员都划分为亲属，其中，同一高祖内成员称为"有服亲"，包括至亲、期亲、大功、小功、缌麻五等；五世祖以下的亲属则为"无服亲"，即祖免亲。祖免亲的边际很难确定，法律解释也不明确："凡同五世祖，族属在缌麻绝服之外，皆为祖免亲。"② 按照"缌麻绝服之外，皆为祖免亲"的模糊解释，同宗甚至同族的亲属都可以包含在祖免亲之内。宗亲之外的称外亲，即妻、母方面的亲属。这一方面被划入亲属范围内者，比起宗亲来，数量就少多了。在清律中，母方成员被列入亲属者，有服、无服合起来，仅有母之祖父母、外祖父母、母之兄弟、母之姐妹、舅之子、堂舅之子、两姨之子、堂姨之子、舅之孙、姨之孙；③妻方成员被列入亲属者，也仅有妻祖父母、妻外祖父母、妻父母、妻叔伯、妻之姑、妻兄弟及妇、妻之姊妹、女之子、妻兄弟子、妻姊妹子、女之孙。④

中国的语言文字在表达亲属关系方面有着极为丰富的词汇，⑤ 法律也吸纳了这一特点，亲属称谓复杂而又具体，互不混淆，如兄弟就有兄弟、堂兄弟、再从兄弟、族兄弟、族从兄弟、族再从兄弟之别。甚至在父亲、母亲这些难以作变通的称呼上，清律依然列有"三父八母图"，⑥"三父"皆是指继父，根据关系的远近分为同居继父、不同居继父、从

---

① 《礼记·丧服小记》孔颖达注，（清）阮元校刻：《十三经注疏》（下册），中华书局影印本1980年版，第1495页。
② 《大清律例》卷2《诸图·丧服图》"本宗九族五服正服之图"，第65—66页。
③ 《大清律例》卷2《诸图·丧服图》"外亲服图"，第71页。
④ 《大清律例》卷2《诸图·丧服图》"妻亲服图"，第72页。
⑤ 在《尔雅·释亲》及《仪礼·丧服》中就已有129种亲属称谓（参见谢维扬《商周家庭形态》，中国社会科学出版社1990年版，第94页）；后世愈加繁多，大约有350个，成为人类史上亲属称谓最多的国家，比排在第二位的古罗马（122个）多出两倍左右（详见 P. Bonannan and J. Middleton, eds., *Kinship and Social Organization*, New York: The Natural History Press, 1968, p.55. 转引自何柄棣《读史阅世六十年》，广西师范大学出版社2005年版，第444页）。
⑥ 参见《大清律例》卷2《诸图·丧服图》"三父八母图"，第73—74页。

继母嫁之继父三种;① "八母" 是指除生母外的养母、嫡母、庶母、继母、乳母、慈母及嫁母（生母因父死再嫁）、出母（生母被父所休）。除去嫁母、出母两种特殊情况，"三父八母" 的概念中并不包括亲生父母，如加上他（她）们，则成为 "五父十三母"。②

法律中亲属的范围虽然广泛，但在不同的法律关系中，所包含的亲属范围并不相同。在析产及继承关系中，清律中具有法律效力的亲属仅

---

① 继父分等在《礼记》、《仪礼》就已出现，根据亲等分为同居继父、先同居后异居继父、不同居继父三种，其具体的标准是："子家无大功之内亲；继父家亦无大功之内亲；继父以财货为此子筑宫庙，使此子四时祭祀不绝；三者皆具，即为同居（继父）"；若 "三者一事阙，虽同在继父家，亦名不同居（继父）"；若继父与继子之间最初符合同居的三个条件，以后继父有子，也就是说继父有了大功以上亲，继父与继子的亲等关系就疏远了，就变成了先同居后异居继父。需注意的是，先同居后异居继父必须是 "必尝同居，然后为异居；未尝同居，则不为异居"。也就是说，先同居后异居继父的前提是曾经同居。还需注意的是，"继父者，谓母后嫁之夫也。若母嫁而子不随，则此子与母、继父，固自路人，无继父之名。"所以，只有随母与其后嫁之夫共同居住、生活，才有继父之称。（以上论述参见《仪礼·丧服篇》、《礼记·丧服小记》及孔颖达、贾公彦疏；魏道明：《始于兵而终于礼——中国古代族刑研究》，中华书局 2006 年版，第 158 页）唐律中也对继父进行了分等，其标准基本遵循了《礼记》、《仪礼》的精神，但某些方面已失经典本意。《唐律疏议》卷 23《斗讼》"殴妻前夫子" 条疏议曰："继父者，谓母后嫁之夫。注云：'谓曾经同居，今异者'，依礼：'继父同居，服期'，谓妻少子幼，子无大功之亲，与之适人，所适者亦无大功之亲，而所适者以其资财为之筑家庙于家门之外，岁时使之祀焉，是谓同居……其不同居者，谓先尝同居今异者，继父若自有子及有大功之亲，虽复同住，亦为异居。若未尝同居，则不为异居，即同凡人之例。"（第 419—420 页）《疏议》中关于 "同居继父"、"不同居继父" 的划分标准依据的是亲等，与《礼记》、《仪礼》的精神相符，在名称上却将不同居继父和先同居后异居继父混为一谈，后者被包括在前者之内，但在亲等上又对两者做了区别，未曾形成过同居关系的不同居继父与继子发生斗殴，"即同凡人之例"。唐律中尚无 "三父" 的名称，"三父" 的称谓出现于何时，已不可考，但《元典章》中已列有 "三父八母图"，清律延续之。但《元典章》及《大清律例》中的 "三父"，已大失经典原义，殊为怪诞。《大清律例》卷 2《诸图·丧服图》"三父八母图" 条中的继父分为同居继父、不同居继父、从继母嫁之继父三种，其中，"同居继父" 分为 "两无大功亲" 和 "两有大功亲" 两类，"不同居继父" 包括 "先曾与继父同居今不同居" 和 "自来不曾随母与继父同居" 两类。于是，"同居" 的含义发生了变异，经典中的 "同居" 一词，本意是指继父、继子的关系而言，继父与继子只有形成了共财及祭祖的密切关系，方可称同居，与是否共同居住无关，所以才会有 "虽同在继父家，亦名不同居（继父）" 的情况，而清律中 "同居" 的则成为共同居住之意，遂大失经典本意。

② "五父" 是指父、本生父（为人后者称亲生父）、所后父（为人后者称所后父）、同居继父、不同居继父；"十三母" 是指母、生母、本生母（为人后者称亲生母）、所后母（为人后者称所后母）、从继母嫁之母（改嫁继母）、养母、嫡母、庶母、继母、乳母、慈母、嫁母、出母。

仅包括父母、子女和配偶，① 同宗亲属一般不在其内。② 而在亲属相犯方面，清代法律所规定的亲属范围却没有限制，扩张到所有亲属：

> 凡娶同宗无服（姑侄姊妹）之亲及无服亲属之妻者，（男女）各杖一百；若娶（同宗）缌麻之妻及舅甥妻，各杖六十、徒一年；小功以上（之妻），各以奸论（自徒三年至绞、斩）；其（亲之妻）曾被出及已改嫁而娶为妻、妾者（无服之亲不与），各杖八十。（《大清律例》卷10《户律·婚姻》"娶亲属妻妾"条）

> 凡各居（本宗、外姻）亲属，相盗财物者，期亲，减凡人五等；大功，减四等；小功，减三等；缌麻，减二等；无服之亲，减一等。（《大清律例》卷25《刑律·贼盗下》"亲属相盗"条）

> 凡同姓亲属相殴，虽五服已尽而卑幼名分犹存者，尊长（犯卑幼），减凡斗一等；卑幼（犯尊长），加一等；至死者（无论尊卑长幼），并以凡人论。（《大清律例》卷28《刑律·斗殴下》"同姓亲属相殴"条）

> 凡骂（内外）缌麻兄姊，笞五十；小功兄姊，杖六十；大功兄姊，杖七十；尊属（兼缌麻、小功、大功），各加一等。若骂（期亲同胞）兄姊者，杖一百；伯叔父母、姑、外祖父母，各加（骂兄

---

① 《大清律例》卷8《户律·户役》"卑幼私擅用财"条附例："其分析家财、田产，不问妻、妾、婢生，止依子数均分。奸生之子，依子量与半分。如别无子，立应继之人为嗣，与奸生子均分；无应继之人，方许承继全分"；"户绝财产，果无同宗应继之人，所有亲女承受。无女者，听地方官详明上司，酌拨充公。"同书同卷"立嫡子违法"条附例云："妇人夫亡无子守志者，合承夫分，须凭族长择昭穆相当之人继嗣"；"凡乞养异姓义子有情愿归宗者，不许将分得财产携回本宗"（第187页）。按此，在财产分析及继承关系中，清律所列具有法律效力的亲属仅仅包括子女和妻，其中子包括嗣子（应继之人）和异姓养子，父母与夫反倒不在其列。换言之，清律所列，仅仅是由尊至卑的承继，未列由卑至尊的承继。因为，从礼制及法理来说，卑幼不能具有独立的财产，逻辑上便不能成立由卑至尊的继承关系；在析产关系中，由尊长决定和主持析产，也不宜将尊长与卑幼同列为分析人。但无论如何，离开了尊长，析产与继承就无法进行，其主体地位，不容否定。

② 如家中有子，析产与继承便由子辈进行，与同宗亲属无关。如若户绝，《大清律例》卷8《户律·户役》"卑幼私擅用财"条附例规定："户绝财产，果无同宗应继之人，所有亲女承受。无女者，听地方官详明上司，酌拨充公"（第187页）。条例中的"同宗应继之人"，根据上下文之意，应是指同宗嗣子，而非同宗亲属。按此，户绝之家，财产由女儿继承，无女，则充公，也与同宗亲属无关。

姊）一等。(《大清律例》卷 29《刑律·骂詈》"骂尊长"条)

凡奸同宗无服之亲及无服亲之妻者，各杖一百（强者，奸夫斩监候）。奸（内外）缌麻以上亲及缌麻以上亲之妻，若妻前夫之女，同母异父姊妹者，各杖一百、徒三年；强者，（奸夫）斩（监候）。若奸从祖祖母、（祖）姑、从祖伯叔母、（从祖伯叔）姑、从父姊妹、母之姊妹及兄弟妻、兄弟子妻者，（奸夫、奸妇）各（决）绞；强者，（奸夫决）斩。若奸父祖妾、伯叔母、姑、姊妹、子孙之妇、兄弟之女者，（奸夫、奸妇）各（决）斩；（强者，奸夫决斩）。(凡奸前项亲属）妾，各减（妻）一等；强者，绞（监候）。(《大清律例》卷 33《刑律·犯奸》"亲属相奸"条)

以上所引有关亲属相犯的法条中，亲属的范围极其广泛，从有服亲到无服亲，从宗亲到外亲，从血亲到拟制亲属，囊括了所有的亲属。但这样的规定，涉及的亲属过于广泛，司法实践中不易操作。有服亲尚有章可循，无服亲的边界则不易确定，五服以外沾亲带故者似乎都是。那么，这些关系极为疏远的亲属，他们之间的相犯行为，是否按亲属相犯的法条来处置，负责审案的官员也多有疑惑。对于发生在远亲之间的相犯行为，处置并不统一，有按亲属相犯来处置的，也有按常人相犯来处置的。至乾隆十三年（1748），刑部终于对亲属相犯中无服亲的边界作了专门的解释：

伏思三党（父党、母党、妻党——作者注）内无服尊长数不胜纪，若不明立界限，任意推广，于法未免宽纵。在本宗无服以外皆为袒免之亲，自应均照无服亲属定拟。若外姻亲属，原与同姓有分，既为图所不载，即毋庸更为置议。臣部现在办理章程盗案内，遇有关涉外姻者，一以服制图为断。应请嗣后除本宗五服以外，俱照无服之亲定拟外，其外姻尊长亲属相盗，惟律图内载明无服字样者，方准照律减等，此外不得一概援引。(《刑案汇览》卷 18《刑律·贼盗·亲属相盗》"外姻亲属相盗应照服图定例"条，第636 页)

　　至乾隆十五年（1750），这一原则正式成为条例："凡亲属相盗，除本宗五服以外，俱照无服之亲定拟外，其外姻尊长亲属相盗，惟律图内载明者，方准照律减等，此外不得滥引。"① 按此，亲属相盗中无服亲的范围，应内外有别：本宗亲属，五服之外皆可称无服亲；而外亲中的无服亲，仅限于《大清律例》服制图所标明的无服亲属——母祖父母、堂舅之子、堂姨之子、舅之孙、姨之孙、姑之孙、妻祖父母、妻外祖父母、妻叔伯、妻之姑、妻兄弟及妇、妻之姊妹、妻兄弟子、妻姊妹子、女之孙，其余皆不在其内。以上的解释虽只是针对亲属相盗而言，但从清代司法实践来看，其他的亲属相犯行为也遵循这一原则，服制图未标明的无服外亲之间的杀伤皆按常人相犯来处置，如乾隆四年（1739）吴凤殴死姐夫族侄徐六案、乾隆五年（1740）张双狗毒死妻母族弟之女马大姐案、乾隆四十六年（1781）王老虎儿殴死妹夫之弟王根儿案等。②

　　当然，拟制血亲也属于亲属范围。包括清代在内的古代各朝法律虽一般禁止收养异姓子，但允许收养三岁以下遗弃小儿及女儿。他们之间发生相犯行为，皆按亲属相犯来处置。如嘉庆二十四年（1819），李沅致死所收养义女图赖，以杀子孙图赖人治罪；③ 又如嘉庆二十五年（1820）姚宗库奸义子妇案、道光五年（1825）王锡添奸义子妇案，均照亲属相奸律处罚。④ 但在清代，拟制血亲之间的相犯行为是否属于亲属相犯，似乎也要考虑拟制血亲关系存在的时间长短，区别对待：收养时间长，以亲属论；若短，则以雇工人论。⑤ 嘉庆五年（1800），唐综

　　① 《大清律纂修条例（乾隆十五年）·刑律》"亲属相盗"条续纂条例，收入刘海年、杨一凡总主编《中国珍稀法律典籍集成》丙编第一册，科学出版社1994年版，第794页。

　　② 以上三案分别参见中国第一历史档案馆、东亚法律文化课题组合编《清代"服制"命案——刑科题本档案选编》"吴凤殴死姊夫族侄徐六案"条、"张双狗毒死妻母族弟之女马大姐等三命案"条、"王老虎儿殴伤妹夫之弟王根儿身死案"条，中国政法大学出版社1999年版，第46、71、258页。

　　③ 参见（清）祝庆祺、鲍书芸《刑案汇览》卷33《刑律·人命·杀子孙及奴婢图赖人》"故杀恩养年久义女图赖人"条，北京古籍出版社2004年版，第1205页。

　　④ 参见（清）祝庆祺、鲍书芸《刑案汇览》卷53《刑律·犯奸·亲属相奸》"强奸十一岁童养义子妇已成"条、"与义子妇通奸氏父杀女图赖"条，第1997—1998页。

　　⑤ （清）祝庆祺、鲍书芸：《刑案汇览》卷33《刑律·人命·杀子孙及奴婢图赖人》"故杀收养遗弃小儿图赖人"条引例，第1205页。

佑故杀收养未久的义子唐西元图赖人，以家长故杀雇工人论处；而嘉庆二十三年（1818），林存照故杀已收养七年的义子林增弟图赖人，以家长故杀子侄图赖人论处；又嘉庆十七年（1812），曹上得违反义母曹徐氏教令，致曹徐氏自尽，以子违反教令致父母自尽例拟以绞候。义子若归宗，则亲属关系即告终止，再发生相犯行为，以家长、雇工人相犯论处。嘉庆十八年（1813），归宗义子杨胡存顶撞义父孙明德，孙明德追殴，因雨后路滑，跌倒殒命，以雇工人致死家长律减等处罚。但道光六年（1826），归宗义子李德顺之妻李张氏顶撞义翁李文仓，致其气忿自尽，李张氏却比照子孙违反教令致父母自尽律减等处置。当然，本例并不能说明义子归宗后与义父母还存在亲属关系。李张氏却比照子孙违反教令致父母自尽律，属于适用法律不当。为说明问题，我们将刑部对李张氏案所拟的"说帖"照录如下：

> 直督题：李张氏因向义翁李文仓争分梨树，致李文仓气忿服卤身死一案。查李张氏系李文仓义子李顺德之妻。李顺德自幼过房，经李文仓抚养长大，娶妻生子，恩养多年。后李文仓生有子嗣，令李顺德归宗，分给房地，原配妻室，不曾拘留，并无义绝之状。如李顺德与李文仓有犯，应以雇工人论。检查嘉庆十八年陕西省题归宗子杨胡存顶撞义父孙明德，气忿赶殴失跌身死，将杨胡存比照雇工人殴家长死者斩律上量减拟流在案。是义子顶撞义父致令自尽，既得量减拟流，义子之妻顶撞夫之义父致令自尽，似亦应量为末减。该省将李张氏比照子孙违反教令致父抱怨轻生自尽，拟以绞候，妻与夫之父有犯，同罪例量减一等拟流，应请照覆。（《刑案汇览》卷34《刑律·人命·威逼人致死》"归宗义媳顶撞义翁气忿

① 参见（清）祝庆祺、鲍书芸《刑案汇览》卷33《刑律·人命·杀子孙及奴婢图赖人》"故杀收养遗弃小儿图赖人"条、"故杀恩养年久抱养子图赖人"条，第1205页。
② 参见（清）祝庆祺、鲍书芸《刑案汇览》卷34《刑律·人命·威逼人致死》"义子违反义母教令致令自尽"条，第1246页。
③ 参见（清）祝庆祺、鲍书芸《刑案汇览》卷34《刑律·人命·威逼人致死》"归宗义子顶撞义父赶殴跌毙"条，第1247页。
④ 参见（清）祝庆祺、鲍书芸《刑案汇览》卷34《刑律·人命·威逼人致死》"归宗义媳顶撞义翁气忿自尽"条，第1247—1248页。

自尽"条，第 1247—1248 页）

"说帖"明白无误地指出，即使李顺德与李文仓有犯，也应以雇工人论，李顺德之妻犯李文仓，当然也应一视同仁，不应有别。将李张氏比照子孙违反教令致父母自尽例处罚，实际上是地方官府的做法，而刑部看重的是处罚结果，李张氏处流刑，与杨胡存案的处罚一致，故对于地方官适用法律不当的问题不再计较。

义子只与收养人发生亲属关系，与收养人的亲属并不产生亲属关系，清代条例规定，义子与义父的期亲尊长有犯，以雇工人犯家长论处，已不视为亲属相犯；若与义父之期亲卑幼发生相犯，则同常人相犯。嘉庆四年（1799），陈兴旺杀义父陈金期亲弟妇，便以常人相杀处罚。[①] 依此推论，若亲等在期亲以下，则更不可能视为亲属关系。

此外，需要特别说明的是，在亲属相犯关系中，妻作为亲属，概念是在扩大意义上使用的，未婚妻，包括童养媳和已订婚者，都属于妻的范畴。未婚夫妻之间发生相犯行为，皆以亲属相犯论。乾隆四十六年（1781），韩十五儿殴死童养未婚之妻王氏，便依照夫殴妻至死律拟绞候；[②] 道光十二年（1832），焦灵娃致死童养未婚之妻张氏，也按夫殴妻至死律拟绞候。[③] 以上二例都属于故杀，常人间故杀是要判斩决的，但这两例皆按尊杀卑减等的原则减轻为绞候。因为夫妻名分已定，有些常人间的罪名便不适用于未婚夫妻之间，如殴打甚至殴伤未婚妻，不能成立殴伤罪，即使与未婚妻通奸，也不按常人相奸罪来处罚，只按子孙违反教令罪来处置。[④] 本夫捉奸杀死奸夫从轻的规定也适用于未婚夫妻之间。乾隆三十四年（1769），卢将未婚妻黄凝嫜与梁亚受通奸，卢将捉奸登时杀死梁亚受，广西地方法司以例内并无未婚之夫许其捉奸

---

① 参见（清）祝庆祺、鲍书芸《刑案汇览》卷 28《刑律·人命·杀一家三人》"义子杀义父之期亲卑幼二命"条引例及案例，第 1020 页。

② 参见中国第一历史档案馆、东亚法律文化课题组合编《清代"服制"命案——刑科题本档案选编》"韩十五儿殴伤未成婚之妻王氏身死案"条，第 262 页。

③ 参见（清）祝庆祺、鲍书芸《刑案汇览》卷 40《刑律·婚姻·妻妾殴夫》"向童养妻图奸抠破阴户身死"条，第 1461 页。

④ 参见（清）祝庆祺、鲍书芸《刑案汇览》卷 7《户律·婚姻·男女婚姻》"奸未婚妻复因悔婚私约同逃"条、"过门童养未婚之妻与之行奸"条，第 244、245 页。

之文，将卢将照罪人不拒捕而擅杀律拟绞，上报刑部以后，刑部认为"聘定之夫竟同凡论，殊失平允"，改为杖一百，徒三年，并制定"通行"，要求各地办理此类案件务必遵照：

> 嗣后凡有一经聘定未婚之妻与人通奸，本夫闻知往捉，将奸夫杀死，审明奸情属实，除已离奸所，非登时杀死不拒捕奸夫者仍照例拟绞外，其登时杀死及登时逐至门外杀之者，俱照本夫杀死已就拘执之奸夫，引夜无故入人家，已就拘执而擅杀律拟徒例拟徒。其虽在奸所捉获，非登时而杀者，即照本夫杀死已就拘执之奸夫满徒例加一等，杖一百，流二千里。如奸夫逞凶拒捕，为本夫格杀，照应捕之人擒拿罪人格斗致死律勿论。如此办理，罪名既各有区别，引断亦更加详密。（《刑案汇览》卷24《刑律·人命·杀死奸夫》"捉未婚妻奸及格杀拒捕奸夫"条，第855页）

未婚夫妻与对方亲属之间发生相犯行为，也按亲属相犯来处罚。乾隆四年（1739），王云因未婚女婿高狗儿不务正业且屡教不改，起意谋死，王云按外亲缌麻尊长谋杀卑幼律拟绞候；乾隆二十年（1755），马文学强奸童养未婚之媳李女子，按奸子孙之妇拟斩决；乾隆四十四年（1779），李廷高因迎娶争执殴死未婚妻父但照远，李廷高依殴妻父母致死律拟斩候。[①] 但类似的案件，也有依照常人相犯来处置的。乾隆四十四年（1779），舒龙氏因未婚婿刘心发年幼貌丑，将刘心发谋勒致死，法司认为亲义已绝，依凡人相杀律拟斩候；[②] 道光六年（1826），解法恐女方悔婚，殴死未婚妻之母汪高氏，也依常人相犯来处置。但这一次法司判决的理由并非亲义已绝一类，而是认为成婚与未成婚服制有别："女在室并已许嫁者，为父母服斩衰三年，出嫁则降服期年，于舅

---

① 以上三案分别参见中国第一历史档案馆、东亚法律文化课题组合编《清代"服制"命案——刑科题本档案选编》"王云谋死未婚之婿高狗儿案"条、"马文学强奸童养媳妇李女子案"条、"李廷高戳伤未婚妻父但照远身死案"条，中国政法大学出版社1999年版，第29、117、211页。

② 参见中国第一历史档案馆、东亚法律文化课题组合编《清代"服制"命案——刑科题本档案选编》"舒龙氏谋勒未婚女婿刘心发身死案"条，第213—214页。

姑始服三年丧；则婿于妻之父母未成婚者，亦不得照已成婚而服缌麻。将解法依凡斗拟以绞候。"① 这两例案件虽处罚上同凡人相犯，但理由是亲义已绝或成婚与未成婚服制有别，说明法司仍将案件的性质定性为亲属相犯，只是在处置上有所变通。

妻妾如果因夫亡而改嫁，按理来说，她与前夫家人的亲属关系即告结束。但有意思的是，包括清律在内的古代法律，却认为他们之间恩义未绝，仍视为亲属关系。故清律规定，夫亡改嫁妻妾，谋杀、殴打及骂詈故夫祖父母、父母，与谋杀、殴伤及骂詈见奉舅姑同罪；同理，故夫祖父母、父母谋杀或殴伤已故子孙改嫁妻妾，可依舅姑杀、伤子孙之妇律处罚。② 当然，夫亡改嫁妻妾与故夫家人的亲属关系只限于故夫的祖父母、父母等直系尊亲，与其他人的亲属关系随改嫁而即告终结。清律中关于夫亡改嫁妻妾与故夫祖父母、父母相犯，列有三条专款，分别为"谋杀故夫父母"条、"妻妾殴故夫父母"条和"妻妾骂故夫父母"条。但实际生活中，此类行为极少发生，在《刑案汇览》、《续增刑案汇览》、《新增刑案汇览》、《驳案汇编》、《驳案续编》、《刑部比照加减成案》、《刑部比照加减成案续编》等著名的清代案例汇编中，也找不出一例适用上列条款的案例，说明这类条款只是具文而已。

妻若有子因夫亡改嫁，与子女的亲等关系下降为期亲，至于子女与外祖父母、舅舅等之间是否因母亲改嫁而降低亲等或视同凡人关系，则律无明文。嘉庆十七年（1812），直隶省发生一起谋杀嫁母之父母案，按律，谋、故杀外祖父母者，凌迟。③ 地方法司就是否按律处置还是从轻处罚咨请中央，刑部批覆如下：

> 经本部核议，查子之于母属毛离里，罔极深恩，虽其母业已改嫁，义绝于夫而子无绝母之义，故服期年。设有干犯仍取问如律。

---

① （清）祝庆祺、鲍书芸《刑案汇览》卷 40《刑律·婚姻·妻妾殴夫》"殴死未婚妻之母"条，第 1474 页。

② 参见《大清律例》卷 26《刑律·人命》"谋杀故夫父母"条，卷 28《刑律·斗殴下》"妻妾殴故夫父母"条，卷 29《刑律·骂詈》"妻妾骂故夫父母"条，第 426、467、472 页。

③ 参见《大清律例》卷 26《刑律·人命》"谋杀祖父母父母"条，第 422 页。

至子干犯母之父母，律例内只亲母及继母等六项立有专条，其嫁母之父母并未载有明文，惟亲母之父母一脉相承，恩义至重，若因母已改嫁而亲母之父母竟同陌路之人，有犯以凡人科断，诚与名义未协，第既已改嫁，又未便与未经改嫁者并论。查为人后者于本生母之父母、与亲母改嫁、于嫁母之父母同为母所自出之人，例内谋故殴杀本生母之父母，照卑幼犯本宗小功尊属律治罪。则谋故殴杀嫁母之父母，自应比照与生母之父母有犯例问拟。（《刑案汇览》卷42《刑律·斗殴·殴大功以下尊长》"谋杀嫁母之父殴杀嫁母之弟"条，第1530页）

按此判决，若母亲改嫁，子女与外祖父母的亲等虽有所降低，亲属关系仍旧继续，并不因母亲改嫁而断绝。但从司法判例来看，子女与嫁母家人保持亲属关系，似乎只限于嫁母之父母，与其他人不再有亲属关系，至少他们之间发生相犯，以常人相犯论。嘉庆十八年（1813），张淳财殴伤嫁母之弟邹仕贤身死，地方法司并没有以外甥殴死母舅来判决，而是以凡人斗杀律拟绞监候。刑部的批覆也认可了这一判决："殴死嫁母之兄弟自未便仍与在堂者并论。况母已改嫁，其子即降服期年，而嫁母之兄弟服图内并未载及，其为无服可知，既无服制，有犯自应依凡人科断。"[1]

当然，"夫亡改嫁妻妾"与"前妻"、"卖休之妻"并不能视为同一个概念。"前妻"是被出或和离的妻妾，则恩义已绝，不适用此条文。乾隆四十五年（1780），贵州李德茂殴死前妻李氏，并没有按夫殴死妻来判，也没有因曾经存在的夫妻关系减等，而是依照常人斗杀律判绞候。[2] 由此而论，被出妻妾与故夫祖父母、父母的相犯行为，也应按常人相犯来处置。所谓卖休，指用财卖休其妻，若用财买求其妻，则称买休，这两类行为皆属于刑律制裁的犯罪行为，《大清律例》卷33《刑律·犯奸》"纵容妻妾犯奸"条对与此罪有关的本夫、本妇、买休人、

---

①　（清）祝庆祺、鲍书芸：《刑案汇览》卷26《刑律·斗殴·殴大功以下尊长》"谋杀嫁母之父殴杀嫁母之弟"条，第1530—1531页。

②　参见中国第一历史档案馆、东亚法律文化课题组合编《清代"服制"命案——刑科题本档案选编》"李德茂拾石掷伤原妻李氏身死案"条，第257—258页。

媒合人等，根据情况不同，做出不同处罚规定。买休之婚是不被承认的，理当离异。与卖休之妻发生相犯行为，也以凡论：

> 蒋李氏因被伊夫蒋如贵卖休退还后复屡次打骂，该氏怀恨，起意商同陈郭氏将蒋如贵毒毙，并误毒幼子蒋掌林身死。查蒋李氏系被蒋如贵卖休，恩义已绝，应同凡论。将蒋李氏依谋杀人造意律拟斩监候，陈郭氏听从加功谋杀蒋如贵身死，并将蒋如贵之子蒋掌林误毒致毙，系属一家二命，查因谋而误，律以故杀论，谋故杀一家二命，下手从犯向仍照谋杀本律科断，陈郭氏应依谋杀人从而加功律拟绞监候。（《刑案汇览》卷28《刑律·人命·杀一家三人》"一谋一误一家二命加功之犯"条，第1006—1007页）

如果不知妻为前夫卖休，而以明媒正娶的方式缔结婚姻，则仍以夫妻论：

> 此案已死徐氏本系高生荣之妻，高生荣因家道艰难，商允将徐氏改嫁，适杜奇欲娶妻室，高生荣随捏称徐氏夫故无依，伊系徐氏夫兄高云，并串嘱媒人梁可武往向说合，杜奇信以为实，议定财礼钱十五千文，高生荣复捏高云之名写给婚帖。经杜奇将徐氏娶回，嗣徐氏复嫌杜奇家贫吵闹，杜奇将徐氏故杀身死。查杜奇娶徐氏为室，并不知系高生荣卖休之妻，即徐氏于过门后亦未将伊系有夫之妇向杜奇告知，是徐氏虽律应离异，惟杜奇实系明媒正娶，自应照例仍按服制科断。该省将杜奇依夫殴妻至死故杀亦绞律拟绞监候，与例相符，应请照覆。（《刑案汇览》卷40《刑律·斗殴·妻妾殴夫》"故杀明媒正娶不知卖休之妻"条，第1451页）

买休之婚既然没有法律效力，买休之妻自然也不与丈夫的亲属产生亲属关系，如果与亲属的买休之妻发生相犯行为，当然也以凡论：

> 此案韩瑞芳因许氏系伊胞叔韩景春买休之妻，素性悍泼，常将伊母韩苏氏凌虐，韩苏氏因许氏寻事殴詈，气忿短见，自投水

缸身死。伊父韩遇春亦因心怀忿恨，染患噎食病症身故。该犯因
父母皆被许氏欺凌身故，蓄意复仇，乘间用刀将许氏杀死，赴县
自首……今许氏系该犯胞叔买休之妻，例同凡论，该犯谋杀人
命，无因可免，自应仍照谋杀本例问拟。（《刑案汇览》卷 45
《刑律·斗殴·父祖被殴》"母被凌逼自尽子杀仇人自首"条，第
1660—1661 页）

　　妾是否属于亲属，这是一个较为复杂的问题。从礼制上讲，妾并非
配偶，她是买来的，不行婚姻之礼，不能称之为婚姻，① 故不能因婚姻
而自然获得亲属的身份。妾以夫为君、为家长，她与家长的亲属不发生
亲属关系，她自己的家人与家长的家人之间也不发生亲戚关系。② 即使
妻亡，按照礼制的规定，也不得将妾升格为妻，而是需另行娶妻。在法
律层面上，妾的地位仍然很低，如《唐律疏议》中说"妾通卖买，（与
妻）等数相悬"，故严禁以妻为妾或以妾为妻，违者徒二年或一年半。③
但唐代《户令》规定："娶妾仍立婚契"，④ 各朝同姓不婚的禁忌也包括
娶同姓者为妾，⑤ 这说明法律已承认纳妾属于婚姻。唐律中所谓严禁以
妾为妻的规定，前提大约是妻子在世；若妻亡，将妾升格为妻，大概是
可以的，至少法律是不制裁的。⑥ 至明清两代，法律明确规定只制裁妻
在而以妾为妻者，⑦ 妻亡则不在其限，妾在妻亡后升格为妻，是一件自

_____

　　① 婚姻，按照古人的理解，是"合二姓之好，上以事宗庙，下以继后世"（《礼记·昏
义》）。妾的作用只体现在继后世，其余两点，妾则被排除在外。
　　② 参见瞿同祖《中国法律与中国社会》，中华书局 1981 年版，第 133—134 页。
　　③ 《唐律疏议》卷 13《户婚》"以妻为妾"条，第 256 页。
　　④ 《唐律疏议》卷 14《户婚》"同姓为婚"条疏议引《户令》，第 262 页。
　　⑤ 参见《唐律疏议》卷 14《户婚》"同姓为婚"条（第 262 页）、《宋刑统》14《户
婚》"同姓及外姻有服共为婚姻"条（第 246 页）、《大明律》卷 6《户律·婚姻》"同姓为
婚"条（第 62 页）、《大清律例》卷 10《户律·婚姻》"同姓为婚"条（第 208 页）。
　　⑥ 唐代有不少妻亡将妾升格为妻的事例，如许敬宗、李齐运、杜佑，他们只是受到社会
舆论的谴责，并未遭受法律制裁。参见《旧唐书》卷 82《许敬宗传》（中华书局 1975 年版，
第 2764 页）、《新唐书》卷 167《李齐运传》（中华书局 1975 年版，第 5111 页）、《旧唐书》
卷 147《杜佑传》（第 3983 页）。
　　⑦ 《大明律》卷 6《户律·婚姻》"妻妾失序"条（第 60 页）、《大清律例》卷 10《户
律·婚姻》"妻妾失序"条："凡以妻为妾者，杖一百；妻在，以妾为妻者，杖九十，并改
正。"（第 206 页）

然而然的事情，明清时广泛使用的一个词汇——扶正，就是这一现象的反映。清代许多家族已允许有子的妾入家族祠堂，有些家族甚至允许无子的妾也入家族祠堂。① 更重要的是，在清代法条中，妾与家长及家长亲属之间发生相犯行为，处罚也不同于常人相犯。清律条文中有“妻妾殴夫”、“妻妾与夫亲属相殴”、“妻妾殴故夫父母”、“妻妾骂夫期亲尊长”、“妻妾骂故夫父母”、“纵容妻妾犯奸”等专条，便是明证。故无论从法律规定还是从生活实际看，妾都应该列入亲属之列。但妾的家人与夫及夫之家人之间不发生亲戚关系，他们之间若有相犯行为，只能依照常人相犯来处置。

综上，亲属相犯中的所谓亲属，范围包括本宗所有有服及无服亲属、外姻有服亲属及服制图特别标明的无服亲，拟制血亲也在其内。他们之间发生侵犯行为，处罚皆不同于常人相犯。

二 亲属相犯

亲属相犯是指亲属之间能够引起刑事责任后果的各种侵犯行为。这一概念的要素有三：

首先，发生于亲属之间。如上节所言，在亲属相犯的层面上，亲属的范围极为广泛，涵盖了各种各样的亲属。亲属关系一般以现存关系为准，个别时候，会扩展到即将存在和曾经存在的亲属关系：未婚夫妻之间及与对方的亲属，夫亡改嫁妻妾与故夫祖父母、父母之间，皆视为亲属，他们之间发生相犯，都按亲属相犯来处置。

其次，侵犯行为既包括积极行为——以积极的身体行动主动实施侵犯行为；也包括消极行为——用消极的手段被动侵害受法律保护的社会关系（如子、孙奉养父母、祖父母有缺）；还包括言语方面的侵害（如子孙骂詈祖父母、父母）。

最后，侵犯行为能够引起刑事责任后果，换言之，是法律制裁的犯罪行为。并非亲属间的所有侵犯行为都属于亲属相犯，如祖父母、父母殴子、孙，只要不殴死，哪怕是造成笃疾、废疾，清律规定俱免坐，不负刑事责任。这一类行为虽属于亲属间的侵犯，但不属于本书所考察的

---

① 参见费成康主编《中国的家法族规》，上海社会科学院出版社 1998 年版，第 72 页。

亲属相犯案件。

由于亲属关系是社会关系的基础，渗透于法律的各个层面，所以，清代法律中有关亲属相犯的内容极多。按《大清律例》条文的排列顺序，计有以下各项：

文武官员袭荫嫡、庶失序；养异姓子诈冒承袭；应袭之人诈称父死而冒袭官职。（《大清律例》卷6《吏律·职制》"官员袭荫"条）

立嫡子违法；养父母无子而养子舍去；养异姓子乱宗族；将子与异姓人为嗣；以异姓为嗣；立嗣虽同姓而尊卑失序。（《大清律例》卷8《户律·户役》"立嫡子违法"条）

祖父母、父母在而子孙擅自别立户籍或分异财产；居父母丧子孙非奉遗命而擅自别立户籍或分异财产。（《大清律例》卷8《户律·户役》"别籍异财"条）

同居卑幼私擅用财；同居尊长分财不均。（《大清律例》卷8《户律·户役》"卑幼私擅用财"条）

子孙将公共祖坟山地投献与人或私自典卖。（《大清律例》卷9《户律·田宅》"盗卖田宅"条附例）

卑幼自娶妻。（《大清律例》卷10《户律·婚姻》"男女婚姻"条）

将妻妾、女儿典雇①与人为妻妾；将妻妾妄作姊妹嫁人。（《大清律例》卷10《户律·婚姻》"典雇妻女"条）

以妻为妾；妻在而以妾为妻；有妻更娶。（《大清律例》卷10《户律·婚姻》"妻妾失序"条）

逐赘婿嫁女或再招婿。（《大清律例》卷10《户律·婚姻》"逐婿嫁女"条）

居父母丧而嫁娶；居夫丧而嫁；承重孙以外之人居祖父母、伯

---

① 典雇，按《大清律例》本条的解释，是指将妻女"立约出典验日暂雇与人为妻妾"（第205页），与出卖妻女不同。

叔父母、姑、兄姊丧而嫁娶；居父母、舅姑及夫丧而主婚；亲属①强嫁夫亡而守志之妻妾。（《大清律例》卷 10《户律·婚姻》"居丧嫁娶"条）

祖父母、父母被囚禁而子孙私自嫁娶；子孙虽奉囚禁祖父母、父母命嫁娶而设筵宴。（《大清律例》卷 10《户律·婚姻》"父母囚禁嫁娶"条）

同姓为婚。（《大清律例》卷 10《户律·婚姻》"同姓为婚"条）

外姻尊卑为婚；娶同母异父姊妹、妻前夫之女；娶姨、堂姨、母之姑、堂姑；娶堂姨及再从姨、堂外甥女、女婿及子孙妇之姊妹。②（《大清律例》卷 10《户律·婚姻》"尊卑为婚"条）

娶同宗亲属及妻；娶舅、甥妻；娶缌麻及以上亲曾被出及已改嫁妻；收父祖、兄弟妾。（《大清律例》卷 10《户律·婚姻》"娶亲属妻妾"条）

凡妻无"七出"③及"义绝"④之状而出之；虽犯"七出"有"三不去"⑤而出之；若犯"义绝"应离而不离；妻背夫在逃、改嫁；妻妾因夫逃亡三年之内不告官司而逃或擅改嫁。（《大清律例》卷 10《户律·婚姻》"出妻"条）

---

① 《大清律例》卷 10《户律·婚姻》"居丧嫁娶"条原文为："其夫丧服满，（妻妾）果愿守志，而女之祖父母、父母及夫家之祖父母、父母强嫁之者，杖八十。期亲加一等。大功以下又加一等"（第 207 页）。按律文之意，无论任何亲等的亲属，强嫁守志寡妻妾都要治罪，故正文中笼统言为亲属。

② 本条还规定："若娶己之姑舅两姨姊妹者，杖八十，并离异"；但律文后所附条例又云："外姻亲属为婚，除尊卑相犯外，仍照例临时勘酌拟奏外，其姑舅两姨姊妹，听从民便"（第 209 页）。禁姑舅两姨姊妹为婚的律文，已被条例推翻，仅是具文而已，故未将姑舅两姨姊妹为婚列入亲属相犯之列。

③ "七出"是古代法律规定的丈夫可以休妻的七种"正当"理由，具体是指：无子、淫佚、不事舅姑、多言、盗窃、妒忌、恶疾。

④ "义绝"是古代法律规定的强制离婚制度，指夫妻之间相互伤害，或对另一方一定范围内的亲属有殴、杀行为，必须强制离异，违者治罪。

⑤ "三不去"是古代法律规定的丈夫不可以休妻的三种情况：与更三年丧，前贫贱后富贵，有所娶无所归。按清律的规定，在这三种情况下，妻即使有"七出"之过，丈夫也不可以休妻，但犯奸除外。参见《大清律例》卷 10《户律·婚姻》"出妻"条及附例，第 212—214 页。

小功及以下亲属费用受寄财物。（《大清律例》卷14《户律·钱债》"费用受寄财产"条附例）

闻期亲以上尊亲及夫丧匿不举哀；丧制未终而释服从吉；官吏父母去世应丁忧而不丁忧；官吏无丧诈称有丧、旧丧诈称新丧；丧制未终而冒哀从仕。（《大清律例》卷17《礼律·仪制》"匿父母夫丧"条）

官吏祖父母、父母老疾，别无侍丁而弃亲之任；官吏妄称祖父母、父母老疾而求归入侍；祖父母、父母被囚而筵宴作乐。（《大清律例》卷17《礼律·仪制》"弃亲之任"条）

烧化尊、卑亲属尸体或弃置水中。（《大清律例》卷17《礼律·仪制》"丧葬"条）

故杀缌麻以上亲马、牛、驼、骡、驴；杀猪、羊等畜。（《大清律例》卷21《兵律·厩牧》"宰杀马牛"条）

本宗、外姻不同居亲属相盗财物；同居卑幼引他人盗己家财物；同居卑幼引他人盗己家财物、所引之人杀伤己家亲属。（《大清律例》卷25《刑律·贼盗下》"亲属相盗"条）

期亲以下亲属恐吓取财。（《大清律例》卷25《刑律·贼盗下》"恐吓取财"条）

期亲以下亲属诈欺取财；期亲以下亲属诓赚局骗，拐带人、财物。（《大清律例》卷25《刑律·贼盗下》"诈欺官私取财"条）

略卖及和卖本宗及外姻尊、卑亲属；夫略卖及和卖妻、妾。（《大清律例》卷25《刑律·贼盗下》"略人略卖人"条）

卑幼发掘五服尊长坟墓；尊长发掘卑幼坟墓见尸；弃毁尊、卑亲属尸体；烧尊、卑亲属棺椁。（《大清律例》卷25《刑律·贼盗下》"发冢"条）

谋杀本宗及外姻尊、卑亲属。（《大清律例》卷26《刑律·人命》"谋杀祖父母父母"条）

妻妾因奸而使奸夫擅自杀本夫。（《大清律例》卷26《刑律·人命》"杀死奸夫"条）

（改嫁）妻妾谋杀故夫之祖父母父母，舅姑谋杀已故子孙改嫁

妻妾。①（《大清律例》卷26《刑律·人命》"谋杀故夫父母"条）

杀本宗及外姻尊、卑亲属一家三人。（《大清律例》卷26《刑律·人命》"杀一家三人"条）

采生折割本宗及外姻尊、卑亲属。（《大清律例》卷26《刑律·人命》"采生折割人"条）

造畜蛊毒杀害本宗及外姻尊、卑亲属。（《大清律例》卷26《刑律·人命》"造畜蛊毒"条）

夫擅杀有罪妻妾。（《大清律例》卷26《刑律·人命》"夫殴死有罪妻妾"条）

祖父母、父母故杀子孙以图赖人；以尊、卑亲属尸身图赖人。（《大清律例》卷26《刑律·人命》"杀子孙及奴婢图赖人"条）

卑幼威逼本宗及外姻尊长致死。（《大清律例》卷26《刑律·人命》"威逼人致死"条）

本宗及外姻尊、卑亲属为人所杀而私和或受财。（《大清律例》卷26《刑律·人命》"尊长为人所杀私和"条）

妻妾殴夫；妾殴妻；夫殴妻之父母；夫殴妻妾至折伤；妻殴妾至折伤。（《大清律例》卷28《刑律·斗殴下》"妻妾殴夫"条）

五服以下同姓亲属相殴。（《大清律例》卷28《刑律·斗殴下》"同姓亲属相殴"条）

卑幼殴本宗及外姻大功及以下尊亲；大功以下尊长殴卑幼折伤以上。（《大清律例》卷28《刑律·斗殴下》"殴大功以下尊长"条）

卑幼殴期亲尊长；外孙殴外祖父母；期亲尊长殴杀卑幼；外祖父母殴杀外孙。（《大清律例》卷28《刑律·斗殴下》"殴期亲尊长"条）

子孙殴祖父母、父母；妻妾殴夫之祖父母、父母；祖父母、父母非理殴杀②、故杀③子孙、子孙妻妾及乞养异姓子孙；祖父母、

---

① 此条规定只限于亡故子孙之改嫁妻妾，不包括被出妻妾，律注曰："若妻妾被出，不用此律"（第426页）。

② 非理殴杀系指子孙虽违反教令，但以兵刃或用活埋、溺毙等残忍的方法杀死子孙。

③ 故杀是指子孙无违反教令之事而有意杀之。

父母非理殴子孙之妻妾及乞养异姓子孙至折伤以上。（《大清律例》卷28《刑律·斗殴下》"殴祖父母父母"条）

妻妾殴夫期亲以下缌麻以上本宗及外姻尊长、同姓无服亲属；妻殴夫期亲以下缌麻以上本宗及外姻卑亲至折伤以上；妾殴夫期亲以下缌麻以上本宗及外姻卑亲；期亲以下缌麻以上尊长殴子孙妻妾至折伤以上；期亲以下亲属殴亲属妻妾。（《大清律例》卷28《刑律·斗殴下》"妻妾与夫亲属相殴"条）

继父殴伤继子；继子殴继父。（《大清律例》卷28《刑律·斗殴下》"殴妻前夫之子"条）

夫亡改嫁妻妾殴故夫之祖父母、父母；旧舅姑殴已故子孙改嫁妻妾。①（《大清律例》卷28《刑律·斗殴下》"妻妾殴故夫父母"条）

子孙还殴殴打祖父母、父母之有服亲属。（《大清律例》卷28《刑律·斗殴下》"父祖被殴"条）

骂詈本宗及外姻有服尊长。（《大清律例》卷29《刑律·骂詈》"骂尊长"条）

子孙骂詈祖父母、父母；妻妾骂詈夫之祖父母、父母。（《大清律例》卷29《刑律·骂詈》"骂祖父母父母"条）

妻妾骂詈夫之期亲以下、缌麻以上本宗及外姻尊长；妾骂詈夫；妾骂詈妻；夫骂詈妻之父母。（《大清律例》卷29《刑律·骂詈》"妻妾骂夫期亲尊长"条）

夫亡改嫁妻妾骂故夫祖父母、父母。②（《大清律例》卷29《刑律·骂詈》"妻妾骂故夫父母"条）

诬告人谋死人命致蒸检尊长、卑幼身尸。（《大清律例》卷30《刑律·诉讼》"诬告"条附例）。

---

① 此条规定只限于亡故子孙之改嫁妻妾，不包括被出妻妾，律注曰："妻妾被出，不用此律，义已绝也"（第467页）。

② 此条规定也只限于亡故子孙之改嫁妻妾，不包括被出妻妾，律注曰："若夫在被出，与夫义绝，不用此律"（第472页）。

卑幼实告①、诬告五服内尊长；妻妾实告、诬告夫，妾实告、诬告妻；期亲及以下尊长（外祖父母除外）诬告卑幼。（《大清律例》卷30《刑律·诉讼》"干名犯义"条）

子孙违反祖父母、父母教令及奉养有缺；子贫不能养赡其父致使自尽。（《大清律例》卷30《刑律·诉讼》"子孙违反教令"条及附例）

夫抑勒妻妾与人通奸；义父抑勒养女与人通奸；父抑勒女及子孙之妇与人通奸；妇人用计逼勒本夫休弃以从卖休。（《大清律例》卷33《刑律·犯奸》"纵容妻妾犯奸"条）

强奸同宗无服之亲、内外缌麻以上亲及妻妾；强奸亲属未遂；与同宗无服之亲、内外缌麻以上亲及妻妾通奸。（《大清律例》卷33《刑律·犯奸》"亲属相奸"条）

子妇诬执亲翁、弟妇诬执夫兄、兄嫂诬执夫弟欺奸。（《大清律例》卷33《刑律·犯奸》"诬执翁奸"条）

居父母丧及夫丧犯奸。（《大清律例》卷33《刑律·犯奸》"居丧及僧道犯奸"条）

助犯死罪的亲属自杀或依犯死罪的亲属之请而雇人杀讫。（《大清律例》卷36《刑律·断狱上》"死囚令人自杀"条）

上列《大清律例》中有关亲属相犯的罪名，终清代也无变化，清朝末年，虽曾两次新修刑律，但在亲属相犯方面，并无实质性的变化。清末第一次修律是宣统元年（1909）十二月完成、次年四月公布的《大清现行刑律》。本次修律，体例方面的变化较多，如取消了《大清律例》中以吏、户、礼、兵、刑、工六部分类的体例；又将旧律中继承、婚姻、钱债一类的条款分出，另行编为民律。但内容变化不大，只是在《大清律例》的基础上略加修改，涉及亲属相犯部分，也只是取消了旧律中禁止同姓为婚的条文，但如前所言，《大清律例》虽规定同姓不得为婚，实际上只禁止同宗为婚，同姓异宗为婚者并不处罚。故《大清现

① 卑幼实告尊长谋反、谋大逆、谋叛、窝藏奸细，嫡母、继母、慈母、生母杀父，养父母杀本生父母，期亲以下尊长侵夺财产或殴伤其身，不在干名犯义之列。

行刑律》在亲属相犯方面的规定，与《大清律例》几乎没有区别。第二次修律是光绪三十三年（1907）完成、宣统二年十二月（1911）颁布的《大清新刑律》。此次修律，采用了西方国家的刑法体系和原则，比之《大清律例》，在体例、罪名、刑名、原则等方面均有较大变化。但在亲属相犯部分，由于守旧派的激烈反对，旧律中维护伦理纲常的相关原则几乎全盘被保留了下来。而且，这一部变化有限的新刑律在颁布之后，还未及确定施行日期，清朝就灭亡了。

第二节　《大清律例》中亲属相犯罪名的归类及特点分析

一　归类

亲属相犯，皆可纳入身份犯的范畴。概括而言，身份犯是指具有特定资格的行为人的犯罪，有广狭两义：狭义限于以犯罪主体具有一定的身份为其构成要件的犯罪，即纯因身份而致罪；广义的身份犯，还包括因犯罪人具有特定的身份而影响刑之加重或减轻（包括不处罚）。

（一）因身份而致罪

因身份而致罪，是指某种行为在常人间原本无非，但因其有亲属身份关系，需承担刑事责任。清律中所见以身份而致罪的罪种，可列表如下：

表 1—1　《大清律例》中所见因身份而致罪的罪种一览表

罪　名	罪　状	处　罚	出　处
官员袭荫嫡、庶失序	官员袭荫嫡、庶失序 养异姓子诈冒承袭 应袭之人诈称父死而冒袭官职	杖一百，徒三年 杖一百，充军 充军	卷 6《吏律·职制》"官员袭荫"条
立嫡子违法	立嫡子违法；养异姓子乱宗族；将子与异姓人为嗣；以异姓为嗣；立嗣虽同姓而尊卑失序 养父母无子而养子舍去	杖六十 杖一百	卷 8《户律·户役》"立嫡子违法"条

罪　名	罪　状	处　罚	出　处
子孙别籍异财	居父母丧子孙非奉遗命而擅自别立户籍或分异财产 祖父母、父母在而子孙擅自别立户籍或分异财产	杖八十 杖一百	卷8《户律·户役》"别籍异财"条
卑幼私擅用财	同居卑幼未经尊长许可而私擅用财	笞二十至杖一百	卷8《户律·户役》"卑幼私擅用财"条
尊长分财不均	同居尊长主持析产而分财不均	笞二十至杖一百	卷8《户律·户役》"卑幼私擅用财"条
卑幼自娶妻	卑幼违尊长所定而自娶妻	杖八十	卷10《户律·婚姻》"男女婚姻"条
典雇妻女	将女儿典雇与人为妻妾 将妻妾典雇与人为妻妾 将妻妾妄作姊妹嫁人	杖六十 杖八十 杖百，妻妾杖八十	卷10《户律·婚姻》"典雇妻女"条
妻妾失序	妻在而以妾为妻；有妻更娶 以妻为妾	杖九十 杖一百	卷10《户律·婚姻》"妻妾失序"条
逐婿嫁女	逐赘婿嫁女或再招婿	杖一百	卷10《户律·婚姻》"逐婿嫁女"条
居丧嫁娶	居父母丧娶妾及嫁人为妾；承重孙以外之人居祖父母、伯叔父母、姑、兄姊丧而嫁娶；居父母、舅姑及夫丧而主婚 亲属强嫁夫亡而守志之妻妾 居父母丧而嫁娶；居夫丧而嫁	杖八十 杖八十至一百 杖一百	卷10《户律·婚姻》"居丧嫁娶"条
父母囚禁嫁娶	祖父母、父母被囚禁而私自娶妾或嫁人为妾 祖父母、父母被囚禁而子孙私自嫁娶；子孙虽奉囚禁祖父母、父母命嫁娶而设筵宴	杖六十 杖八十	卷10《户律·婚姻》"父母囚禁嫁娶"条

续表

罪　名	罪　状	处　罚	出　处
同姓为婚	同姓为婚 娶同宗无服亲属 娶缌麻亲 娶小功以上亲属	各杖六十 各杖一百 各杖六十，徒一年 各徒三年至斩	卷10《户律·婚姻》 "同姓为婚"条 卷10《户律·婚姻》 "娶亲属妻妾"条
外姻尊卑亲属为婚	娶姨、堂姨、母之姑、堂姑； 娶堂姨及再从姨、堂外甥女、女婿及子孙妇之姊妹 外姻有服亲属为婚；娶同母异父姊妹、妻前夫之女；	各杖一百 各杖一百，徒三年	卷10《户律·婚姻》 "尊卑为婚"条
娶亲属妻妾	娶缌麻以上亲被出、已改嫁妻 娶同宗无服亲属妻 娶缌麻亲妻；娶舅、甥妻 娶小功以上亲属妻 娶亲属妾 收父祖妾	各杖八十 各杖一百 各杖六十，徒一年 各徒三年至斩 依娶亲属妻律减二等 各斩	卷10《户律·婚姻》 "娶亲属妻妾"条
离异违法	虽犯"七出"有"三不去"而出之；妾因夫逃亡三年之内不告官司而逃 凡妻无"七出"及"义绝"之状而出之；妾因夫逃亡三年之内不告官司而擅改嫁；妾背夫在逃；妻因夫逃亡三年不告官司而逃 若犯"义绝"应离而不离 妻背夫在逃；妻因夫逃亡三年之内不告官司而擅改嫁 妾背夫在逃而擅改嫁 妻背夫在逃而擅改嫁	杖六十 杖八十 各杖八十 杖一百 徒三年 绞监候	卷10《户律·婚姻》 "出妻"条

续表

罪　名	罪　状	处　罚	出　处
匿亲属丧	期亲尊亲丧制未终而释服从吉 闻期亲尊亲丧匿不举哀；丧制未终而冒哀从仕；父母丧制未终而释服从吉、作乐、参预筵宴 官吏父母去世应丁忧而不丁忧；官吏无丧诈称有丧、旧丧诈称新丧 闻父母及夫丧匿不举哀；承重孙闻祖父母丧匿不举哀	杖六十 杖八十 杖一百 杖六十，徒三年	卷17《礼律·仪制》"匿父母夫丧"条
弃亲之任	官吏祖父母、父母老疾，别无侍丁而弃亲之任；官吏妄称祖父母、父母老疾而求归入侍；祖父母、父母被囚而筵宴作乐	杖八十	卷17《礼律·仪制》"弃亲之任"条
引他人盗己家财物而杀伤亲属	同居卑幼引他人盗己家财物，所引之人杀伤己家亲属	依杀伤亲属本律处罚	卷25《刑律·贼盗下》"亲属相盗"条
妻妾奸夫杀本夫	妻妾因奸而使奸夫擅杀本夫	绞监候	卷26《刑律·人命》"杀死奸夫"条
卑幼实告尊长	子孙实告祖父母、父母；妻妾实告夫及夫之祖父母、父母 卑幼实告期亲尊长、外祖父母；妾实告妻 卑幼实告大功尊长 卑幼实告小功尊长 卑幼实告缌麻尊长	杖一百，徒三年 杖一百 杖九十 杖八十 杖七十	卷30《刑律·诉讼》"干名犯义"条
子孙违反教令	子孙违反祖父母、父母教令及奉养有缺 子贫不能养赡其父致使自尽	杖一百 杖一百，流三千里	卷30《刑律·诉讼》"子孙违反教令"条及附例

纯以亲属身份而致罪，还应包括缘坐犯，① 即族刑制度中的被株连者。族刑制度普遍存在于中国古代社会各个时段，就清代而言，《大清律例》中明确规定要株连亲属的罪种计有"奸党"、"交结近侍官员"、"上言大臣德政"、"谋反大逆"、"谋叛"、"杀一家非死罪三人及支解人"、"采生折割人"、"造畜蛊毒杀人"等项，② 而司法实践中，株连亲属的罪种则远远超出了法典的规定。③ 族刑制度中被株连的亲属，并非是完全的无辜或无罪之人，也属于罪人，与正犯同遭刑罚，同称为犯人，④ 所以，缘坐犯也属于纯粹以亲属身份而致罪的范畴，这一点并无疑问。

但问题是因己身犯罪而导致亲属同遭刑罚，是否属于亲属相犯？从一定意义上讲，连带亲属遭受刑罚，属于借刀杀人，⑤ 事实上造成了对亲属的侵犯，自然应该纳入亲属相犯的范围。⑥ 然而，一旦将连带亲属遭受刑罚归入亲属相犯，亲属相犯的内涵及外延就不易确定。众所周知，在中国古代，"一荣俱荣，一损俱损"的观念深入人心，追究正犯亲属的连带责任已成为社会的共识和传统，故法律中的株连制度，除了

---

① 　古人把犯罪人称作正犯，随正犯而受刑的亲属为缘坐犯。参见（清）王明德《读律佩觿》卷 3 "缘坐"条，法律出版社 2001 年版，第 57 页。

② 　参见《大清律例》卷 6《吏律·职制》"奸党"条、"交结近侍官员"条、"上言大臣德政"条，卷 23《刑律·贼盗》"谋反大逆"条、"谋叛"条，卷 26《刑律·人命》"杀一家三人"条、"采生折割人"条、"造畜蛊毒杀人"条。

③ 　参见魏道明《始于兵而终于礼——中国古代族刑研究》，第 142—150 页。

④ 　族刑制度中被株连的亲属，其性质不同于流刑中被株连的亲属。流刑与族刑虽都属于亲属株连制度，但正犯亲属的所承担连带责任的性质及法律地位，都有所不同。从所承担连带责任的性质上说，族刑中的正犯亲属所承担的连带责任为刑罚责任，如被判死、流、宫、没（收）之类，他们因与正犯同遭刑罚，故称为族刑；而流刑中的正犯亲属所承担的连带责任为非刑罚责任，他们没有被判处刑罚，只是陪正犯同流，不符合族刑——亲属共同刑事责任制的一般特征，故不能称为族刑。从法律地位上说，族刑中的正犯亲属与正犯同属罪犯，被称作缘坐犯；而流刑中被迫同徙的正犯亲属，并不是法律意义上的罪犯。参见魏道明《始于兵而终于礼——中国古代族刑研究》，中华书局 2006 年版，第 78 页。

⑤ 　范忠信先生认为法律设计族刑株连制度的目的"实际上是从另一个侧面贯彻'亲亲'原则：你要真爱亲属，就别犯罪。你犯谋反大逆之罪，实际上等于借国家的刀杀自己的双亲和其他亲属"。范忠信：《宗法社会组织与中华法律传统的特征》，载《中西法律传统》（第一卷），中国政法大学出版社 2001 年版，第 149 页。

⑥ 　已有学者将缘坐犯列入纯粹以亲属身份而致罪的范畴，参见郑定、马建兴《略论唐律中的服制原则与亲属相犯》，《法学家》2003 年第 5 期。

族刑之外，尚有流刑。按古代各朝的法律规定，流刑犯的亲属必须随正犯同流，[①] 流刑犯亲属随正犯同流也属于连带责任。在中国古代，流刑所惩治的罪行种类，名目繁多，数量惊人。就清代而言，在乾隆五年（1740 年）颁行的《大清律例》中，所列适用流刑惩治的罪种，迁徙为 5 项，流 208 项，发配 28 项，边外、烟瘴为民 15 项，充军 228 项，共计 484 项。其中，小到官吏受财说事、官吏及常人监守自盗、妄称保长，大至强盗、威逼致死一家三命，都属于流刑惩治的范围。[②] 如果将连带亲属受罚也归入亲属相犯，任何犯罪都可以归入到亲属相犯的范畴。所以，我们所谓的亲属相犯，不包括因己身犯罪而导致亲属同遭刑罚的各种情况。

（二）因身份而影响刑之轻重

因犯罪人具有特定的身份而影响刑之加重或减轻（包括不处罚），是指同一种犯罪行为，发生于常人之间和发生于亲属之间，法律责任并不相同。清律中凡对可能同时发生于常人之间、亲属之间的犯罪行为，通常都在刑事责任方面作出了明确区分。因此，清律中因亲属身份而影响刑之加重或减轻的情况不在少数，以下根据《大清律例》分别列加重、减轻两表：

表 1—2　　　　《大清律例》中所见因亲属身份加重处罚一览表

罪名	常人间的处罚	亲属间的加重情况	出处
发冢见尸	绞监候	卑幼发掘五服以内尊亲坟墓见尸，斩监候	卷 25《刑律·贼盗下》"发冢"条
毁弃尸体	杖一百，流三千里	毁弃缌麻以上尊长尸体，子孙弃毁祖父母、父母尸体，斩监候	卷 25《刑律·贼盗下》"发冢"条

① 如《睡虎地秦简·法律答问》："当迁，其妻先自告，当包。"（睡虎地秦墓竹简整理小组：《睡虎地秦墓竹简》，文物出版社 1978 年版，第 178 页）又《唐律疏议》卷 3《名例律》"犯流应配"条："诸犯流应配者，妻、妾从之。父祖、子孙欲随者，听之"（第 66—67 页）。《宋刑统》卷 3《名例律》"犯流徒罪"条、《大明律》卷 1《名例律》"流囚家属"条、《大清律例》卷 4《名例律》"流囚家属"条同。

② 参见魏道明《始于兵而终于礼——中国古代族刑研究》，第 227 页。

续表

罪名	常人间的处罚	亲属间的加重情况	出处
烧棺椁、尸体	烧棺椁，杖八十、徒二年；烧尸体，杖一百，徒三年	烧缌麻以上尊长棺椁，杖九十、徒二年半；烧祖父母、父母棺椁，杖一百，徒三年；烧缌麻以上尊长尸体，杖一百，流三千里；烧祖父母、父母尸体，绞监候	卷25《刑律·贼盗下》"发冢"条
谋杀	已行，杖一百，徒三年；已伤，绞监候；已杀，斩监候	谋杀缌麻以上尊长，已行，杖一百，流三千里；已伤，绞；已杀，斩。子孙谋杀祖父母、父母、期亲尊长，妻妾谋杀夫、夫之祖父母、父母，改嫁妻妾谋杀故夫之祖父母、父母，已行、已伤，斩；已杀，凌迟	卷26《刑律·人命》"谋杀"条、"谋杀祖父母父母"条、"谋杀故夫父母"条
威逼人致死	杖一百	卑幼威逼期亲尊长致死，绞监候；大功以下，各递减一等	卷26《刑律·人命》"威逼人致死"条
私和人命	杖六十	祖父母、父母及夫为人所杀而私和，杖一百，徒三年；期亲尊长，杖八十，徒二年半；大功以下，各递减一等；卑幼被杀而尊长私和者，各依服制减卑幼一等；子孙及子孙之妇、妻妾被杀而祖父母、父母及夫私和，杖八十	卷26《刑律·人命》"尊长为人所杀私和"条
殴打未成伤	笞二十至三十	五服以下同姓卑幼殴尊长，弟妹殴兄妻，妻之子殴父妾，妾殴夫之姊妹夫，加常人一等。妾之子殴父妾，加常人二等。妻殴夫，杖一百；妾殴夫及妻，加妻殴夫一等。殴先同居后异居继父，杖六十，徒一年；同居者，加一等。卑幼及妻妾殴本宗及外姻缌麻兄姊，杖一百；小功兄姊，杖六十，徒一年；大功兄姊，杖七十，徒一年半；殴同胞兄姊，杖九十，徒二年半；如系尊属，各递加一等。殴妻之父母，杖六十，徒一年；外孙殴外祖父母，杖一百，徒三年。子孙殴祖父母、父母，妻妾殴夫之祖父母、父母，改嫁妻妾殴故夫之祖父母、父母，斩	卷27《刑律·斗殴上》"斗殴"条；卷28《刑律·斗殴下》"妻妾殴夫"条、"同姓亲属相殴"条、"殴大功以下尊长"条、"殴期亲尊长"条、"殴祖父母父母"条、"妻妾与夫亲属相殴"条、"殴妻前夫子"条、"妻妾殴故夫父母"条

续表

罪名	常人间的处罚	亲属间的加重情况	出处
殴伤	折伤，杖一百至杖八十、徒二年；废疾，杖一百、徒三年；笃疾，杖一百、流三千里	五服以下同姓卑幼殴伤尊长至折伤、废疾、笃疾，各加常人一等。殴先同居后异居继父至折伤、废疾、笃疾，各加常人一等，同居者，各加常人二等。妻之子殴父妾、妾殴夫之姊妹夫及弟妹殴兄妻至折伤、废疾、笃疾，加常人一等；妾之子殴父妾至折伤、废疾、笃疾，加常人二等。妻殴夫，折伤，加常人三等，妾殴夫及妻，加妻殴夫一等；妻妾殴夫成笃疾，绞立决。殴妻之父母至折伤，各加常人二等；至笃疾，绞监候。卑幼及妻妾殴本宗及外姻缌麻、小功、大功尊亲至折伤，依殴尊长本律各递加一等；至笃疾，绞。殴同胞兄姊至折伤，杖一百、流三千里；成笃疾者，绞。卑幼及妻妾殴伯叔父母及姑、外孙殴外祖父母至折伤以上，绞	卷27《刑律·斗殴上》"斗殴"条；卷28《刑律·斗殴下》"妻妾殴夫"条、"同姓亲属相殴"条、"殴大功以下尊长"条、"殴期亲尊长"条、"殴祖父母父母"条、"妻妾与夫亲属相殴"条、"殴妻前夫子"条
过失杀、殴杀、故杀	过失杀，依常人殴杀律收赎；殴杀，绞监候；故杀，斩监候	卑幼及妻妾过失杀期亲尊长、外孙过失杀外祖父母，减殴杀本罪二等；继子殴杀、故杀先同居后异居及同居继父，斩监候。殴杀妻之父母，斩监候，故杀，斩立决；子孙及子孙之妇过失杀祖父母、父母，杖一百，流三千里。妻妾殴杀夫及卑幼殴杀期亲尊长，斩立决；故杀，凌迟。卑幼及妻妾殴杀、故杀本宗及外姻缌麻、小功尊亲，斩监候，大功尊亲，斩立决；子孙殴杀、故杀祖父母、父母及妻妾殴杀、故杀夫之祖父母、父母，凌迟	卷26《刑律·人命》"斗殴及故杀人"条、"戏杀误杀过失杀人"条；卷28《刑律·斗殴下》"妻妾殴夫"条、"殴大功以下尊长"条、"殴期亲尊长"条、"殴祖父母父母"条、"妻妾与夫亲属相殴"条、"殴妻前夫子"条

罪名	常人间的处罚	亲属间的加重情况	出处
骂詈	笞十	弟骂兄妻，加常人一等；卑幼及妻妾骂詈本宗及外姻缌麻兄姊，笞五十，小功兄姊，杖六十，大功兄姊，杖七十，期亲兄姊，杖一百，尊属，各加一等；子孙及骂詈祖父母、父母，妻妾骂詈夫之祖父母、父母，改嫁妻妾骂詈故夫之祖父母、父母，绞；妾骂詈夫及妻，杖八十；夫骂詈妻之父母，杖六十	卷29《刑律·骂詈》"骂人"条、"骂尊长"条、"骂祖父母父母"条、"妻妾骂夫期亲尊长"条、"妻妾骂故夫父母"条
诬告	诬人笞罪，加所诬罪二等，流、徒、杖罪，加所诬罪三等	子孙诬告祖父母、父母，妻妾诬告夫及夫之祖父母、父母，绞；卑幼诬告期亲以下、缌麻以上尊长，外孙诬告外祖父母，婿诬告妻之父母，妾诬告妻，依干名犯义律处罚，若所诬罪重于干犯本罪，加所诬罪三等处罚；子妇诬告翁奸、弟妇诬告兄奸，斩监候	卷30《刑律·诉讼》"诬告"条及附例、"干名犯义"条；卷33《刑律·犯奸》"诬执翁奸"条
和（通）奸	各杖八十，有夫者，各杖九十	与同宗无服之亲及妻通奸，各杖一百；与内外缌麻以上亲及妻及妻前夫女、同母异父姊妹通奸，各杖一百，徒三年；与从祖祖母、从祖伯叔母、从祖伯叔姑、从父姊妹、母之姊妹及兄弟妻、兄弟子妻、妻之母通奸，各绞立决；与父祖妾、伯叔母、姑、姊妹、子孙之妇、兄弟之女通奸，各斩立决；凡与以上亲属妾通奸，各减与妻通奸一等	卷33《刑律·犯奸》"犯奸"条、"亲属相奸"条
强奸	绞监候	强奸同宗无服之亲及妻，强奸内外缌麻以上亲及妻及妻前夫女、同母异父姊妹，斩监候；强奸从祖祖母、从祖伯叔母、从祖伯叔姑、从父姊妹、母之姊妹及兄弟妻、兄弟子妻、父祖妾、伯叔母、姑、姊妹、子孙之妇、兄弟之女、妻之母，斩立决；凡强奸以上亲属妾，绞立决	卷33《刑律·犯奸》"犯奸"条、"亲属相奸"条

罪名	常人间的处罚	亲属间的加重情况	出处
媒合通奸	减通奸罪一等（杖七十至八十）	夫纵容妻妾与人通奸、义父纵容养女与人通奸、父纵容女及子孙之妇与人通奸，杖九十；夫抑勒妻妾与人通奸、义父抑勒养女与人通奸、父抑勒女及子孙之妇与人通奸，杖一百	卷33《刑律·犯奸》"犯奸"条、"纵容妻妾犯奸"条
助死囚自杀	减常人殴杀罪二等	助犯死罪的尊亲自杀或依犯死罪的尊亲之请而雇人杀讫，依卑幼殴杀尊长本罪减二等处罚；助犯死罪的祖父母、父母自杀或依请而雇人杀讫，斩监候	卷36《刑律·断狱上》"死囚令人自杀"条

表1—3　　　《大清律例》中所见因亲属身份减轻处罚一览表

罪名	常人间的处罚	亲属间的减轻情况	出处
费用受寄财产	笞十至杖九十、徒二年半	大功以上亲属及外祖父母费用受寄财物，免坐；小功减三等；缌麻减二等；无服之亲减一等	卷14《户律·钱债》"费用受寄财产"条附例
故杀他人马牛等	杖一百至徒一年半	故杀缌麻以上亲马、牛、驼、骡、驴，与本主私宰罪同，杖八十至一百	卷21《兵律·厩牧》"宰杀马牛"条
盗窃	杖六十至绞监候，并刺字	期亲相盗财物，减凡人五等；大功，减四等；小功，减三等；缌麻，减二等；无服之亲，减一等；皆免刺	卷24《刑律·贼盗中》"窃盗"条；卷25《刑律·贼盗下》"亲属相盗"条
盗窃为从	减主犯一等	同居卑幼引他人盗窃己家财物，依私擅用财罪加二等处置，罪止杖一百	卷24《刑律·贼盗中》"窃盗"条；卷25《刑律·贼盗下》"亲属相盗"条
略人略卖人	杖一百，流三千里和卖，杖一百，徒三年	尊长略卖子孙，杖八十；弟妹、侄、外孙、子孙之妇，杖八十，徒二年半；堂弟妹、堂侄、侄孙，杖九十，徒二年半；和卖各减略卖一等	卷25《刑律·贼盗下》"略人略卖人"条

罪名	常人间的处罚	亲属间的减轻情况	出处
和同相诱	杖八十至九十，徒一年半至二年	被卖卑幼和同情愿被卖，免坐	卷25《刑律·贼盗下》"略人略卖人"条
恐吓取财	窃盗加一等处罚	期亲尊长恐吓卑幼取财，减凡人五等；大功尊长，减四等；小功尊长，减三等；缌麻尊长，减二等；无服之亲尊长，减一等	卷25《刑律·贼盗下》"恐吓取财"条
诈欺官私取财	同窃盗处罚	期亲亲属诈欺取财，减凡人五等；大功，减四等；小功，减三等；缌麻，减二等；无服之亲，减一等	卷25《刑律·贼盗下》"诈欺官私取财"条
发冢见尸	绞监候	缌麻尊长发掘卑幼坟墓见尸，杖一百，徒三年；小功以上尊长，各递减一等；祖父母、父母发掘子孙坟墓见尸，杖八十	卷25《刑律·贼盗下》"发冢"条
毁尸	杖一百，流三千里	缌麻以上尊长弃毁卑幼尸体，各递减常人一等；祖父母、父母弃毁子孙尸体，杖八十	卷25《刑律·贼盗下》"发冢"条
谋杀	已行，杖一百，徒三年；已伤，绞监候；已杀，斩监候	尊长谋杀本宗及外姻卑幼、舅姑谋杀已故子孙改嫁妻妾，已行，依故杀律减二等；已伤，减一等；已杀，依故杀律	卷26《刑律·人命》"谋杀"条、"谋杀祖父母父母"条、"谋杀故夫父母"条
杀一家三人	凌迟，妻、子流三千里	本宗及外姻尊长杀期亲卑幼一家三人，斩立决，妻、子免缘坐；杀大功、小功、缌麻卑幼一家三人，凌迟，妻、子免缘坐	卷26《刑律·人命》"杀一家三人"条

罪名	常人间的处罚	亲属间的减轻情况	出处
殴打未成伤	笞二十至三十	本宗及外姻有服尊长殴卑幼，夫殴妻妾，期亲以上尊长殴卑幼之妻妾，继父殴先同居后异居及同居继子，皆免坐；五服以外同姓亲属尊长殴卑幼，期亲以下、缌麻以上尊长殴卑幼之妻，妻殴夫之弟妹及兄弟之妻，各减常人一等，期亲以下、缌麻以上尊长殴卑幼之妾，妾殴夫之妾子，各减常人二等	卷27《刑律·斗殴上》"斗殴"条；卷28《刑律·斗殴下》"妻妾殴夫"条、"同姓亲属相殴"条、"殴大功以下尊长"条、"殴期亲尊长"条、"殴祖父母父母"条、"妻妾与夫亲属相殴"条、"殴妻前夫子"条
殴伤	折伤，杖一百至杖八十、徒二年；废疾，杖一百、徒三年；笃疾，杖一百、流三千里	五服以外同姓亲属尊长殴卑幼至折伤以上，继父殴先同居后异居继子至折伤以上，妻殴夫之弟妹及兄弟之妻至折伤以上，各减常人一等；继父殴同居继子妾殴夫之妾子至折伤以上，减常人二等。本宗及外姻有服尊长殴卑幼至折伤以上，缌麻，减常人一等；小功，减二等；大功减三等。夫殴妻至折伤以上，妻殴妾至折伤以上，减常人二等；夫殴妾至折伤以上，再减二等。本宗及外姻期亲以下、缌麻以上尊长殴卑幼之妻折伤、废疾、笃疾，各减常人一等；妾，减常人二等。祖父母、父母殴乞养子孙、子孙之妇及已故子孙改嫁妻妾至废疾，杖八十，笃疾，杖九十。期亲尊长殴卑幼、外祖父母殴外孙、祖父母、父母殴子孙至废疾、笃疾，祖父母、父母殴子孙之妇及乞养子孙至折伤，舅姑殴打已故子孙改嫁妻妾至折伤，俱免坐	卷27《刑律·斗殴上》"斗殴"条；卷28《刑律·斗殴下》"妻妾殴夫"条、"同姓亲属相殴"条、"殴大功以下尊长"条、"殴期亲尊长"条、"殴祖父母父母"条、"妻妾与夫亲属相殴"条、"殴妻前夫子"条、"妻妾殴故夫父母"条

续表

罪名	常人间的处罚	亲属间的减轻情况	出处
过失杀、殴杀、故杀	过失杀，依常人殴杀律收赎；殴杀，绞监候；故杀，斩监候	夫过失杀妻妾、妻妾过失杀夫、妻过失杀妾、妾过失杀妻、期亲尊长过失杀卑幼、外祖父母过失杀外孙、祖父母、父母过失杀子孙及子孙之妇，各勿论；大功至缌麻尊卑亲属过失杀，各依亲属殴杀律收赎；夫故杀妻，绞监候；夫殴杀、故杀妾，杖一百，徒三年；小功、缌麻尊长故杀卑幼，绞监候，大功尊长故杀卑幼，杖一百，流三千里；期亲尊长殴杀卑幼，外祖父母殴杀外孙，祖父母、父母殴杀子孙之妇及乞养子孙，杖一百，徒三年，故杀，杖一百，流二千里；祖父母、父母殴杀子孙，杖一百，故杀，杖六十，徒一年；妻殴杀夫之兄弟子，杖一百，流三千里，故杀，绞监候	卷26《刑律·人命》"斗殴及故杀人"条、"戏杀误杀过失杀人"条；卷28《刑律·斗殴下》"妻妾殴夫"条、"殴大功以下尊长"条、"殴期亲尊长"条、"殴祖父母父母"条、"妻妾与夫亲属相殴"条、"殴妻前夫子"条
骂詈	笞十	本宗及外姻尊长骂詈卑幼及妻妾，夫骂妻妾，妻骂夫，皆免坐	卷29《刑律·骂詈》"骂人"条、"骂尊长"条、"骂祖父母父母"条、"妻妾骂夫期亲尊长"条
诬告	诬人笞罪，加所诬罪二等，流、徒、杖罪，加所诬罪三等	期亲尊长诬告卑幼，减所诬罪三等，大功尊长，减二等，小功、缌麻尊长，减一等；妻之父母诬告婿，减所诬罪一等；夫诬告妻及妻诬告妾，减所诬罪三等；祖父母、父母诬告子孙及子孙之妻妾，外祖父母诬告外孙，夫诬告妾，免坐	卷30《刑律·诉讼》"诬告"条及附例、"干名犯义"条
助死囚自杀	减常人殴杀罪二等	助犯死罪的卑幼自杀或依犯死罪的卑幼之请而雇人杀讫，依尊长殴杀卑幼本罪减二等处罚	卷36《刑律·断狱上》"死囚令人自杀"条

区分亲属相犯与常人相犯的刑事责任，这是清代法律的惯常做法。但对于某些亲属间的相犯行为，清律却没有与常人相犯在刑事责任上作出区分，处罚同于常人相犯。当然，不作区分的情形较为少见，整部《大清律例》中，也不过以下数项：

表1—4　　　《大清律例》中所见亲属相犯同凡论一览表

罪名	罪状	出处
盗卖田宅	子孙将公共祖坟、山地投献与人或私自典卖	卷9《户律·田宅》"盗卖田宅"条附例
恐吓取财	期亲以下卑幼恐吓尊长取财	卷25《刑律·贼盗下》"恐吓取财"条
略人略卖人	略卖、和卖妻及大功以下尊、卑亲属为奴婢	卷25《刑律·贼盗下》"略人略卖人"条
发冢	卑幼发掘五服以内尊亲坟墓见棺	卷25《刑律·贼盗下》"发冢"条
杀一家三人	杀本宗及外姻尊长亲属一家三人	卷26《刑律·人命》"杀一家三人"条附例
采生折割人	采生折割本宗及外姻尊、卑亲属	卷26《刑律·人命》"采生折割人"条
造畜蛊毒杀人	造畜蛊毒及造厌魅符咒杀害本宗及外姻尊、卑亲属	卷26《刑律·人命》"造畜蛊毒杀人"条
殴伤	妻妾殴夫五服以外同姓亲属；弟妹殴兄之妾；殴大功以下兄弟妻妾；殴姊妹之夫、妻之兄弟及妻殴夫之姊妹夫；妾殴妻之子；不曾同居继父、继子互殴	卷28《刑律·斗殴下》"妻妾与夫亲属相殴"条、"殴妻前夫子"条
殴杀、故杀	五服以外同姓尊、卑亲属互相殴杀、故杀；继父、继子互相殴杀、故杀；妻妾殴杀、故杀夫五服以外同姓亲属；妻妾殴杀、故杀夫之大功以下卑属，妾殴杀、故杀夫之卑属，妾殴杀、故杀夫之妾子，妻妾之子殴杀、故杀父妾	卷28《刑律·斗殴下》"同姓亲属相殴"条、"殴大功以下尊长"条、"妻妾与夫亲属相殴"条、"殴妻前夫子"条

二　特点

（一）范围广

亲属相犯是指亲属之间能够引起刑事责任后果的各种侵犯行为；换言之，亲属相犯是指遭到刑事处罚的犯罪行为。在现代法律中，严重的违法行为才构成犯罪，因此犯罪只是违法行为的一个小部分；同样的，最严厉的惩罚措施才是刑罚，因此刑罚只是法律制裁手段中的一种。而就古代法律而言，犯罪之外没有违法的概念，违背法律的行为就是犯罪；刑罚之外也没有民事制裁、行政制裁、经济制裁的概念。因此，古代犯罪的概念实际上与现代违法的概念无异，古代刑罚的功能与现代法律制裁所起的功能无异。① 这样一来，亲属相犯的含义就极为广泛，亲属间各种各样的违法行为，小到子孙不听教令，大到杀人放火，皆属于亲属相犯的范围。

同时，由于家国一体的社会构成，原本应由家庭、家族自行决定的私人事务，法律也视为与政治统治和社会秩序有关，进行了强制性规定，人为地增加了亲属相犯的范畴。比如何时分家及家产如何分割，收养什么人为子孙及由谁来承立门户，居亲属丧时穿戴什么丧服、守丧的期限及守丧期间参加什么活动，这些原本应由当事人自行决定，但法律却剥夺了他们的选择权，统一作了定制。于是，子孙必须与直系尊亲同籍共财，没有尊长之命不得擅自别籍异财，尊长虽有权命子孙异财但无权令子孙别籍，分割家产必须依照子数平均分配；收养及承立门户必须按照亲等关系来依此进行，先尽期亲，次及大功，再及小功、缌麻，如无，才可选择同宗、同姓亲属，但无论如何，都不能以异姓为子及承嗣；亲属去世，依亲等的不同需守不同的丧期，穿戴不同的丧服，丧制未终不得释服从吉、作乐、参预筵宴、婚嫁、生子、从仕。违反以上规定，就要受到制裁，亲属相犯的范围自然随之扩大。

（二）重伦常

亲属相犯虽然是泛指亲属间的互相侵犯行为，既包括卑亲属对尊亲

---

① 高汉成：《也谈中国古代律典的性质和体例——以〈唐律疏议〉和〈大清律例〉为中心》，《上海交通大学学报》（哲学社会科学版）2003 年第 5 期。

属的侵犯，也包括尊亲属对卑亲属的侵犯。但由于古代法律着重维护的是伦常而非亲情，所以法律对尊长侵犯卑幼的行为，多不追究责任，也就是说，这一类侵犯很多时候并不属于法律意义上的侵犯行为。直系尊亲对卑幼，本来就有教诲扑责的权力，因此，直系尊长对卑幼不存在殴伤罪。按清律的规定，祖父母、父母殴子孙至废疾、笃疾，甚至子孙违反教令，在扑责的过程中，失手将子孙杀死，法律都不追究责任。直系尊长只有故杀或非理殴杀子孙，才构成法律意义上的亲属相犯。除去本宗直系尊亲，外祖父母殴外孙、期亲尊长殴卑幼、祖父母父母殴子孙之妇及收养子孙至笃疾以下，大功、小功、缌麻尊长殴卑幼折伤以下，夫殴妻折伤以下，俱免坐。①

如果卑幼有罪，尊长扑责的权力还会进一步扩大。按清律的规定，期亲尊长或外祖父母殴有罪卑幼至笃疾者，可以免责；② 丈夫殴有罪妻妾，只要不死，都可以免责，即使殴死，也只是杖一百。③ 若是直系尊亲，即使处死本身犯有死罪的卑幼，法律也不追究责任：

> 王起之长子王潮栋因恨弟王潮相不肯借钱，持刀赶砍，王起闻知将王潮栋拉回，缚其两手向其斥骂。王潮栋回骂，王起气忿莫遏，将王潮栋活埋身死。（《刑案汇览》卷44《刑律·斗殴·殴祖父母父母》"父令子活埋詈骂父母之长子"条，第1599页）
>
> 孔传礼因女孔氏与周广通奸，乘间同逃，经伊子孔继昌找获，因丑隐忍。嗣孔氏因夫家贫苦逃出，央人找主改嫁，孔传礼闻知，

---

① 以上关于尊长侵犯卑幼是否构成刑事责任的规定，参见《大清律例》卷28《刑律·斗殴下》"妻妾殴夫"、"殴大功以下尊长"、"殴期亲尊长"、"殴祖父母父母"条，第460—465页。

② 参见《大清律纂修条例（乾隆十一年）·刑律》"殴期亲尊长"条续纂条例，收入刘海年、杨一凡总主编《中国珍稀法律典籍集成》丙编第一册，第773页。尊长殴杀有罪卑幼，虽不能免责，但可减刑。按规定，五服以内尊长处死有罪卑幼，皆可以减轻处罚，五服以外的尊长若处死有罪卑幼，按律文应同凡论，不得减免，但在司法实践中有减免之例。参见（清）祝庆祺、鲍书芸《刑案汇览》卷43《刑律·斗殴·殴期亲尊长》"无服族长活埋忤逆应死族妇"条案例及引例，第1595—1596页。

③ 《大清律例》卷26《刑律·人命》"夫殴死有罪妻妾"条，第435页。

因孔氏玷辱祖宗气忿,逼令伊子孔继昌将孔氏砍毙。(《刑案汇览》卷44《刑律·斗殴·殴祖父母父母》"父令长子杀死犯奸被拐之女"条,第1600页)

以上两例都属于父母故杀子女,因子女有死罪在先,皆判免责。

与之相反,卑幼若侵犯尊长,哪怕是言语上的侵犯,都要负刑事责任。按法律规定,卑幼骂詈有服、无服尊长,都要追究责任。至于骂以上的行为,则更是不能容忍,只要卑幼殴打尊长,不论有无伤害,伤重伤轻,一律严惩。对于直系尊亲,子孙即使没有言语或行动上的侵犯,但违反祖父母、父母教令及奉养有缺,法律也视为是犯罪行为,予以制裁。①

对于尊长的间接侵犯,也会导致刑事责任。如同居卑幼引他人盗己家财物,所引之人杀伤自己亲属,卑幼虽不知情,仍以杀伤亲属本律处罚;又如妻妾因与人通奸而使奸夫杀本夫,妻妾虽不知情,仍处以绞刑。即使"当时喊救与事后即行首告,将奸夫指拿到官,尚有不忍致死其夫之心者,仍照本律定拟"。② 特殊情况下才会减一等处罚:

　　　　邢氏因与史振花通奸,被本夫查知责打,该氏即立意改悔,并屡次同史振花拒绝,史振花续奸不遂,将本夫谋杀。该氏事后闻知往看,投保报案,是该氏之悔过拒绝已有确证,临时并不在场,事后即行首告,其不忍致死其夫之心较之奸未悔拒、致夫被杀者,情更可原。该省将该氏依奸妇不知情绞候声请减流上再减一等,科以满徒,衡情准理,似为允协,尚可照覆。(《刑案汇览》卷24《刑律·人命·杀死奸夫》"拒绝后奸夫谋杀夫奸妇首告"条,第838页)

---

① 以上关于卑幼侵犯尊长是否构成刑事责任的规定,参见《大清律例》卷28《刑律·斗殴下》"妻妾殴夫"、"殴大功以下尊长"、"殴期亲尊长"、"殴祖父母父母"条;卷29《刑律·骂詈》"骂尊长"、"骂祖父母父母"、"妻妾骂夫期亲尊长"条;卷30《刑律·诉讼》"子孙违反教令"条,第460—465、471—472、488—489页。

② (清)祝庆祺、鲍书芸:《刑案汇览》卷49《刑律·诉讼·子孙违反教令》"子妇与人通奸翁被奸夫杀死"条,第1824—1825页。

卑幼对直系尊亲，因间接侵犯而导致刑事责任的行为就更加常见，例如子孙犯罪引起父母自尽、① 父母在殴打违反教令的子孙时自行跌毙，② 等等。只要卑幼有过错在先，哪怕尊长的死亡与卑幼所犯过错无关，卑幼也要重惩：

> 张黑子向在韩幅被局帮伙，乘间与韩幅之女老儿通奸。因将韩幅被毡质当，被韩幅查知逼索怀恨，夜至其家与老儿续奸，乘间将韩幅砍毙。并非因奸起衅，应照谋杀问拟，将张黑子依谋杀律拟斩监候。该犯既奸其女，复敢于奸所谋杀奸妇之父，应请旨即行正法。老儿与张黑子通奸，于张黑子挟嫌将韩幅谋死，该氏讯未与谋，而回护奸情，商同伊母，不将凶犯指出，应比照子孙犯奸，父母并未纵容，致被杀害例拟绞立决。（《刑案汇览》卷49《刑律·诉讼·子孙违反教令》 "父被奸夫谋杀忘仇互奸匿供"条，第1828页）

当然，以上的间接侵犯，或有犯罪行为在先——同居卑幼引他人盗己家财物，妻妾、女儿与人通奸都属于犯罪；或有过错在先——如违反教令。但无过错引起的间接侵犯也会导致刑事责任，如子贫不能养赡父母致使自尽，在清律中，比照过失杀父母罪，杖

---

① 《刑案汇览》载有多例因子孙犯罪而引起父母自尽的案例。如：汪勇昌因讹诈他人钱财而被控诉，汪勇昌之母便往诉控人家池塘自尽；梁三诓骗他人首饰而逃，其父愧忿投河自尽；狄风儿向狄马氏秽詈索债，狄马氏夫狄五儿詈骂狄马氏私自借债，狄马氏自尽，狄风儿之父狄存礼恐狄风儿被官府治罪，无人养赡自己而自缢。以上三例均比照子贫不能养赡其父致使自尽的条例，判汪勇昌、梁三、狄风儿等杖一百、流三千里。参见（清）祝庆祺、鲍书芸《刑案汇览》卷49《刑律·诉讼·子孙违反教令》"子讹诈犯案母恨人控告自尽"条、"子诓借人银饰逃走致父自尽"条、"因子秽语肇衅致父愁急自尽"条，第1807—1809页。

② 《刑案汇览》也载有多例父母在殴打违反教令的子孙时自行跌毙的案例。如：陈汉选殴子陈自廊时滑跌倒地、磕伤头颅而亡；姜云舟赶殴其子姜八，绊倒压伤殒命；唐幅礼因殴子唐本华摔跌受伤越日而亡。陈自廊、姜八、唐本华三人均依子违反教令致父自尽例，被判绞监候。参见（清）祝庆祺、鲍书芸《刑案汇览》卷34《刑律·人命·威逼人致死》"因茶不热致父倾泼滑跌身死"条、"父因赶殴失跌擦伤抽风身死"条，第1240—1241页。

一百、流三千里,① 一般不会从宽处罚。道光元年（1821）的刑部
"说帖"中称：

> 至子贫不能养赡，致亲自尽之案，例文内于子贫之下申明不能
> 营生养赡等字，则以乡曲小民穷苦者十居八九，其日用所需固属力
> 不能给，然果思竭力事亲，则或勤于工作，或学习技艺，以及贸易
> 肩挑，皆可以得赀养赡，否则因家计艰窘，即惰其四肢，不顾父母
> 之养，以致父母自尽。衡情定案，因其尚非有心触忤违犯，故原其
> 贫苦不得已之苦衷，免其一死。而其亲究因失养短见轻生，故严惩
> 其不能善事之罪，拟以满流，定例已有区分，不容再为宽假。
> （《刑案汇览》卷49《刑律·诉讼·子孙违反教令》"一足微跛不
> 能养赡继母自尽"条，第1840页）

按此，若子贫不能养赡其父致使自尽，杖一百、流三千里已是最低处
罚，不能再行宽减。若是无过错引起的间接侵犯，如果由此而引起其他
逆伦情形，间接侵犯人的刑事责任还会加重：

> 吕李氏之翁吕文顺不欲食粥，令该氏出外寻找伊夫吕绍帼买
> 米，该氏违拗，被翁用刀掷伤。嗣吕绍帼回家查知前情，向父埋
> 怨。吕文顺因子偏护向殴，吕绍帼回殴，致父因伤身死。将吕绍帼
> 凌迟处死。吕李氏虽无触忤情事，实属违反教令，应比照"子孙违
> 反教令、致祖父母抱怨自尽例"拟绞监候。嘉庆二十年六月十二
> 日，奉旨：此案吕绍帼之妻李氏因翁吕文顺令其做饭，该犯妇因家
> 中只有碎麦，煮成稀粥，吕文顺气忿，用刀掷打。吕绍帼偏护其
> 妻，致将伊父吕文顺棍殴毙命。是吕文顺之死及吕绍帼干犯极刑，

---

① 《大清律例》卷30《刑律·诉讼》"子孙违反教令"条附例，第489页。司法实践中
也不乏实例，如《刑案汇览》卷49《刑律·诉讼·子孙违反教令》"不能养赡致母投河经救
未死"条："谢王氏因伊子谢升儿不能养赡，复向索钱，气忿跳河，如果被溺身死，谢升儿应
照子贫不能养赡致母自尽例拟流。今捞救得生，应量减一等拟徒"（第1840页）；又同书同卷
"一足微跛不能养赡继母自尽"条："谭亚平、谭亚全因贫不能养赡，致继母张氏自缢身死。
原文内声明谭亚平左足仅止微跛，仍能行走，并未成废，将谭亚平、谭亚全依子贫不能养赡，
致父母自尽例拟流"（第1840页）。

全由该犯妇违忤起衅，除吕绍帼业经正法外，李氏着即处绞。钦此。（《刑部比照加减成案》①卷25《刑律·诉讼·子孙违反教令》"嘉庆二十年湖广司"条，第275页）

此案中，吕李氏本无过错，以绞监候处罚，已属重罚，但因此而发生了子殴父死的逆伦惨案，吕李氏又加重为绞立决。

子孙因耳目不及、思虑不周导致父母在意外事故中死亡，也要处以重刑。嘉庆二十五年（1820），戴邦稳在草堆旁做饭，见其兄戴邦池被人殴打，来不及熄火就前往帮护。不料风起，引燃草堆，其母戴吴氏年老体弱，不能逃避，不幸被火烧身亡。负责审理此案的江苏地方官以常人过失杀拟戴邦稳杖流，上报至中央，刑部认为所判过轻，应该以子孙过失杀父母拟绞立决；而且认为此案隐情甚多，有故意之嫌，于是驳回重审。②此例与现代法律中的过失犯罪尚有相似之处。另一案中，樊魁因弟樊沅私拿家中铜壶且不服母亲管教，于是持刀吓唬，其母上前夺刀，自行划伤。尽管其母一再强调是自己划伤，樊魁平日也是孝子，但仍然被判斩监候。③此案列入"过失杀伤父母"一类，已有些勉强，但毕竟还有"过失"可言。而以下三例中的子孙的确无过失可言：

孙资积因继母樊氏以前夫之子焦玉贫苦无依，兼患腿疾，欲令同住，伊父孙世武不允，樊氏因此怀嫌。嗣樊氏将孙女银桂子推跌流血，该犯问系樊氏推跌，不知伊父已与口角，声言可怜。樊氏听闻迁怒，用头向碰，自行失跌磕伤眼胞，该犯磕头寝息。后樊氏因

---

①　（清）许槤、熊莪：《刑部比照加减成案》，法律出版社2009年版。

②　参见（清）祝庆祺、鲍书芸《刑案汇览》卷44《刑律·斗殴·殴祖父母父母》"草堆失火赶救不及致母烧毙"条，第1610—1611页。刑部认为此案疑点甚多、有故意之嫌的理由在于："该犯之母戴吴氏系与该犯之妻并子媳同在一处，其时并非昏夜，当猝然火起时，戴吴氏以年老不能逃避，该犯之妻与子媳何以不力为扶救，任其烧毙？且该犯于伊兄被人殴跌倒地，既能望见真切，即赶往帮护，则其争闹之处距草堆不远可知，岂草堆火起，转不能望见？若使该犯即行赶回力救，伊母或尚不致烧毙。乃该犯并未赶回扑救，只帮护伊兄与徐简书等殴打，竟至伊母被烧于不顾，均出情理之外。案情疑窦多端，保无另有别情，自应咨行该抚遴员研究确情，按照律例定拟，到日再行核覆。"

③　参见（清）祝庆祺、鲍书芸《刑案汇览》卷44《刑律·斗殴·殴祖父母父母》"误杀伤祖父母父母援案办理"条，第1613—1615页。

孙世武不与交言，饮恨不食，孙资积屡求伊父与樊氏和睦，孙世武
以该氏性泼，欲冷淡数日致其改悔。迨樊氏瞥见焦玉在对面山上爬
不上坡，颠蹶可怜，怀恨莫释，投缳殒命。（《刑案汇览》卷49
《刑律·诉讼·子孙违反教令》"并未违反继母迁怒撞头跌伤"条，
第1838—1839页）

李文青因欲贩煤渔利，将地出租，伊母李古氏恐不能赚钱致无
食用，愁急自尽。（《刑案汇览》卷49《刑律·诉讼·子孙违反教
令》"因子售地贩煤致母愁急自尽"条，第1810页）

唐明因炊茶待客，被茶水沸烫护痛失手，将茶罐堕碎泼湿地
下，唐明因手烫喊痛，伊母唐马氏赶扰看护，在湿处滑跌，被茶罐
碎片垫伤右臂，中风不语，痰壅气塞殒命。（《刑案汇览》卷44
《刑律·斗殴·殴祖父母父母》"茶烫失手泼湿地下致母跌毙"条，
第1612页）

前二例中，尽管子孙无过失，但仍按照过失伤父母和不养赡致父母自尽
例分别判刑。第三例纯粹属于意外事故，但地方官闻讯此事，仍以过失
杀父母立案，只是拿不准应按过失杀父母本例拟绞立决还是应量情有所
减轻，于是上报中央刑部咨询。刑部觉得按过失杀伤父母或违反教令及
奉养有亏律处罚都不合律意，但事关伦常，又不甘心不处罚，于是令地
方官严查此案中唐明有无其他起衅致死母亲之事，再报部核办。

即使父母无理自尽，子孙的行为不仅没有错误，反而合情合理，只
要尊长的死亡与卑幼有关，卑幼仍然逃脱不了逼死尊长的罪责：

田宗保之母唐氏因田宗保前妻遗有五龄幼子长受，最为怜爱。
田宗保因长受吃饭玩延，喝令快吃，长受撒娇将碗掷破，田宗保生
气随手打其背上一下，长受啼哭。（宗保妻）田彭氏恐姑听闻生
气，央令止哭不听，亦即向打一下。适唐氏由邻家闲坐回归，查知
斥骂。田宗保不敢分辩，央邻妇王氏劝慰，令唐氏进房躺卧。田宗
保即上街沽酒，备母夜饮。彭氏欲俟伊姑安睡消气，不敢进房。讵
唐氏气忿莫释，自缢殒命。（《刑案汇览》卷34《刑律·人命·威
逼人致死》"理责其子致母痛孙气忿自尽"条，第1243页）

小何田氏因年甫八岁之幼子何开祥在外顽要回家,泥污衣服,小何田氏用竹片责打,何开祥负痛啼哭,适老何田氏探亲回家问知,即以小何田氏不应将何开祥殴打,将小何田氏嚷骂欲殴。小何田氏并未回言,进房躲避。时有族邻何得秀走至劝止。定更后老何田氏回房,怒犹未息,向伊夫何允富声言,伊痛爱幼孙,小何田氏因其顽要责打,又痛又气,伊年老有病,不如早死,免得受气。何允富劝慰就寝,老何田氏乘夫睡熟,投缳自缢殒命。(《刑案汇览》卷34《刑律·人命·威逼人致死》"训责其子致姑痛孙气忿自尽"条,第1244页)

以上两例中,尊长自尽,是自己心胸狭隘,子孙并无过错,没有强逼的情节,也不能预料。但事关伦常,均比照子孙违反教令致父母自尽例减等,杖一百,流三千里。

其至尊长教唆子孙犯罪,事发,尊长畏罪自尽,卑幼也难逃重罚:

刘学礼听从伊母窝留何克富行窃被获,致伊母畏罪自尽。将刘学礼比照母教令子犯盗,后因发觉畏罪自尽例拟徒。(《刑案汇览》卷49《刑律·诉讼·子孙违反教令》"教子窝贼事发其母自尽"条,第1816页)

阚伦安听从伊母阚张氏抢夺无服族叔荞麦,计赃一两以下。阚张氏闻控,畏罪自尽,究因教令其子抢夺所致。例无正条,阚伦安应比照"父母教令子孙犯盗、后因发觉畏罪自尽例"满徒。(《刑部比照加减成案》卷25《刑律·诉讼·子孙违反教令》"嘉庆二十二年江苏司"条,第275页)

以上两案都是尊长唆使卑幼盗抢,属于共同犯罪,尊长畏罪自尽,与卑幼无涉,如要处罚卑幼,理应按偷盗本律处罚。但法司从伦常出发,看重的是尊长死亡的事实,案件的性质由共同犯罪变为卑幼不听教令,遂以逼死尊长罪,科以重罚。若子孙遵从尊长之命,导致尊长死亡,也要重罚:

窦瑛听从伊母老刘氏投河自尽，该犯被救得生。查父母起意自尽，其子情愿同死，致令父母毙命，而其子被救得生，例无明文。案关伦纪，未便轻纵，应比照上年陕西倪胜儿案，将窦瑛拟斩立决。（《刑案汇览》卷23《刑律·人命·谋杀祖父母父母》"母子商谋同死其子经救得生"条，第824页）

饶锦盛因母借欠饶锦玉钱文未还，被饶锦玉索讨争殴，失跌抱忿，起意服毒诈赖。该犯向劝不允，被逼无奈，取砒交给，原冀暂顺母意，再行劝阻。不期刘氏即时吞服，以致毒发毙命。尚非有心致死其母，惟伦纪攸关，自应照律问拟，饶锦盛合依"谋杀母已杀律"凌迟处死……奉旨：饶锦盛著改为斩立决。（《刑部比照加减成案续编》卷12《刑律·人命·谋杀祖父母父母》"江西司·道光九年"条，第518页）

张罗氏起意寻死图赖王家泽，令伊媳取砒，伊媳不肯前往，该氏即诓称止系携砒至王家泽家恐吓，并非真心服毒，伊媳始行取砒。该氏复将伊媳遣开，乘间服毒。及伊媳知觉，当即泣喊灌救，是张氏服毒身死，实为（媳）陈氏所不及知。且张罗氏毒发未死之时，业将自行起意寻死图赖及诓伊媳取砒各情向伊夫妾贺氏言明，并有贺氏不必责怨其媳等语，众所共闻，所有陈氏问拟凌迟处死之处着改为斩监候，归于本年秋审服制册内办理。（《刑案汇览》卷23《刑律·人命·谋杀祖父母父母》"姑欲寻死图赖诓令伊媳取砒"条，第829页）

甚至尊长图谋杀死卑幼，卑幼在反抗时造成尊长死伤，也要重罚：

周氏因伊姑蒋氏乘夜潜入房内欲将伊搯毙，用手摸面，周氏惊问，蒋氏不答，用手向搯咽喉，将大指插入口内，周氏疑系贼匪图奸，将手指咬住，致蒋氏被咬，受伤溃烂身死。固属犯时不知，惟伦纪攸关，应比照子过失杀母例，拟绞立决。（《续增刑案汇览》卷11《刑律·斗殴·殴祖父母父母》"未知伊姑谋搯咬伤姑指致毙"条，第356页）

按现代刑法的规定，精神病人不能辨认或不能控制自己行为的时候造成危害结果的，不负刑事责任。中国古代法律虽无这方面的明确规定，但司法实践中，对于因"疯病"而杀伤人者，一般都能宽免处罚。清代法律本无"疯病"杀人治罪明文，雍正三年（1725）始定条例，"疯病"杀人者，需从犯人名下追银收赎；乾隆五年（1740），议定"疯病"杀人者，除追银收赎外，疯病之人需报明地方官，令亲属看守锁锢。乾隆十九年（1754），议定疯病杀人之犯照例收赎，需行监禁，监禁若痊愈后一年不复发，再交亲属领回看守防范。至乾隆二十七年（1762），刑部以"疯病"难保其不再复发，奏请改为永远监禁，虽或痊愈不准释放，并纂入例册。至嘉庆七年（1802），刑部以"疯病杀人之案多有到案覆审供吐明晰之犯，若仅照例监禁，恐其装疯捏饰，冀图免抵，奏请嗣后如到案及覆审时供吐明晰者，仍按本律例拟抵"。嘉庆十一年（1806），又考虑到"疯病"杀人者"有锁锢已逾一二十年，而又年逾七十，疯病久经痊愈者，逢此大赦未能释放，情堪矜悯，题请分别查办。经本部查疯病之人时发时愈，其曾经杀人之犯防范尤宜倍加详慎，议请以监禁二十年为断，如监禁未至二十年者，年分尚浅，即现报病痊，自毋庸议释。如监禁已逾二十年，及年逾七十者，旧病不至举发，精力就衰，取具印甘各结，题请省释"。① 尊长杀伤卑幼，罪责本轻，若因"疯病"而杀伤卑幼，罪责自然更轻，被官府锁锢者一般能提前释放：

> 定柱因疯扎伤伊女身死，前经本部拟以锁锢，嗣据伊子国龄阿以伊父业已病痊，呈请释放。经本部以疯病杀人例应永远监禁。该犯因疯杀死伊女，罪止满杖，与致死平人者不同，惟监禁甫经四年，难保不复再发，当经批示，俟监禁二三年后再行诊验办理。今据伊子遵批请释，该司援引疯病杀人病已痊愈，监禁五年后不复举发，遇有亲老丁单，准其留养之例，仿照办理。查定柱并非亲老丁单，未便援引留养之例，惟因疯杀女，按非理殴杀子孙罪止满杖，

----

① 参见（清）祝庆祺、鲍书芸《刑案汇览》卷32《刑律·人命·戏杀误杀过失杀伤人》"因疯杀人虽罪不至死仍监禁"条，第1183—1184页。

与致毙平人不同。且监禁已逾七年，疯病并不举发，伊子国龄阿念切天伦，呈请释放，并据犯兄景照族长富森布具结保领，复经本部取具医士司狱印甘各结，自应原情准其释回。(《刑案汇览》卷32《刑律·人命·戏杀误杀过失杀伤人》"因疯杀女监禁七年原情准释"条，第1185—1186页)

按上引条例规定，"疯病"杀人者，到案覆审供吐明晰之犯，不能减刑，仍按本律例拟抵。但尊长因"疯病"而杀卑幼，因为罪不至死，则不适用这一规定。嘉庆八年（1803）十一月，唐尚簜因疯戳伤胞弟唐尚举身死，该犯病已痊愈，到案覆审供吐明晰，四川省法司遂以本律拟以流罪发配。上报刑部后，刑部法司"以疯病杀人，到案及覆审时哄供明晰，按各本律例拟抵，系指罪犯应死者而言，若罪不至死即供吐明晰，仍应照例永远锁锢，将唐尚簜改拟永远锁锢"。并通行各省，此后各案均照此遵办。① 可见，尊长因"疯病"而杀伤卑幼，均有宽免。

但卑幼因精神病发作而杀伤尊长的行为，因事关尊卑秩序，很难得到宽大处理。道光七年（1827），山东省王大辛因精神病发作用刀砍伤胞叔王洪泽，伤已平复。山东省法司以"因疯伤人之案例内止有执持凶器伤人依过失伤收赎"一条，其余因疯刃伤凡人及有关服制等案并无治罪明文。而山东省上年所办高苑县民王聿荣因疯刃伤大功兄王聿太平复一案，依殴大功兄折伤以上递加凡斗刃伤人三等，拟杖一百、流二千里，以伤由疯发无知，并非有心干犯比，照疯疾执持凶器伤人依过失杀人收赎，奉部覆准在案。"如因疯刃伤，果可比照过失问拟，则现在王大辛之案按律止应拟徒，惟案关服制，律例究无专条，咨请部示。"刑部批覆如下：

嘉庆二十一年本部审办吉祥因痰迷疯病复发，适伊妻用刀切菜，该犯赶至身旁，夺刀将伊妻砍伤，经伊胞婶李氏惊见夺刀，不期刀尖误将李氏右手划伤。平复。将该犯依刃伤期亲尊属，讯非有

---

① （清）祝庆祺、鲍书芸：《刑案汇览》卷32《刑律·人命·戏杀误杀过失杀伤人》"因疯杀人虽罪不至死仍监禁"条，第1184页。

心干犯例拟绞监候，题结在案……查因疯杀死期亲尊长之案，向俱仍照本律问拟，是因疯刃伤胞叔照刃伤期亲尊属，讯非有心干犯之例问拟绞候，贷其立决已属持平。若照过失伤减二等律拟徒，不特生死悬殊，且与办过成案不符。至王聿荣因疯刃伤大功兄依律拟流，比照凡人例收赎，系因刃伤大功尊长本律罪止拟流，故可仍依本罪收赎，与刃伤期亲尊长本律应拟绞决者不同，自不得牵引凡人因疯执持凶器伤人依过失伤之例问拟，应咨覆该抚将王大辛一犯详核例案妥拟。（《刑案汇览》卷32《刑律·人命·戏杀误杀过失杀伤人》"因疯刃伤期亲尊属"条，第1189—1190页）

按照刑部的批覆，卑幼因"疯病"杀伤尊亲，亲等越近，获得宽免的机会越小，若是直系尊亲，则无机会，仍按杀伤尊长本律处罚：

苏朝滋染患疯病，时发时愈，伊父苏平令其赴地拾柴回家，苏朝滋疯病复发，顺取菜刀跳舞，苏平拦夺，被苏朝滋用刀砍伤苏平左脚踝，刀背殴伤右脚腕骨折，伤未平复。该抚将苏朝滋依子殴父，无论伤之轻重，即行奉请斩决例，拟斩立决具题。臣等查子殴父母，无论伤之轻重，即行奏请斩决之例，系指有心干犯者而言，如子因疯殴父，伤经平复，应按律拟以斩决。臣部仍将可原情节于疏内声明具题。奉旨饬下九卿核拟，改为斩候，其被殴之伤未经平复，未便先行奏请斩决，致与有心干犯者毫无区别。今苏朝滋因疯砍殴，致伤伊父苏平右脚腕等处，自应俟被殴之伤曾否平复，再行按律办理，该抚将该犯奏请即行立决，系属误会例意，应令该抚验明苏平之伤现在曾否平复，详细声明，按律妥拟具题，到日再议等因。去后兹据该抚查验明确，苏平所受各伤均已平复，惟右脚腕一伤骨已损折，行走不能如常，将苏朝滋依律拟斩立决，声明并非有心干犯等因具题。臣等核其情节，苏朝滋殴伤伊父系由疯发无知，并非有心干犯，惟伦纪攸关，仍应按律问拟。应如所题，苏朝滋合依子殴父律，拟斩立决。（《续增刑案汇览》卷11《刑律·斗殴·殴祖父母父母》"因疯殴父能否伤痊再行核办"条，第355页）

　　按此，子孙因疯殴祖父母父母造成轻伤痊愈者，方有可能由斩立决减为斩候，伤筋动骨难以痊愈之伤，则不能减轻。若因"疯病"致死直系尊亲，更无减刑之可能。道光三年（1823），周传用患有间歇性精神病，时发时愈，其父周建爱怜其子，并未报官锁锢。后周传用疾病复发，持枪乱舞，周建上前拦阻，被周传用戳伤身死。官府提审周传用时，周传用目瞪口呆，语无伦次，诘以如何将其父戳死，全然不知，加以酷刑威吓，亦不畏惧，官府认定并非伪装，确为精神病患者。但因伦纪攸关，仍依子殴杀父律凌迟处死。① 上报中央后，刑部认为此类逆伦重犯，应先行正法，避免犯人因故死去而不能明正典刑：

　　　　查例载：审办逆伦重案，如距省在三百里以内，无江河阻隔者，于审明后即恭请王命委员，会同该地方官押赴犯事地方正法，若距省在三百里以外，即在省垣正法，仍将首级解回犯事地方枭示等语。是子孙殴死祖父母、父母之案，例内既有恭请王命正法之语，自应于审明后恭请王命即行正法。至疯病杀人之犯，虽由疯发无知，然所杀系祖父母、父母，则伦纪攸关，迥非常人可比，在本犯身为人子，戕及所生，实属罪大恶极，执法者亦未便因其疯发无知，即令日久稽诛，必俟奏明后方加刑戮，设本犯于未奉旨之先或在监病毙，不得明正典刑，殊非所以重伦常而惩枭獍，应请嗣后除子孙殴伤、误伤、误杀及过失杀祖父母、父母仍各照定例奏明办理外，其子孙殴杀祖父母、父母之案，无论是否因疯，悉照本律问拟，一面恭请王命即行正法，一面恭折具奏，庶逆伦重犯不致久稽显戮，而办理亦无歧误等因奏准。（《刑案汇览》卷44《刑律·斗殴·殴祖父母父母》"殴杀父母无论因疯先行正法"条，第1617—1618页）

即使因"疯病"而导致父母死亡的子孙，官府未及逮捕就已死去，仍要剉尸示众：

---

　　① （清）祝庆祺、鲍书芸：《刑案汇览》卷44《刑律·斗殴·殴祖父母父母》"殴杀父母无论因疯先行正法"条，第1617—1618页。

姜聚添因疯砍死伊父姜志洁，旋即被母周氏砍死。查该犯虽被伊母立时砍毙，究未明正典刑，将该犯比照殴父致伤问拟斩决后其父因伤身死，将犯剉尸例，剉尸示众。（《刑案汇览》卷44《刑律·斗殴·殴祖父母父母》"因疯杀父被母砍毙仍剉尸"条，第1618页）

（三）轻视财产侵犯

中国古代的礼法都提倡亲属同财共有，共财的亲属范围越大越好，最理想的状态是父祖死后子孙也不分家，形成累世同居的共财之家。这当然难度很大，不好作强制规定，所以，礼、法只是要求父祖在世，子孙不得擅自别籍异财，从而形成了以父为中心包括其直系后代的共财团体。因此，直系亲属之间，由于财产共有，在法律上便不能成立侵犯财产的罪名。如果同财团体还包括其他亲属，无论有服、无服，也不存在盗窃一类的财产侵犯罪名，只有卑幼私擅用财的罪名。处罚卑幼私擅用财，主要是因为卑幼违反了尊长教令，而不是侵犯了财产。

古代法律虽不允许子孙擅自与父祖别籍异财，但父祖许令子孙异财而分析家产者，无罪。那么，析产后的父子之间能否成立侵犯财产的罪名呢？这是一个不易回答的问题。严格意义上说，父子之间析产后，原有的共有关系业已终止，已不属于共财团体，当然可以成立侵犯财产的罪名。但清律中关于亲属间财产侵犯的条文，如亲属相盗、恐吓取财，皆以期亲为始，并不涉及父子、祖孙等至亲,[1] 说明清律中亲属间成立财产侵犯罪的最高亲等为期亲，父子、祖孙之间似乎不能成立侵犯财产的罪名。在清代著名的三部案例汇编——《刑案汇览》、《驳案汇编》、《刑部比照加减成案》中，我们没有发现一例至亲相盗的案例，只有一例发生于义子、义父之间的抢夺财产案：

外结徒犯许振昆系许调义子，恩养年久，配有家室。该犯因私

---

① 参见《大清律例》卷25《刑律·贼盗下》"亲属相盗"条、"恐吓取财"条，第400—403页。

欠无钱，纠抢义父许调布匹，当钱还欠。应照例即同子孙问拟。惟例无子孙抢夺父母财产治罪明文，查抱养义子于养父母身故，例应持服一年，与期亲服制相同。亲属无抢夺之文，应比照期亲以下自相恐吓，卑幼犯尊长，以凡论，将许振昆照恐吓取财计赃，准盗窃论，加一等律，拟杖八十。（《刑案汇览》卷 18《刑律·贼盗·亲属相盗》"义子抢夺义父财物计赃拟杖"条，第 647 页）

值得注意的是，上引案例中所谓"例无子孙抢夺父母财产治罪明文"的说法，应该是指业已析产的父子之间，否则，就称不上抢夺而是私擅用财。既然抢夺父母财产无治罪明文，盗窃父母财产当然也没有治罪的明文规定，反过来，如父母抢夺、盗窃子孙财产，更不可能治罪。上引案例发生于义子、义父之间，服制为期年，才比照恐吓取财治罪。假设此案发生于父祖子孙之间，恐怕无法比照恐吓取财来定罪，因为父子之间根本不能成立此罪，只能按违反教令来治罪。据此，我们似乎有理由认为，直系亲属间的财产共有体制永远有效，即使父子之间已经财产分立，互相之间也不成立侵犯财产的罪名。

异居亲属之间，则可以成立侵犯财产罪，但处罚明显轻于常人之间的财产侵犯。《大清律例》卷 25《刑律·贼盗下》"亲属相盗"条：

> 凡各居（本宗外姻）亲属，相盗财物者，期亲，减凡人五等；大功，减四等；小功，减三等；缌麻，减二等；无服之亲，减一等。并免刺。（第 400 页）

亲属相盗刑事责任明显轻于常人相盗，是因为亲属之间本有互相周济的义务，亲等越近，互助的义务越是不可推卸。减轻处罚，有利于促进亲属间的和睦。如果行窃过程中伴有杀伤行为，案件的性质则变为亲属间的杀伤。失窃之人杀伤行窃的亲属，都按亲属杀伤律来处罚：

> 孙守智系孙伦元无服族孙，因孙伦元窃锯树枝，该犯用枣木铁钩背殴伤孙伦元……嗣孙伦元因行窃被殴，无颜做人，羞愧自缢身死。职等查孙伦元身死之处，系行窃败露，轻生自尽，与人无尤。

惟孙伦元系孙守智无服族祖，尊卑名分犹存，该抚将该犯依折伤成废满徒律上加一等，拟杖一百，流二千里，与律相符，应请照覆。奉批：究因尊长犯窃所致，应令再行查核等因。遵查亲有养赡之义，故相盗律内得以服制递减免刺。若有杀伤，仍以本律从其重者论，所以轻盗窃而重杀伤也。职等检查并无办过此等成案，公同酌核，应请仍照前议照覆。奉批：既无成案，只可照覆。（《刑案汇览》卷18《刑律·贼盗·亲属相盗》"殴伤行窃族祖成废致令自尽"条，第634—635页）

贵抚题黄定陇殴伤小功叔黄光甲身死一案，奉批交馆核。职等查例载：卑幼殴死期功尊长，罪干斩决之案，若核其所犯情节，实可矜悯者，夹签声明，恭候钦定等语。此案黄定陇因小功服叔黄光甲盗卖伊家木植，该犯途遇向理，因被追殴，先后用锄回格，致伤黄光甲右臂膊、右后肋，并磕伤两额角右太阳等处殒命。查该犯虽衅起理直，惟用锄回格二下，伤及致命，与事在仓猝、徒手抵格、一伤适毙实在可矜者，情稍有间。检查并无恰对夹签成案，至亲属相盗致有杀伤，卑幼犯尊长，从前定例系专指贼犯拒伤事主而言，今该犯以卑幼殴死相盗之尊长，未便引用，且系罪关服制之案，稿尾内亦毋庸叙及，死系罪人，致滋淆混，谨改拟稿尾。（《刑案汇览》卷18《刑律·贼盗·亲属相盗》"卑幼格毙行窃功尊改为斩候"条，第650页）

以上两案都是卑幼杀伤行窃尊长，处理此类案件，都是遵循"轻盗窃而重杀伤"的法律原则，而引起杀伤的盗窃事由往往不被考虑，甚至也不能成为获得减刑的理由。说明法律看重的是亲属间的人身伤害而非财产侵犯。

同理，尊长杀伤行窃卑幼，也不考虑引起杀伤的盗窃事由，只按亲属杀伤本律来处罚。嘉庆年间，李守信因小功侄孙李五德两次偷窃己家财物，主使伊孙李驴子并李五德胞弟李夫城将其活埋。直隶省地方官按故杀小功尊长律判李驴子斩决，以故杀期亲尊长律判李夫城凌迟；李守信按故杀小功卑幼律，应判流刑，但可能考虑到事出有因，故减等为徒。上报中央后，刑部认为亲属盗窃不同于寻常盗窃，李守信为此而故杀小功卑幼，残忍之极，不准减等，仍按故杀小功卑幼律拟流。①

　　失窃之人杀伤行窃的亲属，地方原判有时也以罪人拒捕而擅自杀伤律来处罚，但中央法司多进行驳正。嘉庆十六年（1811），邓建则偷窃缌麻叔祖家布匹，被叔祖母邓杜氏等殴死，地方官就按照罪人拒捕而擅自杀伤律判邓杜氏绞监候。案件上至中央刑部，改为以缌麻尊长殴死有服卑幼律判绞监候。道光二年（1822），张四财勒死行窃之大功堂弟张开言，案发地广东省原依故杀大功卑幼律拟绞监候。但在案件上报中央刑部后，广东在接受山东充军案犯时，发现案犯韩奇系殴死抢夺自己财物的小功堂弟韩锦而被充军，判决书中韩奇是以罪人拒捕而擅自杀伤律来处罚的。所以，广东省法司又咨请刑部，张四财也应以罪人拒捕而擅自杀伤律来处罚。中央刑部批覆认为，山东省韩奇案判决书中，地方官在判词中同时引用了尊长殴死小功卑幼律和罪人拒捕而擅杀律的条文，刑部因无论按哪一条罪名判决都是绞监候，无关出入，故没有驳正，照拟题覆。但韩奇案并非通行定例，刑部"说帖"中强调不得援引为据："嗣后各居亲属相盗，如尊长抢窃卑幼财物，被卑幼杀伤，或卑幼抢窃尊长财物，被尊长杀伤者，均各按服制，以杀伤尊长、卑幼本律论罪，不得照平人以擅杀伤科断。"②

　　所谓亲属抢窃杀伤不得照擅杀而必须以亲属杀伤律论的原则，并非绝对。若是行窃者在盗窃过程中杀伤亲属，尤其是卑幼行窃杀伤尊长，如按杀伤亲属本律定罪，则有可能量刑轻于常人行窃杀伤事主，不符合卑幼杀伤尊长从重处罚的原则。乾隆时，王二妮行窃缌麻服叔王汝栋衣物并将王汝栋殴死，山东地方依殴死缌麻服叔本律拟以斩候。上报中央后，刑部部议认为，常人行窃因拒捕而杀死事主，尚拟斩决，现卑幼行窃因拒捕而杀死尊长，反倒轻于常人，与律意不符，驳令另拟。乾隆四十一年（1776），文科行窃小功堂叔文宗汤家耕牛，被文宗汤发现，文科拒捕并刃伤文宗汤。湖北地方官府在审理此案时，认为若按亲属杀伤本律判决，文科仅罪至杖流；若比照"凡人窃盗拒捕"律，则可拟绞

---

　　①　（清）祝庆祺、鲍书芸：《刑案汇览》卷 43《刑律·斗殴·殴期亲尊长》"谋杀亲属相盗尊长不准夹签"条，第 1579—1580 页。

　　②　（清）祝庆祺、鲍书芸：《刑案汇览》卷 18《刑律·贼盗·亲属相盗》"亲属抢窃杀伤不得照擅杀论"条，第 639—641 页。

候。对于卑幼杀伤尊长，自应从重处罚，故从重拟绞候。他们提出，判决此类案件，"似应合服制、盗伤各罪互相比较：如服制杀伤罪重，则科其服制杀伤之罪；窃盗杀伤罪重，则科其窃盗杀伤之罪。未便拘泥服制，转至轻重悬殊。"湖北官府的判决最终得到了刑部的认可。①

亲属相盗而引发的杀伤案件，无论是严格按照服制定罪，还是服制、盗伤各罪比较从重处罚，都说明法律看重的是亲属间的人身伤害而非财产侵犯。

清律中原有卑幼杀伤尊长，若犯时不知，以常人相犯论的规定。②按此，卑幼杀伤行窃尊长，若犯时不知，也应按常人杀伤律来处罚。清代司法实践中原本也依此条款处罚卑幼黑夜不知行窃者为尊长而杀伤的案例。至嘉庆二十四年（1819）新定"通行"，规定所谓犯时不知，除本律注内所载叔、侄异地生长、素未谋面及弓箭伤人并卑幼捉奸杀死尊长等项外，其余均不得混行牵引。盗窃案内，惟殴死卑幼与无服族人始依常人相杀定断，若卑幼疑贼殴死尊长之案，均依律拟斩夹签，不准援引犯时不知之条。道光十七年（1837），四川省陈潮遂因胞兄陈潮发黑夜至己家行窃，登时起捕，陈潮发用棒将陈潮遂殴伤致毙，属犯时不知。此案如何办理，四川省法司颇为踌躇：如照历年成案定断，只应依犯时不知依凡论，且有"如道光十四年南部县民宋正选因胞叔宋维才黑夜窃砍柏树，登时追捕，犯时不知，殴伤宋维才身死，十六年忠州民袁正毓因缌麻表兄袁正宝黑夜偷窃胡豆，登时追捕，犯时不知，殴伤袁正宝身死，将宋正选、袁正毓均依犯时不知以凡论，事主登时捕贼，殴打致死例拟徒，均奉准部覆在案"。而按新奉通行，所谓犯时不知，惟殴死卑幼与无服族人始依凡人定断，则陈潮遂即应依殴杀期亲尊长律拟斩立决。因"罪名出入甚巨，特咨请部示"。③刑部批覆如下：

---

① 本段案例及引文，均见（清）全士潮、张道源《驳案汇编》卷8《刑律·贼盗中》"卑幼行窃拒伤小功尊长"条，法律出版社2009年版，第152—155页。

② 《大清律例》卷5《名例律下》"本条别有罪名"条律注曰："如叔侄别处生长，素不相识，侄打叔伤，官司推问，始知是叔，止依凡人斗法。"第122页。

③ （清）祝庆祺、鲍书芸：《续增刑案汇览》卷11《刑律·斗殴·殴大功以下尊长》"捕贼格杀胞兄仍照本律拟斩"条，第341—343页。

此案陈潮遂因分居胞兄陈潮发黑夜至伊家行窃，伊母闻知声喊，该犯登时起捕，陈潮发用木棒殴伤伊左肩胛等处，该犯用尖刀格戳其左肋，陈潮发声喊，该犯听系陈潮发声音，当即住手，陈潮发越日殒命。该督以陈潮遂犯时不知，将胞兄格戳致毙，援照该省历办成案，陈潮遂只应依犯时不知依凡论，贼犯持杖拒捕，被捕者登时格杀律勿论；而新奉通行则陈潮遂即应依殴杀期亲尊长律拟斩，罪名出入甚巨，咨部请示等因。本部查卑幼疑贼杀伤尊长，虽犯时不知不准依凡论者，原因卑幼之于尊长，服制攸关，若因其供系犯时不知，遽照凡人定拟，恐无以杜狡卸而重伦常，故叠经本部声明律意通行遵照，至卑幼捕贼杀伤行窃之尊长，虽与卑幼疑贼杀伤并未行窃之尊长微有不同，然亲属重奸不重盗，卑幼寻常干犯尊长之案，不能因尊长行窃而稍逭其诛，则卑幼犯时不知杀伤尊长之案，岂能因尊长行窃而遂轻其罪？今陈潮遂因胞兄陈潮发黑夜至家偷窃，该犯起捕被拒受伤，将其格戳致毙，虽属犯时不知，并非有心干犯。惟死系期亲尊长，服制攸关，自应仍依殴死尊长本律拟斩夹签，不得援引犯时不知之条，以符律意。所有该督援引办过各案，均非通行案件，不得援以为据，应毋庸议。（《续增刑案汇览》卷11《刑律·斗殴·殴大功以下尊长》"捕贼格杀胞兄仍照本律拟斩"条，第342—343页）

盗窃案内，卑幼杀伤尊长，不准援引犯时不知之律，也从一个侧面说明亲属相犯轻视盗窃罪的特征。

（四）严惩性侵犯

亲属间的性禁忌是人类古老的禁忌之一，中国古代这方面的禁忌更是严格，不但包括有血缘关系的亲属，也包括亲属的配偶在内。[①] 古代伦理要求家族之内，尊卑有序，男女有别，亲属之间的性行为被认为是乱人伦的禽兽之行，所以历代法律对这种行为处罚极重，而且惩罚力度

---

① 古代社会的其他国家，血亲之间的性禁忌是普遍存在的，处罚也重于常人之间。但通常，亲属间的性禁忌不包括亲属的配偶。众所周知，各少数民族都有妻后母、报寡嫂之俗，是不以此为禁忌。西方国家古代、近代法律中，除去岳母、子媳等特殊个体，亲属间的性禁忌也不包括亲属的配偶。

有逐渐加重的趋势，如明、清律的处罚就比唐、宋律要重。

常人相奸，唐、宋律，和奸，若为无夫奸，徒一年半，有夫奸，徒二年，强奸，加等，致伤者再加折伤罪一等。明清律，和奸，无夫奸，杖八十，有夫奸，杖九十，强奸，绞。① 可见，常人和奸的处罚有逐渐减轻的趋势。

但亲属相奸，无论和奸、强奸，其惩罚逐渐加重。奸同宗无服亲及妻，唐宋律皆同常人奸，而明清律重于常人奸，常人奸杖八十，但与同宗无服亲及妻奸，杖一百。若奸缌麻亲及配偶，已属有服亲，处罚就重得多。唐、宋律，和奸，男女各徒三年，强奸，流二千里，致伤者，绞；明清律，和奸，徒三年，加杖一百，强奸，无论有无伤，皆绞。若奸小功以上亲及妻，则罪入十恶中的"内乱"罪，处罚更为严酷。唐宋律，与小功、大功亲及妻通奸，男女流二千里，强奸，绞；明清律，和奸，男女皆绞，强奸，斩。至于期亲，亲等则更近，他们之间犯奸，为灭绝人伦之事，法律绝不宽贷，有死无赦。如与叔伯母、姑、姊妹、侄女以及子孙之妻，和奸者，唐至清律皆处斩，强奸者，斩。② 至于更近的亲属之间，如女、孙女、母、祖母，乃"圣人所不忍书"，"法律所不忍书"，禽兽不如，法律都没有规定如何处置，大概任何刑罚也不为过。③

按照服制亲等原则，本宗女性亲属出嫁，亲等随之降低，称为降

---

① 以上常人相奸的法律规定，参见《唐律疏议》卷26《杂律》"凡奸"条，《宋刑统》卷26《杂律》"诸色犯奸"条，《大明律》卷25《刑律·犯奸》"犯奸"条，《大清律例》卷33《刑律·犯奸》"犯奸"条。

② 以上亲属相奸的法律规定，参见《唐律疏议》卷26《杂律》"奸缌麻以上亲及妻"条、"奸从祖母姑等"条、"奸父祖妾等"条，《宋刑统》卷26《杂律》"诸色犯奸"条，《大明律》卷25《刑律·犯奸》"亲属相奸"条，《大清律例》卷33《刑律·犯奸》"亲属相奸"条。

③ 当然这样的事例也极少发生，笔者仅见一例，《汉书》卷35《燕王刘泽传附刘定国传》："定国与父康王姬奸，生子男一人，夺弟妻为姬，与子女三人奸。事下，公卿皆议曰：'定国禽兽行，乱人伦，逆天道，当诛'"（中华书局1962年版，第1903页）。清代各种案例汇编中，则无这样的案例，只有一例是养子与养母之间的。嘉庆二十二年（1817）李张氏于夫故孀居多年，适听邻近有婆亲之家，顿萌淫念，遂勾诱伊夫前妻之子李明则通奸，李明则幼为该氏抚养，因被勾诱，亦即罔顾继母名分，均属淫乱蔑伦，惟例无子与继母通奸作何治罪明文，将李张氏、李明则均比照奸伯叔母律，各斩立决。参见（清）祝庆祺、鲍书芸《刑案汇览》卷52《刑律·犯奸·亲属相奸》"子与继母通奸比例拟斩"条，第1974页。

服。如姊妹，在室为期亲，出嫁则降为大功；堂姊妹，在室为大功，出嫁则为小功。与已出嫁的亲属发生相犯行为，处罚时，亲等是按照降服来计算的。如殴伤已出嫁之姊，并不按殴伤期亲尊长处罚，而是按殴伤大功尊长来处罚。但值得注意的是，亲属间的相奸行为，一般不适用降服处罚的原则：

> 凡奸同宗无服之亲及无服亲之妻者，各杖一百。强者，奸夫斩监候。奸内外缌麻以上亲及缌麻以上亲之妻，若妻前夫之女，同母异父姊妹者，各杖一百，徒三年；强者，奸夫斩监候。若奸从祖祖母、祖姑、从祖伯叔母、从祖伯叔姑、从父姊妹、母之姊妹及兄弟妻、兄弟子妻者，奸夫奸妇各决绞；惟出嫁祖姑、从祖伯叔姑，监候绞。强者，奸夫决斩。惟强奸小功再从姊妹、堂侄女、侄孙女出嫁降服者，监候斩。（《大清律例》卷33《刑律·犯奸》"亲属相奸"条，第524页）

上引条文中，对于亲属相奸行为中适用出嫁降等治罪的范围做出了限定，和奸案内的祖姑、从祖伯叔姑，强奸案内的再从姊妹、堂侄女、侄孙女，才适用出嫁降等治罪的原则，与其他亲属之间发生相奸行为，则不适用这一原则。清代中央刑部对于地方官员超范围适用奸罪出嫁降等治罪的案件都一一进行了驳正，如乾隆五十五年（1790）吴宗顺与出嫁表妹鄂陈氏通奸案，[1] 嘉庆二十一年（1816）张启文与出嫁堂妹张卯英通奸案，[2] 道光七年（1827）阎庭桂与出嫁堂姊阎氏通奸案。[3] 同样，本宗子弟出继，若与亲属相奸，也不降等治罪，道光九年（1829），周文元出继胞伯为嗣，与本生胞弟之妻陈氏和奸未成败露，刑部认为亲属相奸并无出继降等治罪之说，仍以本律处罚。[4] 道光十年（1830），曹二

---

[1]　参见（清）祝庆祺、鲍书芸《刑案汇览》卷52《刑律·犯奸·亲属相奸》"奸出嫁缌麻表妹"条，第1965页。

[2]　同上书，第1966页。

[3]　参见（清）祝庆祺、鲍书芸《刑案汇览》卷52《刑律·犯奸·亲属相奸》"与已出嫁从父姊妹通奸"条，第1963页。

[4]　参见（清）许梿、熊莪《刑部比照加减成案（续编）》卷28《刑律·犯奸·亲属相奸》"广西司（道光九年）"条，第719页。

斤十先与寡妇赏氏通奸，后赏氏嫁于其胞弟曹四十二为妻，曹二斤十仍与赏氏续奸。此案，若以奸同胞兄弟妻律拟罪，曹二斤十应处绞决。但曹二斤十自幼出继与堂伯为子，与胞弟曹四十二降服为大功，陕西地方官遂以奸内外缌麻以上亲之妻例发附近充军。上报中央后，刑部在"说帖"中明清指出"亲属相奸，女不言出嫁，男不言出继，有犯仍依本宗服制论，不得与杀伤之案降等科罪"。① 驳回重审。

从清代遗留下来的案例来看，血亲之间，尤其是近亲之间，发生性行为或性侵犯的事例并不多见。② 这与人类的本性有关，血亲之间的性禁忌是天然存在的。所以，亲属相奸，大多发生在与血亲的配偶或是无服远亲之间。

清代遗留下来的亲属相奸案例，单纯和奸案例较少，因为和奸本为隐秘之事，不易为外人知晓，作为案例保留下来的可能性较小，故亲属相奸案例大多为强奸或伴有杀伤行为。如上节所述，在遇见伴有杀伤行为的亲属相盗案件时，法律遵循的原则是"轻盗窃而重杀伤"，案件的性质由侵犯财产转为人身侵犯，完全按亲属杀伤律来处罚，而引起杀伤的盗窃事由则可忽略。但在伴有杀伤的亲属相奸案件中，情况就完全不同了，引起杀伤的事由是被充分考虑的。

清律赋予亲属捉奸的权利，且范围很广，有服亲属皆许捉奸。③ 在捉奸时，殴伤通奸的亲属，无论尊卑，皆可以免责：

> 李青凤因小功服叔李均明私娶伊嗣母凌氏为妻，该犯外归查

---

① （清）祝庆祺、鲍书芸：《刑案汇览》卷52《刑律·犯奸·亲属相奸》"兄之奸妇弟娶为妻后复并奸"条，第1972页。

② 笔者所见清代各种案例汇编中所载亲属相奸之案例，并没有直系血亲之间相奸的案例，只有二例是在同胞兄妹之间。乾隆四十五年（1780），江西人杨李氏婚前即与胞兄李云奉通奸，出嫁后，仍续奸情，又嫌夫丑陋且家贫，遂与胞兄合谋害死夫。结果，杨李氏凌迟，李云奉斩决（参见中国第一历史档案馆、东亚法律文化课题组合编《清代"服制"命案》，中国政法大学出版社1999年版，第239—240页）。光绪二年（1876），湖南阙五英与胞兄阙春生通奸而合谋害死未婚夫陈海生，阙五英凌迟，阙春生斩决（参见（清）潘文舫、徐谏荃《新增刑案汇览》卷13《刑律·犯奸·亲属相奸》"兄妹通奸谋杀未婚夫身死"条，北京古籍出版社2004年版，第703页）。

③ 《大清律例》卷26《刑律·人命》"杀死奸夫"条赋予本夫捉奸的权利，本条附例规定"有服亲属，皆许捉奸"，第424页。

知，央恳凌氏仍回己家过活，凌氏悔悟允从。李均明将该犯打骂撵逐，禁止凌氏不许见面。该犯纠人欲拿李均明送官，因其不服拘拿，夺刀砍伤其右臁肋，复挖瞎其两目，致成笃疾……应与捉奸殴伤尊长之犯一体勿论。（《刑案汇览》卷26《刑律·人命·杀死奸夫》"殴伤占娶伊母之小功叔成笃"条，第959—960页）

如果在捉奸时，杀死亲属，也可减轻处罚。登时（立即）杀死者，照夜无故入人家，已就拘执而擅杀律，杖一百，徒三年，非登时而杀，则依擅杀罪人律处罚，最重为绞监候。只是所杀若为期功尊长，才照亲属杀伤本律来处罚。[①] 司法实践中，对于卑幼捉奸而杀期功尊长，一般允许夹签声明，[②] 多可减等处置。如嘉庆四年（1799），崔文娃随伯父捉奸故杀犯奸之叔母，嘉庆十五年（1810），刘好小随父捉奸杀死犯奸之伯母，均夹签声明。[③] 即使并非捉奸时杀死曾经犯奸之尊长，也有从宽处理的可能。嘉庆二十四年（1819），赵元儿因伯母赵解氏与人通奸，臭名在外，前往劝阻，不料反遭辱骂、殴打，气忿之下，夺刀杀死伯母。地方督抚在上报时夹签声明，刑部认为不合夹签之制，应以"情尚可矜原，似应于稿尾叙明，恭候钦定，冀可幸邀恩宥"。[④]

在捉奸时，若杀死直系尊亲，也可夹签减罪。嘉庆十年（1805），马香捉奸时杀通奸之继母万氏，原拟凌迟，后奉旨改为斩候；道光十五年（1835），张经成因捉奸杀继祖母张李氏，原拟凌迟，也奉旨改为斩候。[⑤] 当然，这两个捉奸时杀死直系尊长减罪之例，所杀为继母或继祖母，或许还不能说捉奸时杀死亲生父母，也可以减罪。但可以肯定的

①　参见《大清律例》卷26《刑律·人命》"杀死奸夫"条附例。

②　"夹签"是清代特殊的司法制度，基本上仅在服制命案中采用，往往是卑幼对尊长有重大伤害，却有情轻情节的案件，对于这类命案，仍要求督抚等依律拟罪，但允许法司或内阁夹签声请，由"九卿定议"，决定最终的处罚。参见俞江《论清代九卿定议——以光绪十二年崔霍氏因疯砍死本夫案为例》，《法学》2009年第1期。

③　以上二案参见（清）祝庆祺、鲍书芸《刑案汇览》卷24《刑律·人命·杀死奸夫》"随同胞伯捉奸勒死犯奸胞姊"条、"随父捉奸听从帮按杀死伯母"条，第866、867页。

④　（清）祝庆祺、鲍书芸：《刑案汇览》卷24《刑律·人命·杀死奸夫》"伯母犯奸不听劝止故杀伯母"条，第867页。

⑤　以上二案参见（清）祝庆祺、鲍书芸《续增刑案汇览》卷8《刑律·人命·杀死奸夫》"孙捉祖母之奸忿激砍死祖母"条，第233—234页。

是，子孙在捉奸时误伤父母或致父母自尽，是可以减罪甚至免罪的：

> 姚哑叭因小功堂叔姚七与伊母陈氏通奸，先经撞破不依，反被姚七捆殴，嗣见姚七复在伊母窑内奸宿，一时忿激，持刀扑砍，因伊母从背后抱住，疑系姚七，以致误伤伊母殒命，仍应按律定拟，将姚哑叭依子殴母杀者律凌迟处死……惟该犯意在杀死奸夫，误毙母命……可否量从末减，改为斩监候之处，恭候钦定。（《续增刑案汇览》卷8《刑律·人命·杀死奸夫》"忿激扑砍母之奸夫误毙母命"条，第230—231页）
>
> 王锦元因母李氏与王卓通奸，经伊窥破，当欲殴打王卓泄忿。因碍伊母颜面，是以隐忍并屡劝伊母不听。嗣王卓复至李氏屋内续旧，被伊堂兄王三元窥见通知，邀同往捉。王卓逃避，李氏因奸情败露，羞愧自尽。是王锦元闻知伊母与奸夫现在行奸，随同堂兄前往，实属出于义忿，而李氏之死由于奸情败露。既有奸夫王卓照例拟徒，王锦元自应免其置议。（《刑案汇览》卷26《刑律·人命·杀死奸夫》"子侄捉奸致母因奸败露自尽"条，第956页）

至于尊长，在捉奸时杀死犯奸之卑幼，皆可减罪：

> 陈玉泽因伊侄女李陈氏与李红茂通奸，邀同陈玉祥赶至李红茂家，将李陈氏拿获，系奸所获奸，迫至中途，因李陈氏哭骂不肯同行，将其推入塘内溺毙……合依本妇有服亲属捉奸杀死犯奸卑幼之案，如非登时杀死，无论谋故，各按服制于殴杀卑幼本律上减一等例，于殴死同堂大功弟妹满流罪上减一等，杖一百、徒三年。（《续增刑案汇览》卷8《刑律·人命·杀死奸夫》"捉奸杀死出嫁降服大功侄女"条，第215页）

若是直系尊长，杀死犯奸子孙则可直接免罪：

> 川督题周俸濂奸拐李世楷之女同逃，被李世楷拿获，登时殴伤李二姐身死一案。将周俸濂比照本夫登时奸所获奸将奸妇杀死，审

明奸情属实，将奸夫拟绞例拟绞监候，李世楷比照本夫杖八十例杖
八十等因具题。钦奉谕旨：父母殴毙无罪子女予以杖罪，尚为慎重
人命起见，今李二姐既系犯奸，即属有罪之人，李世楷将伊女殴
毙，系出于义忿，尚有何罪？虽所拟杖罪声明遇赦援免，但究不应
以杖罪科断。嗣后遇有似此情节者，其父母不必科以罪名，并着刑
部将此例删除，以昭明允。（《刑案汇览》卷25《刑律·人命·杀
死奸夫》"父母捉奸仅杀奸妇毋庸科罪"条，第916—917页）

　　本夫捉奸时，登时杀死通奸的妻妾，当然无责，事后再杀，比照拘
执而擅杀律拟徒。如果奸夫为亲属，即便是尊长，本夫捉奸时殴伤或登
时杀死，法律也没有治罪的明文。若事后再杀，虽不能免罪，但可以减
轻处罚。嘉庆十七年（1812），王文魁因缌麻叔王礼与己妻通奸，遂将
王文魁与己妻一并活埋，并非登时而杀，减死为流。[1] 可见，比起亲属
间的杀伤，法律更重视奸非。
　　即使在强奸未遂案中，本夫登时杀死犯奸有服尊长，若犯时不知，
也不按杀伤尊长本律处罚，只按杀伤常人律处罚。[2] 若明知尊长而致
死，条例规定："有服尊长强奸卑幼之妇未成，被本夫忿激致毙，系本
宗期功卑幼，罪应斩决者，无论登时、事后，均照殴死尊长情轻之例夹
签声明。"[3] 一般是在亲属杀伤本律的基础上减等处罚，如乾隆五十年
（1785），陈上沅殴死调奸己妻未成的胞叔陈鹤，由斩立决减等为斩监候；[4]

---

　　① 参见（清）祝庆祺、鲍书芸《刑案汇览》卷24《刑律·人命·杀死奸夫》"妻与缌叔
通奸被夫一并活埋"条、"捉奸致伤尊长本律应予勿论"条，第869、873页。
　　② 《大清律例》卷5《名例律下》"本条别有罪名"条规定："其本应罪重，而犯时不知
者，依凡人论"（第122页）。按此，本夫捉奸杀死尊长，犯时不知，应按常人相杀处罚。清
代条例又规定：本夫捉奸，杀死犯奸有服尊长，犯时不知及止殴伤者，均照律勿论。两条律文
之间似有抵触之处。嘉庆十六年（1811），阎昶殴死强奸己妻未成的胞兄阎宽并毁尸灭迹，直
隶省地方官以黑夜殴毙，犯时不知，照律勿论，但以毁损尊长尸体拟斩。刑部批覆说，捉奸
杀死尊长犯时不知者勿论，系指强奸既遂或奸情已成之事，图奸未成不得适用。故仍《名例律》
中"犯时不知者，依凡人论"的规定，以斗杀罪拟斩候。参见（清）祝庆祺、鲍书芸《刑案
汇览》卷24《刑律·人命·杀死奸夫》"杀死强奸伊妻堂叔犯时不知"条，第872页。
　　③ （清）祝庆祺、鲍书芸：《刑案汇览》卷24《刑律·人命·杀死奸夫》"杀死强奸伊
妻堂叔犯时不知"条引例，第872页。
　　④ 参见（清）祝庆祺、鲍书芸《刑案汇览》卷24《刑律·人命·杀死奸夫》"殴死图奸
伊妻胞叔情轻夹签"条，第875页。

又如道光十三年（1833），申佐言故杀强奸伊妻未成的胞兄申佐亨，也经夹签声明，减等处罚。①

但是，本夫在捉奸中登时杀死尊长不治罪的规定，并不适用于直系尊长。道光三年（1823），直隶地区有强奸子媳已成者，其子与媳将父当即殴死，子以凌迟处置，妇减为斩候。② 光绪三年（1877），关佶舜登时殴死与己妻通奸的父亲，也以凌迟处置。③ 即使子妇在拒奸的过程中致死伊翁，也只能减轻处罚而不能免罪。按清律，妻妾殴夫之父母，斩，致死者，凌迟，因拒奸而致死，则律无明文。这主要还是因为此等败伦伤化之事，人类所不忍闻，圣人所不忍书，故律无专条。但生活实践中却有此类事例发生，需要法司判案定刑。此类案件，按清代成案，一般是由凌迟减为斩候，而斩候往往在秋审时再判缓决，实际上是永远监禁。道光四年（1824），四川地区有子妇拒奸，斧砍其翁致死；道光七年（1827），黑龙江地区有子妇因拒奸而刀伤其翁下体致死，都是按此处理。至道光十年（1830），陕西地区民妇林谢氏因拒奸也刀伤其翁下体而死，此案若按成例，也应判斩候再减为永远监禁，但陕西巡抚认为永远监禁太重，奏请能否在改缓决后，再减等为收赎并离异归宗，刑部于是奉旨议定条例。④ 但刑部认为，虽拒奸杀翁，但毕竟伦纪攸关，收赎太轻，于是将原来成案的判决作为定例，即先判斩候秋审再缓决，实际执行远监禁。⑤ 至此，清代方有这方面的专门条例。

子妇如果在拒奸过程中致伤其翁，属于正当防卫，法律原本有捉奸致伤尊长不治罪的条款，被害人拒奸而致伤尊长，从情理上讲，更不应该治罪。但翁媳之间名分特重，与卑幼捉奸伤尊长勿论不能等同。所以，

---

① 参见（清）祝庆祺、鲍书芸《续增刑案汇览》卷8《刑律·人命·杀死奸夫》"故杀强奸伊妻未成之胞兄"条，第213—214页。

② 参见（清）祝庆祺、鲍书芸《刑案汇览》卷53《刑律·犯奸·亲属相奸》"子妇拒奸致毙伊翁奏请定例"条，第1978—1983页。

③ 参见（清）潘文舫、徐谏荃《新增刑案汇览》卷13《刑律·犯奸·亲属相奸》"因奸殴毙亲父逆犯监毙奸妇在监生产"条，第702页。

④ 在清代，新例的撰定主要是奉旨撰定，皇帝下令才能议新例，而皇帝下令的前提一般为大臣奏请，以前有子妇拒奸杀翁之案，但未有请求定例的奏请，故这方面一直没有条例，陕西巡抚奏请后，才议定条例。

⑤ 以上案例及修撰条例之事，参见《刑案汇览》卷53《刑律·犯奸·亲属相奸》"子妇拒奸致毙伊翁奏请定例"条，第1978—1983页。

这一类的案件，在判决时，往往需要酌情定罪量刑。嘉庆十七年（1812），有一例子妇拒奸咬落其翁嘴唇的案例，地方官以子妇殴伤夫父母罪，拟斩立决，嘉庆上谕，免其子妇罪。后撰新例，子妇拒奸殴伤伊翁之案，如实系情急势危，仓促捍拒，仍依本律定拟（即以子妇殴伤夫父母律定罪问斩），法司将应否免议之处奏请定夺，由中央法司决定是否免罪。①条例之所以规定先以本律问斩，然后酌情是否免罪，一是法律中原本有子妇诬执翁奸的罪名，②二是可能担心如直接规定因拒奸而伤其翁者免罪，实际上就授予了子妇殴伤尊长的借口。刑部的这种担心，并非全出臆想，而是有根据的。乾隆五十年（1785），"山东省民妇韩氏因与奸夫张习可谈笑，经伊翁赵刚撞遇斥詈，张习可教令诱引伊翁，拿其柄据，使不敢管束以便往来。该氏听从，乘间勾引伊翁亲嘴，咬落舌尖。"③所以，对待这类案件，刑部要求一定要详查，据实上报。为防止舞弊，即便是证据确凿、无可争议之案，地方官也不能擅自先判无罪，而一定要按子妇殴伤夫父母律定罪问斩，再将应否免议之处据实写明，由中央法司奏请定夺是否免罪。道光八年（1828），霍岳氏因伊翁霍登鳌黑夜图奸，不辨何人，咬伤霍登鳌手指。此案证据确实，又系黑夜不知伊翁的情况下误伤，审案的地方官或许认为无须刑部再确认，便自作主张，先判霍岳氏无罪。刑部却以不合规制为由，退回题本，要求以定制重新具题上报。④当然，刑部在审查后，若情形属实，子妇一般是免罪的。嘉庆十七年（1812），山东安邱人王锡强被子妇拒奸所伤，道光八年（1828），江西王建得图奸子妇被伤，均查实免议。⑤

按清律规定，如果子孙之妇有罪或违反教令，祖父母父母依法决罚，殴伤是不论的，在决罚中失手致死，也可以免责；即使非理殴杀子孙之妇，处罚也不严厉：致令笃疾者，杖八十，至死者，杖一百、徒三年，故杀者，杖一百、流二千里。[①] 但因奸而伤、杀子孙之妇者，处罚极重，这反映出亲属间严格的性禁忌。如果强奸子媳不成，导致媳羞愤自尽，清律规定发遣为奴。嘉庆二十五年（1820），常亮图奸守寡儿媳不成，便常令使女殴詈儿媳，持刀吓唬，并逼改嫁，儿媳忍受不了折磨，遂自尽。此案中，儿媳自尽，原因并非只是翁父调奸，原因是多方面的，主要的原因还在于逼令改嫁，但照强奸子妇未成而妇自尽例，发遣新疆当差。[②] 又嘉庆二十一年（1816），张四屡次图奸儿媳不从，找借口用火箸将儿媳手指烙伤，被发遣边远为奴。[③] 若是强奸不成而杀人灭口，清律规定斩立决。但因翁、媳和奸已是斩决，强奸且杀人灭口，仍是斩决，有失公允。因此，清代前期的成案中，翁强奸子妇不成而杀人灭口者，也有斩决外加罚枭示者。但道光七年（1827），伍济瀛乘子往县城修辑志书，图奸子妇不成而登时杀人灭口，然后伪装自缢。当江西地方官请求刑部准以往成例，判伍济瀛斩决并枭示时，刑部认为此类案件也有不枭示之例，以后各省统一，罪止斩决。[④]

---

① 参见《大清律例》卷 28《刑律·斗殴下》"殴祖父母父母"条，第 463—464 页。

② 参见（清）祝庆祺、鲍书芸《刑案汇览》卷 53《刑律·犯奸·亲属相奸》"图奸霜媳不从折磨逼嫁自尽"条，第 1995—1997 页。

③ 参见（清）祝庆祺、鲍书芸《刑案汇览》卷 53《刑律·犯奸·亲属相奸》"调奸子媳不从将媳凌虐致伤"条，第 1997 页。

④ 参见（清）祝庆祺、鲍书芸《刑案汇览》卷 53《刑律·犯奸·亲属相奸》"图奸子媳不从登时掐死灭口"条，第 1993—1995 页。另有一案，也是图奸儿媳不成，屡加折磨并活埋儿媳。但只判绞候。此案较为特殊，周帼珍图奸儿媳小王氏不成，屡加折磨，又诬子妇与佣工有奸，并贿赂儿媳胞叔诬指其侄女与雇工有奸，两人一同活埋；更令人气忿的是，小王氏的丈夫在其父的命令下，也帮同活埋。有外人参与，且是被活埋者的丈夫与胞叔，其翁的责任便减轻了，仅判绞候，另二人皆发遣为奴。参见（清）祝庆祺、鲍书芸《刑案汇览》卷 53《刑律·犯奸·亲属相奸》"因调奸不从事后活埋子媳"条，第 1991—1992 页。

第二章

亲属相犯行为的性质及起因分析

第一节　亲属相犯行为的性质分类

亲属相犯行为，可以分为两类：一是特殊侵犯行为，如立嫡子违法、子孙别籍异财、尊长分财不均等等，这一类侵犯行为，只能发生于亲属之间。二是一般侵犯行为，如杀、伤、奸、盗等等，此类侵犯行为无论是常人之间还是亲属之间，都有可能发生。那么，清代亲属相犯案件中，哪一类侵犯行为居多呢？以下将主要依据《刑案汇览》并结合其他案例汇编所载亲属相犯的案例进行说明。

一　特殊侵犯行为

特殊侵犯行为，只能发生于亲属之间，按照常理而言，此类案件在亲属相犯案件总量中应占有相当的比重。但实际情况并非如此。《大清律例》中，特殊侵犯行为的罪种，共计21个，并不算少，但在《刑案汇览》及续编中，这21个罪名的案例个数，数量并不多（表见下页）。

以下合计共144例，在《刑案汇览》、《续增刑案汇览》、《新增刑案汇览》所收近千件亲属相犯案例中，所占比重很有限。其中，子孙别籍异财、尊长分财不均、卑幼自娶妻、外姻尊卑亲属为婚、同姓为婚、弃亲之任、引他人盗己家财物所引之人杀伤亲属等七项罪名，缺乏相应案例；剩余各项罪名，虽有案例，但若仔细考察，很多案例与罪名实际上不相吻合。

表 2—1　　　　　　《刑案汇览》所见特殊侵犯案件数量统计

罪名	案件数量				罪名	案件数量			
	刑	续	新	总		刑	续	新	总
官员袭荫嫡、庶失序	0	0	2	2	外姻尊卑亲属为婚	0	0	0	0
立嫡子违法	2	0	0	2	同姓为婚	0	0	0	0
子孙别籍异财	0	0	0	0	娶亲属妻妾	7	0	0	7
卑幼私擅用财	0	0	1	1	婚姻离异违法	1	0	0	1
尊长分财不均	0	0	0	0	匿亲属丧	2	0	0	2
卑幼自娶妻	0	0	0	0	弃亲之任	0	0	0	0
典雇妻女	5	1	0	6	引他人盗己家财物所引之人杀伤亲属	0	0	0	0
妻妾失序	1	0	0	1	妻妾奸夫擅杀本夫	20	4	1	25
逐婿嫁女	2	3	0	5	卑幼实告尊长	1	0	0	1
居丧嫁娶	7	2	0	9	子孙违反教令	59	21[1]	1	81
父母囚禁嫁娶	1	0	0	1					

　　备注：以上案例汇编皆用简称。其中，"刑"代表《刑案汇览》、"续"代表《续增刑案汇览》、"新"代表《新增刑案汇览》。

　　这 144 个案例中，仅子孙违反教令一项就占了 81 件，占到案件总数的 56%。其中，单纯以违反教令治罪的案例，并不算多。

　　子孙违反教令，按律条规定，系指子孙违反祖父母、父母教令及奉养有缺，属于轻罪，处罚为杖一百。考虑到违反教令、奉养有缺含义模糊，容易引起误会，律注还专门作了解释："谓教令可从而故违，家道堪奉而故缺者。"[2] 81 件案例中，纯粹以违反教令、奉养有缺罪名来处罚的，不过 15 例，分别是：程廷彪控子程邦桂、媳程王氏不听教训案、老吴张氏控媳小吴张氏不服管教案、谢帼兴控子谢立儿不听管教案、张

---

　　① 《续增刑案汇览》卷 13《刑律·诉讼·子孙违反教令》类下共收有 22 个案例，但"出继之子本生继母呈送发遣"条所收案例与《刑案汇览》卷 49《刑律·诉讼·子孙违反教令》"出继之子本生继母呈送发遣"条案例，实为一案。此案道光十一年报呈中央后，被刑部驳回重审，次年，又另拟判决，上呈中央，才获通过，故《刑案汇览》与《续增刑案汇览》分别收录，不再重复统计。

　　② 《大清律例》卷 30《刑律·诉讼》"子孙违反教令"条。

勇富母控子屡行触犯并奉养有缺案、朱汪氏控子朱志洪不听教训案、周可江控子周长春不服管教并出言顶撞案、江吴氏控继子江德熇不服管教并出言顶撞案、薛张氏控子薛陇儿不听管教案、① 何世潮母告子及子妇不听管教并出言顶撞案、米赵氏告子米林出言顶撞案、朱龚氏控子朱光国案、观太控义子福禄不听管教案、叶洪氏控义子叶双幅争产不听教令案、袁日橡控子袁五毛不听教令案。②

其余 66 件案例，都有致直系尊亲死亡或受伤的情节，性质已不是单纯的违反教令，而属于亲属间的杀伤行为。其中有些案例，很难说是子孙违反教令：

> 荆仓之父荆钦心先赁卢中谦地基挖窑居住，嗣因拖欠赁钱，卢中谦央马三友等说合，情愿让免前欠赁钱，并认给荆钦心挖窑工料银三十两，将窑归还。荆钦心应允交银移居。后荆钦心因乏用，令荆仓向卢中谦商添工费，卢中谦不允向斥。荆钦心气忿，起意讹诈，即以卢中谦旧欠钱未还、不肯干休等情，主令荆仓前往讹闹。卢中谦不依，投保理论，欲行禀究。荆仓逃回向父告知。荆钦心虑恐到官坐罪，畏罪愁急，辄萌短见，潜赴卢中谦住窑上，投崖跌落卢中谦院内，受伤殒命。（《刑案汇览》卷 49《刑律·诉讼·子孙违反教令》"主令子讹诈不遂父畏累自尽"条，第 1807—1808 页）
>
> 阚伦安听从伊母阚张氏抢夺无服族叔荞麦，致被控告，阚张氏畏累自尽。（《刑案汇览》卷 49《刑律·诉讼·子孙违反教令》"教子抢夺族人事发其母自尽"条，第 1817 页）

---

① 以上各案参见（清）祝庆祺、鲍书芸《刑案汇览》卷 49《刑律·诉讼·子孙违反教令》"呈送子媳二人一并发遣"条、"孀居子妇触犯翁姑未便发遣"条、"因子逃避两载不回呈请发遣"条、"拟绞留养之后伊母呈请发遣"条、"送子发遣尚未起解复请免遣"条、"呈送子孙发遣旋复呈恩免遣"条、"出继之子本生继母呈送发遣"条、"顶撞嫁母情轻独子未便发遣"条，第 1832—1833、1833、1834、1834—1835、1836、1836—1837、1837、1837—1838 页。

② 以上各案参见（清）祝庆祺、鲍书芸《续增刑案汇览》卷 13《刑律·诉讼·子孙违反教令》"呈送子媳发遣子死其媳免遣"条、"嫁母呈送前夫之子"条、"已嫁复回之母呈送子发遣"条、"旗人呈送乞养义子未便发遣"条、"义子违反官断逐出仍给财产"条、"呈送尚未起解父故遣言免遣"条，第 397—398、398、398、399、399、399 页。

以上两例都没有违反教令的情节，反而是因为子孙唯命是从，才酿成悲剧；子孙如果不听教令，反倒不会有事。而且，违反教令，按律注的解释，是指"教令可从而故违"，言外之意，是说教令不能违背道德原则。但这两个案例，都是教子讹诈、抢夺，即使违反，也不能以违反教令论处。《刑案汇览》、《续增刑案汇览》中，类同的案件，还有若干件。① 这一类的案件，无论从哪个方面说，归类到违反教令之中，并不合适。此外，《刑案汇览》等所收此类案件中，至少还有17个案例是属于尊长纵容卑幼从事犯罪活动，② 收入违反教令中，也显得非常勉强。

其他各项罪名，总共只有63个案例，案例数量非常有限。与上述子孙违反教令类案例类似，案例与罪名也多不相符合。

官员袭荫嫡、庶失序，按律文规定，是指有嫡长而立庶次、养异姓子诈冒承袭、应袭之人诈称父死而冒袭官职等。《新增刑案汇览》收录此类案例2个，均为他人冒充袭荫，其中一例为侄冒充子，③ 另一例为同姓无服者冒充。④ 严格说来，都不是真正意义上的袭荫嫡、庶失序案件。

---

① 参见（清）祝庆祺、鲍书芸《刑案汇览》卷49《刑律·诉讼·子孙违反教令》"父教子行窃败露致母谋杀父"条、"教子代贼销赃事发其母自尽"条、"教子窝贼事发其母自尽"条、"教令义孙同窃事发祖母自尽"条、"教令义女犯奸败露义父自尽"条，第1811、1816、1816、1817、1817页；（清）祝庆祺、鲍书芸：《续增刑案汇览》卷13《刑律·诉讼·子孙违反教令》"教子行窃父因别故被人殴毙"条，第396页。

② 参见（清）祝庆祺、鲍书芸《刑案汇览》卷49《刑律·诉讼·子孙违反教令》"因子讹诈犯案纵容之母自尽"条、"父母纵子犯奸犯盗被人杀死"条、"子犯窃纵容之母被捕役殴死"条、"纵子行窃差传其父失足跌毙"条、"纵子见窃分赃事发致母自尽"条、"纵子拐藏妇女事发其母自尽"条、"纵子通奸败露致父谋杀奸妇"条、"纵容子奸拐致母被本夫殴死"条、"纵容通奸致祖姑并伊翁自尽"条、"与人通奸纵容之祖被人殴死"条，第1808、1814、1815、1816、1816、1817、1817、1818、1818、1826页；（清）祝庆祺、鲍书芸：《续增刑案汇览》卷13《刑律·诉讼·子孙违反教令》"衅起争奸纵容之母被人殴死"条、"与妇戏谑祖护之父被人殴死"条、"子代人说奸纵容之父自尽"条、"子赌博致纵容之母被人殴死"条、"子赌博致纵容之母畏罪自尽"条、"被诱同逃纵奸之翁追获跌毙"条、"听从略诱妇女纵容之父自尽"条，第393、393、394、394、395、396、396页。

③ 张学成剿贼身亡，其子张天富未经袭职，出外经商，久无音讯，张学成侄张天元遂冒充张学成子袭荫。参见（清）潘文舫、徐谦荃《新增刑案汇览》卷2《吏律·职制·官员袭荫》"钻越承袭"条，第525页。

④ 参见（清）潘文舫、徐谦荃《新增刑案汇览》卷2《吏律·职制·官员袭荫》"教令诈贤承袭"条，第525—526页。

立嫡子违法，是指养父母无子而养子舍去、养异姓子乱宗族、将子与异姓人为嗣、以异姓为嗣、立嗣虽同姓而尊卑失序。《刑案汇览》所收 2 个案例，其中一例属于立嗣不立同宗，且昭穆不清，由官府判决改正；① 而另一例为同姓为嗣者能否存留养亲的问题，② 与立嫡、立嗣是否违法无涉。所以，立嫡子违法，真正的案例只有 1 件。

典雇妻女，按律文解释，是指将妻女"立约出典验日雇与人为妻妾"，与嫁卖妻女不同；将妻妾妄作姊妹嫁人，也比照典雇妻女制裁。《刑案汇览》收录有此类案件 5 例，《续增刑案汇览》1 例。这 6 件案例，2 例为将妻妾妄作姊妹嫁人，③ 其余 4 例都是夫、父嫁卖妻、女得财后又纠众抢回一类，④ 都不是典型意义上的典雇妻女案件。其中还有夫妻合谋诈骗他人财产之例，这类案件不仅不属于亲属相犯的范畴，反而属于夫妻共同侵犯他人。

逐婿嫁女，是特指逐赘婿嫁女或再招婿，而《刑案汇览》、《续增刑案汇览》所收 5 个案例，虽皆为私自改嫁女儿，⑤ 但五家均非招婿之家，谈不上是逐婿嫁女。

居丧嫁娶，是指居父母、夫丧而嫁娶或主婚，亲属强嫁夫亡而守志之妻妾，也附在本条之下。《刑案汇览》收录有 7 个案例，《续增刑案

---

① 参见（清）祝庆祺、鲍书芸《刑案汇览》卷 7《户律·户役·立嫡子违法》"同宗及已告逐之人均不准继"条，第 233 页。

② 参见（清）祝庆祺、鲍书芸《刑案汇览》卷 7《户律·户役·立嫡子违法》"本宗无人准继同姓不宗为嗣"条，第 232—233 页。

③ 参见（清）祝庆祺、鲍书芸《刑案汇览》卷 7《户律·婚姻·典雇妻女》"捏作姊妹卖妻本妇杖罪收赎"条，第 247 页；（清）祝庆祺、鲍书芸：《续增刑案汇览》卷 3《户律·婚姻·典雇妻女》"将妻卖与知县复欲图诈具控"条，第 48—49 页。

④ 参见（清）祝庆祺、鲍书芸《刑案汇览》卷 7《户律·婚姻·典雇妻女》"将妻妾作妹嫁卖得财纠众抢回"条、"将妻休卖复思再卖纠抢未得"条、"将女卖钱串通族人私行领回"条、"将妻嫁卖后又转嫁复行抢回"条，第 245、245—246、246、247 页。

⑤ 参见（清）祝庆祺、鲍书芸《刑案汇览》卷 7《户律·婚姻·逐婿嫁女》"因女被殴接回改嫁尚未成婚"条、"因婿犯窃将女接回私行改嫁"条，第 248 页；（清）祝庆祺、鲍书芸：《续增刑案汇览》卷 3《户律·婚姻·逐婿嫁女》"因孙女之夫回籍将孙女另嫁"条、"母将被责逐回之女改嫁"条、"因夫外出听从伊父嫁卖"条，第 49 页。

汇览》2 例。9 个案例中的 5 例都是夫家强嫁守节孀妇,[1] 1 例为外人强娶孀妇,[2] 真正居丧嫁娶仅有 3 例,分别是乾隆五十四年(1789)朱氏居夫丧改嫁案、嘉庆二十一年(1816)杨杨氏居夫丧改嫁案,道光十一年(1831)周四居丧娶周氏为妻案。[3]

父母囚禁而嫁娶,《刑案汇览》收录有 1 个案例,实为夫囚禁而嫁。[4] 因此类行为律无治罪专条,故比照父母囚禁嫁娶律制裁。

因身份而致罪,之所以罪名多而案例少,一个重要的原因是法律规定与民间习俗相悖。按《大清律例·户律》的规定,以异姓为嗣、典雇妻女、居丧嫁娶、同姓为婚、娶亲属妻妾等都属于亲属相犯的范围,但民间风俗,对此却多习以为常。清末民初,出于制定民法的需要,清政府与民国政府都进行过大规模的民事习惯调查,对照调查结果,以上《大清律例·户律》的规定,与民间习惯多不吻合。

关于异姓为嗣,清代民间极为普遍。如直隶清苑;山西忻县、稷山、乡宁、新绛、石楼、大同、壶关、临县、偏关、高平、山阴;江苏高淳、盐城;安徽芜湖、庐江、太和、繁昌、当涂、贵池、广德、天长、五河、来安、黟县、铜陵;江西各县;浙江富阳、嘉兴、吴兴、海盐、金华、吉安、龙泉、长兴、诸暨;福建莆田、政和、晋江、顺昌、惠安、漳平、平潭、闽清;湖北宜昌、恩施、钟祥、秭归、襄阳、谷城、利川、汉阳、五峰、麻城、竹溪、兴山、京山、竹山、广济、巴东、通山、潜江、宣恩;湖南长沙、湘潭、衡山、湘乡、攸县、湘阴、宝庆、沅陵、古丈、永顺、辰溪、常德;陕西略阳、南郑、城固、西乡、镇安、蓝田、扶风、雒南、保安、华阴、宁陕、镇巴、郃阳、洋

---

① 参见(清)祝庆祺、鲍书芸《刑案汇览》卷 7《户律·婚姻·居丧嫁娶》"贫难养赡强嫁侄媳致妇自尽"条、"强嫁兄妻致氏自尽驳案"条、"欲诱孀妇改嫁不从逼毙氏父"条、"功尊劝令孀妇改嫁致令自尽"条,第 249、249—250、251、252 页;(清)祝庆祺、鲍书芸《续增刑案汇览》卷 3《户律·婚姻·居丧嫁娶》"逼令父妾改嫁"条,第 50 页。

② 参见(清)祝庆祺、鲍书芸《续增刑案汇览》卷 3《户律·婚姻·居丧嫁娶》"用强图娶孀妇致氏母自尽"条,第 50 页。

③ 参见(清)祝庆祺、鲍书芸《刑案汇览》卷 7《户律·婚姻·居丧嫁娶》"居丧嫁娶媒合人减首犯一等"条、"居丧嫁娶由母主婚酌免离异"条、"居丧嫁娶可以原情免其断离"条,第 248、250、251 页。

④ 参见(清)祝庆祺、鲍书芸《刑案汇览》卷 7《户律·婚姻·父母囚禁嫁娶》"夫犯罪监禁妻因贫擅自改嫁"条,第 252 页。

县、潼关、南郑、渭南、凤翔、大荔；甘肃全省；热河朝阳、林西、凌源、平泉；绥远全省；察哈尔兴和、沽源等地，普遍许可异姓为嗣。①

关于典雇妻女，直隶天津；江苏江北各县；安徽芜湖、宣城；浙江龙游、余姚、奉化、宣平、缙云、丽水、青田、松阳、遂昌、龙泉、昌化、东阳、义乌、永康、鄞县、镇海、象山、天台、永嘉、景宁；福建光泽、福安、霞浦、屏南；湖南石门、慈利、澧县、桃源、临澧等地普遍存在。②

关于居父母丧而嫁娶，在江苏丹徒；福建连城、闽清；湖北武冈；陕西盩厔、醴泉等地，并不禁忌。③

关于同姓为婚，直隶各县；山西大同、清远；安徽来安、天长、怀宁、五河；福建光泽、惠安；湖北各县；甘肃各县，皆不禁忌。④

关于娶亲属妻妾，山西沁水、闻喜、夏县；安徽贵池、和县；江西赣南各县、赣县；浙江义乌、浦江、东阳、临海、平湖、泰顺；湖北襄阳、谷城、郧县、汉阳、兴山、潜江、恩施、竹山；湖南长沙、沅陵、宝庆、石门、慈利、澧县、桃源、临澧；陕西镇巴、郃阳、汉阴、定

---

① 参见南京国民政府司法行政部编《民事习惯调查报告录》，中国政法大学出版社 2000 年版，第 762、825、830、831、835、842、845、848、849、851、856、860、861、862、863、865、871、873、876、877、881、892、893、915、917、919、922、925、930、933、936、946、947、952、963、964、980、984、985、990、998、999、1003、1009、1010、1012、1021、1032、1034、1036、1037、1056、1057、1060、1063、1065 页。

② 参见南京国民政府司法行政部编《民事习惯调查报告录》第 429、854、867、869、894、910、912、913、928、937、938、939、985 页。典雇妻女的习俗并不限于以上地区，梁治平先生曾引《清稗类钞》所记，证明甘肃各地也有此习俗，参见氏著《清代习惯法：社会与国家》，中国政法大学出版社 1996 年版，第 72 页注 [21]。

③ 参见南京国民政府司法行政部编《民事习惯调查报告录》，第 858、923、937、993、1029、1030 页。

④ 参见南京国民政府司法行政部编《民事习惯调查报告录》，第 759、836、847、864、867、971、928、929、941、1035 页。事实上，同姓为婚的习俗远远超出了上述地区，遍行于全国各地。直隶省的民事习惯调查者在报告中称："直隶各县，向有同姓结婚之事，案牍中李李氏、刘刘氏等，数见不鲜。查同姓为婚，律所不许，但此种习惯行之既久，已为社会普通之惯例，然皆以不同宗为限制条件。大概此种习惯，不仅直隶一省为然，即长江以北省分，亦多如是也"（南京国民政府司法行政部编《民事习惯调查报告录》第 759 页）。另据瞿同祖先生的研究，在清代的案例汇编《刑案汇览》、《续增刑案汇览》及《新增刑案汇览》中，有不少夫妻同姓的例子，《大清律例汇辑便览》注云："同姓者重在同宗，如非同宗，当援情定案，不必拘文"（参见瞿同祖《中国法律与中国社会》，中华书局 1981 年版，第 90—92 页）。这也说明同姓为婚的普遍性。

边、平利；甘肃泾原、陇西等地，都习以为常。[①]

由于与各地习俗相违，以上条文多是具文而已，司法实践中极少适用。如同姓为婚和异姓为嗣，在共收录了清代 7600 余个案例的《刑案汇览》、《续增刑案汇览》及《新增刑案汇览》中，竟无一例处罚同姓为婚或异姓为嗣的案件。不处罚，不等于这一类的情形很少发生。关于同姓为婚，在阅读《刑案汇览》时，我们会时常发现夫妻同姓的例子，但其中没有一个案例是单纯为同姓为婚而涉讼的。因其他案件而被发现，官府采取的是不干涉主义，既不加追问，也不强制离异。[②] 笔者发现，清代的法官对于同姓为婚向来是缺乏职业敏感性。如嘉庆二十一年（1816）杨杨氏居夫丧改嫁案、道光十一年（1831）周四居丧娶周氏为妻案，[③] 婚姻双方当事人均系同姓。从情理上说，既然审查的是婚姻违制案件，看见婚姻双方为同姓，自然应联系到违制的问题。退一步说，即使同姓为婚，按清代惯例并不制裁，若系同宗，还在制裁范围之内。夫妻同姓，自然会联想到是否同宗的问题，地方官府在审理案件时，根本就没有将之作为问题来考虑。按理来说，中央法司的官员应该职业化一些，应要求地方官府核实再报，但中央法司的"说帖"中，也根本就没有提及这一问题。法官对同姓、同宗为婚的问题如此缺乏职业敏感度，说明清代司法实践中，事实上不追究同姓、同宗为婚的行为。当然，并非所有的官员都对同姓为婚缺乏职业敏感，也有个别官员在审理案件时，将同姓为婚作为判案的考虑因素。乾隆五十四年（1789），湖广地区发生一件夫杀妻的案件，夫妻双方为同姓。按律，同姓为婚，杖六十并强制离异，是法律不承认婚姻的合法性。审案法官遂认为夫妻关系不成立，以常人斗杀问拟。上报刑部后，刑部却认为适用法条错误，应以夫殴妻致死律问拟。刑部的理由是，此前有翁奸子媳案例，媳系同姓，法当离异，法官以凡人奸论，奏请旨下法司详议，遂

---

① 参见南京国民政府司法行政部编《民事习惯调查报告录》，第 829、839、850、864、880、883、891、906、911、913、945、954、968、977、978、984、985、1005、1022、1039、1053 页。

② 参见瞿同祖《中国法律与中国社会》，中华书局 1981 年版，第 90 页。

③ 参见（清）祝庆祺、鲍书芸《刑案汇览》卷 7《户律·婚姻·居丧嫁娶》"居丧改嫁由母主婚酌免离异"条、"居丧嫁娶可以原情免其断离"条，第 250、251 页。

制定条例："男女亲属如犯尊卑相犯重情，或干有律，应离异之人，俱照亲属已定名分，各从本律科断，不得妄生异议，致罪有出入。"① 所以，亲属杀伤仍应按亲属已定名分科罪。所谓"犯尊卑相犯重情，或干有律，应离异之人，俱照亲属已定名分，各从本律科断"的处罚原则，实际上是承认了同姓婚姻的合法性。

关于异姓为嗣，如前所言，风俗遍及全国各地，《刑案汇览》中却找不到制裁的案例，说明清代司法实践中实际上不制裁此类行为。关于立嗣，清代律例中，原本有严格的限制：不仅不许立异姓，就是同姓，也要按照亲等依次选立，先尽同父周亲，次及大功、小功、缌麻；如俱无，方许择立远房及同姓为嗣。② 现在，异姓为嗣都不制裁，同姓如不按亲等依次选立嗣子，当然也不制裁。大概在清代前中期，同姓立嗣尚需依照亲等依次选立，如乾隆三十九年（1774），李会白年老无子，曾立侄李玉振为嗣。后因李玉振不务正业，呈县官告逐，另立同姓李嗣业为嗣，命李嗣业认己妾李氏为母，以为养子。李会白病故后，李玉振亦亡故，李会白之妻李王氏欲立李玉振之子李见龙为承祀孙，并主张李嗣业为同姓非宗，赴县控告，经审，李玉振已被李会白告逐，故其子李见龙无承祧之资格，而李嗣业虽生前过继，但同姓不宗，且昭穆不清，故亦为非法嗣子。不过，李会白立后之事仍须解决，查李会白的服侄均为独子，不能过继，故变通以李会白已故之侄李师尹为嗣子，再由李师尹之子李元良为承祀孙。③ 但乾隆四十年（1775），颁布上谕曰："立继一事，专为承祧、奉养，固当按昭穆之序，亦宜顺媳妇之心。"④ 遂制定新例，立嗣不再要求一定要按亲等依次选立，只要不乱昭穆，择贤择爱，听从其便。⑤ 此后，地方审理此类纠纷，一般遵循此项原则，如四川巴县王左氏在夫死之后，择爱立嗣，夫家亲属告左氏"系属私继"，

---

① 参见（清）祝庆祺、鲍书芸《刑案汇览》卷40《刑律·斗殴·妻妾殴夫》"同姓为婚夫将妻殴死"条，第1450页。

② 《大清律例》卷8《户律·户役》"立嫡子违法"条及附例。

③ 参见（清）祝庆祺、鲍书芸《刑案汇览》卷7《户律·户役·立嫡子违法》"同宗及已告逐之人均不准继"条，第233页。

④ 《大清高宗纯皇帝实录》，卷995，台北：华联出版社1964年版，第24页。

⑤ 参见［美］白凯《中国的妇女与财产：960—1949年》，上海书店出版社2003年版，第66页。

立嗣违法，而县官本着"宜顺孀妇之心"的原则，断令王左氏可以"择贤择爱"，并要求族长王元福依此原则"确定继体，以保节孝，并永息讼端。"① 立嫡违法的规定也就成了空条文。

关于居丧嫁娶，按律法规定，居丧嫁娶应杖一百并强制离异，② 而《刑案汇览》、《续增刑案汇览》所收三例居丧嫁娶案，刑部不仅没有判离异，反而在"说帖"③ 中要求地方官对待此类问题可顺从民俗、人情，不必按律深究：

> 居丧嫁娶虽律有明禁，而乡曲小民昧于礼法，违律而为婚姻者亦往往而有。若必令照律离异，转制妇女之名节因此丧失……凡承办此等案件，原可不拘律文断令完聚。（《刑案汇览》卷7《户律·婚姻·居丧嫁娶》"居丧嫁娶可以原情免其断离"条，第251页）

"说帖"中所谓"原可不拘律文断令完聚"，是指不必按律断令离异，属于追认居丧嫁娶婚姻的合法性。

至于典雇妻女，虽属民俗，但毕竟不是良俗，法律应该制裁。但如前所言，《刑案汇览》及《续增刑案汇览》收录的6件此类案例，没有一件是真正意义上的典雇妻女案。如果将考察范围扩大到另外两部清代著名的案例汇编——《驳案汇编》和《刑部比照加减成案》，同样没有真正意义上的典雇妻女案件。④

对于娶亲属妻妾，《刑案汇览》中所收各案均进行了制裁，而且处罚较为严厉。道光六年（1826）杨秉德娶大功兄妻王氏为妻，系杨秉德之母杨麻氏主婚，杨麻氏被判杖一百、徒三年；嘉庆二十一年（1816），潘怀全因贫将妻唐氏嫁卖与大功弟潘怀年为妻，结果，潘怀全、潘怀年

---

① 四川省档案馆编：《巴县档案汇编》，档案出版社1991年版，第185—187页。

② 《大清律例》卷10《户律·婚姻》"居丧嫁娶"条。

③ "说帖"属于清代刑部档案的一种，类似于中央三法司对地方呈报案件所拟的意见书，《刑案汇览》中，"说帖"约占全书的4/10。

④ 其中《驳案汇编》没有相关案例，《刑部比照加减成案》卷3《户律·婚姻》"典雇妻女"收录3例（第28页），《续编》卷3《户律·婚姻》"典雇妻女"收录4例（第384—385页），皆是嫁卖妻女一类。

兄弟及唐氏均被判杖一百、徒三年。[1] 清代各级法司对于娶亲属妻妾的婚姻，一律不予承认，态度非常坚决。嘉庆二十二年（1817），刘二娶大功堂弟之妻白氏为妻，后白氏与张文通奸，刘二与弟将张文共殴身死，白氏畏惧自尽。地方法司认为刘二与白氏婚姻非法，故没有依据本夫捉奸杀死奸夫律来判处，但考虑到刘二系白氏前夫之大功堂兄，依有服亲属捉奸而擅杀奸夫律来判处，对刘二拟以流刑。上报中央，刑部认为不妥：

> 刘二娶大功弟妇白氏为妻，系伊胞叔主婚，应罪坐主婚之人。惟白氏究非该犯应娶之妇，律应离异，是该犯既不得为白氏后夫，而其甘心收娶大功弟妇，罔顾服属，即亦不得为白氏大功夫兄，该犯因张文与白氏通奸，纠弟将张文共殴毙命，不得以擅杀定拟，将刘二改照凡人共殴律拟绞监候。（《刑案汇览》卷27《刑律·人命·杀死奸夫》"收娶弟妇为妻之犯杀死奸夫"条，第972页）

在刑部法司的批覆中，刘二因为娶大功弟妇白氏为妻，连白氏大功夫兄的身份也一并丧失，其不承认娶亲属妻妾婚姻的态度，可见一斑。

就是娶亲属未婚之妻，也要制裁。乾隆六十年（1795），刘八原聘苏从德侄女苏大各为妻，尚未过门，刘八旋即逃亡，八年无踪，苏从德恐误侄女苏大各终身，起意将苏大各许配给刘八之兄刘七为妻。事发，苏从德及主婚之刘七胞兄刘美被判徒刑，苏大各与刘七被强制离异。道光六年（1826），汪一受原为次子汪洸伦聘魏么女为妻，尚未过门，汪洸伦即病逝，汪一受与魏么女之母魏李氏商定，将魏么女改嫁长子汪洸美为妻。结果，汪一受与魏李氏均杖一百、徒三年，魏么女与汪洸美强制离异。[2]

但如前所言，娶亲属妻妾，风俗较为普遍，而《刑案汇览》、《驳

---

[1]　以上二例参见（清）祝庆祺、鲍书芸《刑案汇览》卷8《户律·婚姻·娶亲属妻妾》"娶大功兄妻为妻应独坐主婚"条、"娶大功兄卖休之妻"条，第253、254页。

[2]　以上二例参见（清）祝庆祺、鲍书芸《刑案汇览》卷8《户律·婚姻·娶亲属妻妾》"娶未婚弟妇为妻系尊长主婚"条、"娶未婚弟妻主婚媒人俱收赎"条，第255、256—257页。

案汇编》、《刑部比照加减成案》三大清代的案例汇编总共收录有此类案件八例,① 数量极其有限,说明清代司法实践并不重视对这一类行为的制裁。在四川南部县档案中,对于光绪二十一年（1895）、二十五年（1899）、三十二年（1906）分别发生的四件娶亲属妻妾案例,县官只是判定婚姻无效,强制离异;但对于当事人及媒人、主婚人等责任人,地方官一方面强调依律应予制裁,但皆以"念其乡愚无知"的理由,免予制裁或从轻处罚。②

综上,清代亲属相犯案例中,纯粹以身份而致罪的案件,数量极其有限,而且,除去娶亲属妻妾等个别罪种,一般也多不制裁,这或许能够说明,发生于亲属间的特殊侵犯行为,并不常见,也不是清代司法制裁的重点,在由地方州县审结的此类案件中,从轻处罚或免于处罚的现象可能更为突出。③

二 一般侵犯行为

既然发生于亲属间的特殊侵犯行为并不常见,而亲属相犯行为在清代极为常见,《刑案汇览》等清代案例汇编中收录有众多的亲属相犯案例,这就预示着清代亲属相犯案件肯定以一般侵犯行为居多。一般侵犯行为,多指杀、伤、奸、盗行为,此类行为,不仅在常人之间非常普遍,在亲属之间也极其常见。为说明情况,我们将《刑案汇览》各编等所载亲属间杀、伤、奸、盗行为的案件数量制为下表。

---

① 其中,《刑案汇览》卷 8《户律·婚姻·娶亲属妻妾》类收录 7 个案例,《刑部比照加减成案续编》卷 3《户律·婚姻·娶亲属妻妾》收录 2 例,其中 1 例与《刑案汇览》重复,共计 8 例。

② 参见《南部县正堂清全宗档案》,四川省南充市档案馆藏,档案号 12—936、12—963、15—144、17—900。

③ 里赞先生在统计四川南部县档案中 54 件有明确判词的民事案件时发现,州县长官依律判决的只有 3 例,占 5%;余下 95% 的案件均未依律判处,而是从轻或免于处罚,其中包括悔婚、买休卖休、亲属为婚、娶亲属妻妾等。参见里赞《晚清州县诉讼中的审断问题:侧重四川南部县的实践》,法律出版社 2010 年版,第 83—130 页。

表 2—2　　《刑案汇览》所见一般侵犯案件（杀、伤、奸、盗）数量统计

罪名	案件数量				罪名	案件数量			
	刑	续	新	总计		刑	续	新	总计
亲属相盗	29	13	0	42	殴期亲尊长	84	10	5	99
谋杀祖父母父母	35	10	5	50	殴祖父母父母	32	19	2	53
夫殴死有罪妻妾	9	2	3	14	妻妾与夫亲属相殴	8	0	1	9
杀子孙图赖人	13	9	0	22	殴妻前夫之子	2	1	1	4
妻妾殴夫	48	8	2	58	纵容妻妾犯奸	10	1	0	11
同姓亲属相殴	4	2	2	8	亲属相奸	49	12	3	64
殴大功以下尊长	91	14	4	109	诬执翁奸	1	2	0	3

备注：以上案例汇编皆用简称。其中，"刑"代表《刑案汇览》、"续"代表《续增刑案汇览》、"新"代表《新增刑案汇览》。

以上共计 546 例，远远超出特殊侵犯行为类 144 例的总数，这足以说明，清代的亲属相犯，以一般侵犯行为居多。而且，以上一般侵犯案件的统计数字，远非《刑案汇览》各编中所载亲属间杀、伤、奸、盗行为的案件总数。由于《刑案汇览》各编的编辑体例是以《大清律例》的条目分类编纂，以上统计只是《大清律例》中亲属相犯专条下所载案例，还有相当多的亲属间杀、伤、奸、盗行为案例并没有单列出来，而是收录到在别的条目之下。如《刑案汇览》各编中恐吓取财、略人略卖人、发冢、杀死奸夫、杀一家三人、戏杀误杀过失杀伤人、威逼人致死等条目下也载有大量亲属间杀、伤、奸、盗行的案例。如果将这些案件全部统计进去，亲属间一般侵犯行为多于特殊侵犯行为的特点，就更加明显。

为更能说明情况，这里随机抽取《刑案汇览》所载乾隆五十五年（1790）、嘉庆五年（1800）、嘉庆十七年（1812）、道光二年（1822）亲属相犯案例，制为下表，进一步来验证清代亲属相犯行为中一般侵犯行为多于特殊侵犯行为的特点。

表2—3　《刑案汇览》所载乾隆五十五年（1790）亲属相犯案例统计

序号	案件性质	亲属关系	案情简介	处罚	资料来源
1	卑幼杀尊长	期亲叔侄	何能相殴死图奸己妻未遂的胞叔何宗现	斩候	卷3《户律·婚姻·强占良家妇女》"因妻义父奸占其妻抢殴致毙"条
2	尊长杀卑幼	夫妻	刘正鼎因人诬指妻与他人通奸而杀妻	满徒	卷40《刑律·斗殴·妻妾殴夫》"误信奸徒捏奸杀死无辜之妻"条
3	卑幼杀尊长	大功兄弟	王兰英听从胞叔王泳寿之命，殴伤大功服兄王教民身死	流	卷41《刑律·斗殴·殴大功以下尊长》"听从殴打邂逅致死毋论致命"条附案
4	尊长杀卑幼	大功兄弟	程吉喜因大功堂弟程观喜偷窃祝来家首饰，将程观喜捆绑，因其辱骂，起意勒死	绞候	卷43《刑律·斗殴·殴期亲尊长》"祖护外姻故杀行窃大功堂弟"条
5	尊长杀卑幼	母子	王韩氏故杀亲生子喜儿（事由未载）	杖徒	卷44《刑律·斗殴·殴祖父母父母》"已嫁之母故杀亲生子"条
6	亲属相奸	缌麻兄妹	吴宗顺与出嫁缌麻表妹鄂陈氏通奸，致鄂陈氏自尽	充军	卷52《刑律·犯奸·亲属相奸》"奸出嫁缌麻表妹"条

表2—4　《刑案汇览》所载嘉庆五年（1800）亲属相犯案例统计

序号	案件性质	亲属关系	案情简介	处罚	资料来源
1	卑幼杀尊长	岳母女婿	何耀元酒醉，埋怨岳母不帮女做衣，争吵，刀伤妻并砍死岳母	绞候	卷3《名例·犯罪存留养亲》"情实人犯亲老丁单奏请核办"条
2	卑幼杀尊长	岳父女婿	季朝得因妻继父邓笼奸占其妻，聚众抢回时殴死邓笼	绞候	卷3《户律·婚姻·强占良家妇女》"因妻义父奸占其妻抢殴致毙"条

序号	案件性质	亲属关系	案情简介	处罚	资料来源
3	尊长杀卑幼	夫妻 翁媳	梁自新因妻白氏虐前妻子梁有幅，又纵前夫女（梁有幅妻）与人通奸，并欲谋害梁有幅，遂杀妻及子妇	徒三年	卷33《刑律·人命·夫殴死有罪妻妾》"致死罪犯应死之继妻及子媳"条
4	尊长威逼卑幼致死	岳父女婿	陈大年因被妻父梁天兆寻殴，畏惧自杀	杖八十	卷34《刑律·人命·威逼人致死》"妻父寻殴女婿致婿畏惧自尽"条
5	尊长杀卑幼	夫妻	孔玉成之母命媳挑水，不从，母命孔玉成殴责，妻逃，追殴致死	绞候	卷40《刑律·斗殴·妻妾殴夫》"母仅令殴责将妻叠殴致毙"条
6	卑幼杀尊长	小功叔侄	李洪听从胞叔李开先之命，共殴小功服伯李开尧身死		卷41《刑律·斗殴·殴大功以下尊长》"听从胞叔主使殴伤功伯身死"条
7	卑幼杀尊长	小功兄弟	曹文彩因小功兄曹遇春强奸年方十二岁之小功堂妹曹欠欠，被堂婶曹汪氏喝令帮殴，勉从，殴伤身死	流	卷41《刑律·斗殴·殴大功以下尊长》"听从殴打邂逅致死毋论致命"条
8	卑幼殴尊长	甥舅	贾德旺砍伤母舅赵良智右手、右臂成笃疾	绞候	卷41《刑律·斗殴·殴大功以下尊长》"殴功尊成笃题结后捏报伤痊"条
9	卑幼杀尊长	缌麻叔侄	郝和尚因母被缌麻叔郝太花持棍追殴，夺棍殴死	缺载	卷44《刑律·斗殴·父祖被殴》"恐父被伤夺械回殴死系徒手"条

表2—5 《刑案汇览》所载嘉庆十七年（1812）亲属相犯案例统计

序号	案件性质	亲属关系	案情简介	处罚	资料来源
1	尊长逼死卑幼	大功兄（弟）妇	郭世那图守寡大功弟妇财产，逼令改嫁，自缢死	流	卷9《户律·婚姻·强占良家妻女》"图产空言逼嫁大功弟妻自尽"条
2	卑幼杀尊长	夫妻	李李氏与他人通奸，与奸夫合谋毒死本夫李瑶先	凌迟	卷24《刑律·人命·杀死奸夫》"因奸谋杀本夫旁人知情买砒"条
3	尊长杀卑幼	妯娌	胡梁氏因奸情被夫弟之妻胡王氏窥破，欲毒死灭口，误毙胡王氏之母王杨氏身死	斩候	卷24《刑律·人命·杀死奸夫》"谋杀妯娌误毙旁人奸夫买砒"条
4	卑幼杀尊长 尊长杀卑幼	缌麻叔侄 夫妻	王文魁因妻王杨氏与缌麻叔王礼通奸，将王杨氏与王礼一并活埋	流	卷24《刑律·人命·杀死奸夫》"妻与缌麻叔通奸被夫一并活埋"条
5	尊长杀卑幼	甥舅	王三因外甥吴谋屡次调戏子媳，向斥不服，邀人殴毙	满流	卷24《刑律·人命·杀死奸夫》"共殴调戏子媳之甥身死"条
6	尊长杀卑幼	缌麻叔侄	王起贵因缌麻侄王友江纵妻胡王氏与人通奸，遂将王友江及妻一并活埋	流三千里	卷24《刑律·人命·杀死奸夫》"捉奸活埋纵妻卖奸卑幼夫妻"条
7	尊长杀卑幼	夫妻	曹思能因妻曹余氏与王刚通奸，杀死妻及奸夫	绞候	卷25《刑律·人命·杀死奸夫》"奸夫甫经进门本夫将其砍死"条
8	尊长杀卑幼	夫妻	马双先纵妻马海氏卖奸，嫌资助少而禁妻与奸夫来往，后发现奸夫潜入妻室饮酒，遂杀妻	斩候	卷26《刑律·人命·杀死奸夫》"纵奸本夫索借不遂故杀妻命"条

续表

序号	案件性质	亲属关系	案情简介	处罚	资料来源
9	尊长杀卑幼	夫妻	黄文珠因妻黄李氏与刘明镐通奸，捉奸登时杀妻、伤奸夫，并伤劝拢邻居	徒①	卷26《刑律·人命·杀死奸夫》"本夫捉奸杀死奸妇刃伤旁人"条
10	卑幼杀尊长	叔嫂	沙仲明因寡嫂沙朱氏与人通奸，遂杀寡嫂与奸夫	绞候	卷26《刑律·人命·杀死奸夫》"父获奸捆缚后子将奸夫"条
11	卑幼杀尊长	大功叔嫂	钱恒远因大功兄嫂钱周氏与李正明通奸，捉奸登时杀死嫂及奸夫，并误伤奸生子重儿殒命	绞候②	卷26《刑律·人命·杀死奸夫》"亲属奸所捉奸误杀奸生之子"条
12	卑幼杀尊长	无服叔侄	钟远华因无服族叔钟斗富从乞丐手中买赃，责其罚钱办酒，不依，遂将钟斗富家耕牛迁走，拦阻互殴，钟斗富伤重而死	绞候	卷29《刑律·人命·斗殴及故杀人》"因其买赃牵牛勒罚互殴致毙"条
13	威逼尊长致死	（义）母（义）子	曹上得因义母曹徐氏将麦二升给予己女带回夫家，盘问并责打妻，义母气忿而自尽	绞候	卷34《刑律·人命·威逼人致死》"义子违反义母教令致令自尽"条
14	威逼尊长致死	小功叔嫂	刘义陇图继小功寡嫂刘李氏产业，威逼霸占地契，致刘李氏与幼女投井殒命	充军	卷34《刑律·人命·威逼人致死》"威逼致死卑幼一家二命"条

---

①　本案黄文珠属于捉奸登时杀妻、伤奸夫，按律勿论；之所以被判徒刑，是因为刃伤邻居。

②　按清代律例，有服亲属捉奸，登时杀死奸夫奸妇，罪至杖一百、徒三年，此案钱恒远因误伤奸生子重儿殒命，遂加重为绞候。

序号	案件性质	亲属关系	案情简介	处罚	资料来源
15	威逼尊长致死	缌麻叔（婶）侄	胡正龙为继产威逼缌麻伯母胡曹氏出义子，胡曹氏与义子之妇被逼难堪，投塘殒命	充军	卷34《刑律·人命·威逼人致死》"威逼缌麻尊长姑媳一家二命"条
16	威逼尊长致死	叔嫂	存龄调戏亲嫂额尔图氏，嫂向婆母告状，责问，发誓不认，婆母嗔额尔图氏图赖，气忿而自尽	满流	卷34《刑律·人命·威逼人致死》"威逼缌麻尊长姑媳一家二命"条
17	尊长杀卑幼	夫妻	杜奇娶高生荣卖休之妻徐氏，徐氏嫌杜家贫吵闹，遂将徐氏故杀身死	绞候	卷40《刑律·斗殴·妻妾殴夫》"故杀明媒正娶不知买休之妻"条
18	尊长杀卑幼卑幼杀尊长	夫妻叔嫂	站住酒醉，其妻站戴氏与嫂站聂氏口角，站住斥妻，回詈，遂持刀砍死妻，其嫂上前夺刀，又砍死嫂	绞候	卷40《刑律·斗殴·妻妾殴夫》"杀死妻并兄妻从重科断"条
19	尊长杀卑幼	夫妻	陆超凡因不务正业，被母锁禁房内，其妻送茶，遂揿倒求欢，妻挣扎欲起，用膝跪伤肚脐而死	绞候	卷40《刑律·斗殴·妻妾殴夫》"求欢不遂致毙妻命"条
20	卑幼杀尊长	小功兄弟	刘均才等共殴小功兄刘均贵身死（原因未载）	斩决	卷41《刑律·斗殴·殴大功以下尊长》"共殴功兄身死余人仍科伤罪"条
21	尊长杀卑幼	小功兄弟	詹敬被石绊倒，将同行之小功兄詹桂远撞落山涧，桂远斥责，詹敬恃强向殴，桂远逃回。至晚，桂远酒后持镰刀斥责詹敬，回詈，持镰砍伤身死	绞候	卷41《刑律·斗殴·殴大功以下尊长》"尊长向斥被詈殴死小功服弟"条

序号	案件性质	亲属关系	案情简介	处罚	资料来源
22	尊长杀卑幼	缌麻叔侄	阎泳成因缌麻侄阎普清恃凶扰害族人，纠众前往理论，普清詈骂向殴，遂殴致死	绞候	卷41《刑律·斗殴·殴大功以下尊长》"尊长殴死扰害他人之缌麻侄"条
23	卑幼致死尊长	小功叔侄	夏必琇被醉酒之小功叔夏之铜无理殴打，挣脱时导致小功叔跌伤，伤重而死	缺载	卷41《刑律·斗殴·殴大功以下尊长》"被殴挣夺跌毙功尊应准夹签"条
24	卑幼致死尊长	小功兄弟	程楚波被小功兄程荣斌殴打，力图挣脱时导致小功兄跌伤，至夜殒命	缺载	卷41《刑律·斗殴·殴大功以下尊长》"被殴挣夺跌毙功尊应准夹签"条
25	尊长杀卑幼	大功兄弟	梁宇焞调戏族侄妇梁庞氏，被大功弟梁孔昆见而斥责，并欲投族论理，遂起意殴死	绞候	卷42《刑律·斗殴·殴大功以下尊长》"调戏族妇被斥挟恨谋杀功弟"条
26	卑幼殴尊长	同胞兄弟	刘庭桥因贫私取母亲秫秸卖钱，其兄刘庭柳揪住发辫欲送官究治，用刀割辫而逃时误轻伤其兄	绞候	卷42《刑律·斗殴·殴期亲尊长》"被揪图脱用刀割辫误伤胞兄"条
27	尊长杀卑幼 卑幼殴尊长	父子 同胞兄弟	戴宗孔欲卖田还债，其长子戴潮武闻知，阻人承买。戴宗孔气忿，命次子戴潮英捆绑其兄，欲送官治罪，因戴潮武谩骂，遂殴死	勿论 满徒	卷42《刑律·斗殴·殴期亲尊长》"听从捆缚胞兄致兄被父殴死"条
28	卑幼杀尊长	同胞兄弟	周通九听从母命，将偷窃母亲牛只并殴母亲致伤的胞兄周通四推入河中溺死	斩决（夹签声请）	卷43《刑律·斗殴·殴期亲尊长》"听从母命推溺胞兄致毙夹签"条

序号	案件性质	亲属关系	案情简介	处罚	资料来源
29	尊长杀卑幼	同胞兄弟	张榆与他人鸡奸，被胞弟张三双子发现并告母，恼羞成怒，遂故殴胞弟致死	绞候	卷43《刑律·斗殴·殴期亲尊长》"听从鸡奸之人谋杀胞弟灭口"条
30	尊长杀卑幼	大功兄弟	郑世学因大功弟郑世灿屡次行窃并调戏妇女，欲送官究罪，世灿倔强不从，起意推入潭中溺死	杖一百、徒三年	卷43《刑律·斗殴·殴期亲尊长》"因玷辱祖宗杀死为匪大功弟"条
31	尊长杀卑幼	（继）母女	曹米氏因夫曹营佐前妻女英女秉性馋懒而殴责，英女出言顶撞，殴伤身死	杖六十、徒一年（收赎）	卷44《刑律·斗殴·殴祖父母父母》"故杀前妻之女不论是否绝嗣"条
32	尊长杀卑幼	翁媳	黄德显因子媳黄陈氏窃米卖钱，向其斥责，黄陈氏哭喊泼赖，用铁锄柄殴伤致死	杖一百、徒三年	卷44《刑律·斗殴·殴祖父母父母》"翁殴死窃米卖钱之媳"条
33	尊长诬告卑幼	翁婿	谢良伍已将女许与钟世芳为妻，悔婚，诬告钟世芳盗窃	杖八十枷号	卷48《刑律·诉讼·干名犯义》"妻父悔婚另嫁舅婿互相捏告"条
34	尊长殴卑幼	夫妻	范妮殴伤妻范李氏，范李氏自尽	杖八十	卷48《刑律·诉讼·干名犯义》"妻殴妻自尽妻父京控身死不明"条
35	卑幼诬告尊长	父子	台吉达什扎布诬告其父棍布扎布	绞决	卷48《刑律·诉讼·干名犯义》"蒙古人诬告其父照刑律拟罪"条
36	子孙违反教令	父子	谢幅兴诬告伊子谢立儿偷窃，谢立儿逃避在外，恳请官府发遣	烟瘴充军	卷49《刑律·诉讼·子孙违反教令》"因子逃避两载不回呈请发遣"条
37	卑幼殴尊长图奸子媳	翁媳	邢吴氏因拒奸咬伤其翁邢杰	免议发遣	卷53《刑律·犯奸·亲属相奸》"强奸子妇被妇咬落唇皮"条

表 2—6 《刑案汇览》所载道光二年（1822）亲属相犯案例统计

序号	案件性质	亲属关系	案情简介	处罚	资料来源
1	卑幼杀尊长	同胞兄弟	张绿长殴死忤逆胞兄张幅长	斩决（留养）	卷2《名例·犯罪存留养亲》"殴死胞兄未便随本声请留养"条
2	尊长杀卑幼	大功兄弟	张四财勒死盗窃伊家财物之大功弟张开言	绞候	卷18《刑律·贼盗下·亲属相盗》"亲属抢窃杀伤不得以擅杀论"条
3	尊长杀卑幼	婆媳	李贾氏因奸情被童养媳李乔氏窥见，遂起意将李乔氏致死灭口	斩候	卷23《刑律·人命·谋杀祖父母父母》"因奸致死子媳分别斩绞通行"条
4	卑幼杀尊长	同胞兄弟	颜笃贤因敲诈致人死亡，畏惧寻死，嘱令弟颜云贤拉勒自尽，遵命而致死兄	斩候	卷23《刑律·人命·谋杀祖父母父母》"兄因畏罪欲行缢死嘱弟帮勒"条
5	卑幼杀尊长	祖孙	加大欲图诈他人钱财，遂与外人勾结，勒死祖父囊加	凌迟	卷23《刑律·贼盗下·谋杀祖父母父母》"主令他人杀祖逼令助逆加功"条
6	卑幼杀尊长	小功叔侄	谭正纪因小功叔谭综第与伊妻通奸，纠众殴死谭综第	斩决（夹签声请）	卷24《刑律·人命·杀死奸夫》"捉奸殴死功尊帮殴之亲勿论"条
7	尊长杀卑幼	夫妻	王三疑心妻王崔氏与医生王文举有奸，用刀戳死其妻	杖百、徒三年	卷25《刑律·人命·杀死奸夫》"医生图奸资助致夫疑奸杀妻"条
8	卑幼杀尊长	大功兄（弟）妇	郭石氏先与夫之大功兄郭登务通奸，后悔过拒奸，因大功兄逼奸而殴伤致死	充军	卷26《刑律·人命·杀死奸夫》"亲属和奸拒绝逼奸杀死尊长"条

序号	案件性质	亲属关系	案情简介	处罚	资料来源
9	卑幼杀尊长 尊长杀卑幼	小功叔侄 小功兄弟	康贵安因恨小功叔康济阳索要赌债，起意杀死，又殴毙赶来拢拿的小功兄弟二人	斩枭	卷28《刑律·人命·杀一家三人》"故杀功叔斗杀功叔之子二人"条
10	卑幼杀尊长	小功叔（婶）侄	韦阿留听从父命谋杀小功伯母韦石氏及缌麻姊唐韦氏	斩枭	卷28《刑律·人命·杀一家三人》"谋杀功缌尊长母女二命为从"条
11	卑幼杀尊长 尊长杀卑幼	叔嫂 叔侄（媳）	刘宪五故杀兄妻刘任氏及媳刘王氏（原因未载）	斩决	卷28《刑律·人命·杀一家三人》"故杀兄妻并杀侄媳死系姑媳"条
12	尊长（误）杀卑幼	岳母女婿	蔡徐氏煮蛋给女婿刘显德，误将鼠药当作胡椒末，致其中毒毙命	杖百、流三千里	卷28《刑律·人命·造畜蛊毒杀人》"毒鼠药末误作胡椒致毙伊婿"条
13	威逼尊长致死	父子	唐本华因支工价，卖灰肥两担，其父唐幅礼斥责，辩解，其父追殴，磕伤殒命	绞候	卷34《刑律·人命·威逼人致死》"父因赶殴失跌擦伤抽风身死"条
14	卑幼殴尊长	期亲叔侄	胡腾奉殴伤胞伯胡灿，胡灿欲控，腾奉母胡杨氏即前往吵闹，揭胡灿隐私，胡灿自尽，胡杨氏亦畏罪轻生	杖百、流二千五百里	卷34《刑律·人命·威逼人致死》"殴伤胞伯之后胞伯被母逼毙"条
15	卑幼杀尊长	夫妻	冉符氏被冉庚调戏，詈骂并告夫冉章元，冉庚赔钱了事。后冉庚不许冉章元佃种土地，便命冉符氏上门闹事，不肯，殴妻，情急回殴致死	斩候	卷40《刑律·斗殴·妻妾殴夫》"妻殴死夫情轻止准疏内声明"条

续表

序号	案件性质	亲属关系	案情简介	处罚	资料来源
16	卑幼杀尊长	小功兄弟	杨才因小功兄杨佐之驴践食自家地内禾苗，将驴撵赶，落河淹死，杨佐上门赶殴，回殴致死	缺载	卷41《刑律·斗殴·殴大功以下尊长》"听从父命殴死功兄骨损一伤"条
17	尊长伤卑幼	缌麻叔侄	谭三因与小功兄谭维翰结怨，遂将谭维翰子、侄三人诱出，刃伤三人	杖八十徒二年	卷41《刑律·斗殴·殴大功以下尊长》"刃伤缌麻卑幼三人酌加一等"条
18	尊长殴卑幼	小功兄弟	聂金瓯因小功堂兄聂谱堂卖地没有请自己作中，不平，前往理论，争殴中，聂金瓯自行跌毙身死	缺载	卷41《刑律·斗殴·殴大功以下尊长》"小功堂弟欲向赶殴扑空跌毙"条
19	卑幼杀尊长	小功叔侄	胡应碌因小功叔胡成智欲挖伊祖母坟，阻拦遭殴，气忿而故杀	缺载	卷41《刑律·斗殴·殴大功以下尊长》"故杀挖毁祖坟之小功叔"条
20	卑幼杀尊长	小功兄弟	郭立桢见小功兄郭立陇追殴伊母郭薛氏，遂点燃铁炮，希冀吓退，不料击中郭立陇腹部，毙命	斩候	卷42《刑律·斗殴·殴大功以下尊长》"救亲情切点放铁炮致毙功尊"条
21	卑幼杀尊长	小功兄弟	向子红因小功兄向子昌推跌其母向周氏，上前拉救，仍不释手，向周氏命侄向子红殴向子昌，伤重而死	缺载	卷42《刑律·斗殴·殴大功以下尊长》"因见伯母被殴听从殴死功兄"条
22	尊长杀卑幼	（外）祖（母）孙（媳）	范王氏殴死外孙刘润泽之童养妻刘喻氏（原因未载）	绞候	卷42《刑律·斗殴·殴大功以下尊长》"外祖父母殴死外孙童养之妻"条

序号	案件性质	亲属关系	案情简介	处罚	资料来源
23	卑幼杀尊长 尊长杀卑幼	同胞兄弟 父子	郑得华行窃败露，失主欲告官追究，其父郑名胡答应赔偿息事。后因无钱赔偿，恐失主报官，遂逼令郑得华一同勒死长子郑万才，移尸图赖，希图抵制	凌迟（夹签声请）充军	卷43《刑律·斗殴·殴期亲尊长》"因窃败露父逼令谋杀兄图赖"条
24	卑幼杀尊长	同胞兄弟	赵世得与胞兄赵世才口角，世才先殴，世得回殴，世才伤重而死	缺载	卷43《刑律·斗殴·殴期亲尊长》"回殴胞兄并非无心不准夹签"条
25	卑幼杀尊长	同胞兄弟	黎克干因胞兄黎克迪持刀追殴，夺刀吓戳，致伤而毙	缺载	卷43《刑律·斗殴·殴期亲尊长》"有心吓戳无心抵戳分别夹签"条
26	卑幼杀尊长	期亲叔侄	刘大介因胞叔刘均美殴打伊父，劝解遭殴，拾石吓掷，打伤胞叔殒命	缺载	卷43《刑律·斗殴·殴期亲尊长》"有心吓戳无心抵戳分别夹签"条
27	卑幼杀尊长	小功叔侄	温柄淑因被小功叔温谨洗持刀追殴，夺刀回殴致死小功叔	缺载	卷43《刑律·斗殴·殴期亲尊长》"有心吓戳无心抵戳分别夹签"条
28	卑幼杀尊长	同胞兄弟	廖占鸣因胞兄廖占逢刀伤伊妻，上前夺刀，遭殴，用刀抵格，致死胞兄	缺载	卷43《刑律·斗殴·殴期亲尊长》"有心吓戳无心抵戳分别夹签"条
29	卑幼杀尊长	同胞兄弟	马双儿因长兄马元将次兄马蹶麻二扎伤，马双儿劝阻夺刀，遭殴，用刀抵格，致死长兄	缺载	卷43《刑律·斗殴·殴期亲尊长》"夺刀扎毙兄命应分有心无心"条
30	卑幼伤尊长	期亲叔侄	韩悦颜遭堂兄韩连元殴打，情急用铁尺回殴，不期胞叔韩孟刚至前，误伤胞叔骨折成废	绞候	卷43《刑律·斗殴·殴期亲尊长》"因回殴堂兄误伤胞叔成废"条

续表

序号	案件性质	亲属关系	案情简介	处罚	资料来源
31	卑幼杀尊长	祖（母）孙	陇阿候与余茂胜口角争殴，误伤祖母阿潮奶身死	斩决	卷44《刑律·斗殴·殴祖父母父母》"误杀伤祖父母父母援案办理"条
32	卑幼杀尊长尊长杀卑幼	父子母子	姜聚添因疯病发作砍死己父姜志浩，旋即被母姜周氏砍死	剉尸勿论	卷44《刑律·斗殴·殴祖父母父母》"因疯杀父被母砍毙仍剉尸"条
33	卑幼杀尊长	母子	伍荣奕用石块将母亲伍李氏殴伤毙命（原因未载）	杖毙、枭示	卷44《刑律·斗殴·殴祖父母父母》"逆伦凶犯病危不得率行杖毙"条
34	卑幼杀尊长	母子	韩淳青用柴刀砍死母亲韩冯氏（原因未载）	杖毙、枭示	卷44《刑律·斗殴·殴祖父母父母》"逆伦凶犯病危不得率行杖毙"条
35	卑幼伤尊长	祖（母）孙	刘效文用枪将嗣祖之妾翁氏扎伤（原因未载）	充军	卷44《刑律·斗殴·妻妾与夫亲属相殴》"用凶器殴伤嗣祖之妾"条
36	子孙违反教令	父子	狄风儿秽语向狄马氏索欠，致狄马氏自尽，狄风儿之父狄存礼恐狄风儿被治罪，无人赡养，遂自尽	满流	卷49《刑律·诉讼·子孙违反教令》"因子秽语肇衅致父愁急自尽"条
37	子孙违反教令	婆媳	何徐氏与人通奸，致伊姑何杨氏被奸夫张老苟杀死	绞决	卷49《刑律·诉讼·子孙违反教令》"子妇与人通奸翁被奸夫杀死"条
38	子孙违反教令	父女	老儿与张黑子通奸，张黑子因他事杀死伊父	绞决	卷49《刑律·诉讼·子孙违反教令》"父被奸夫谋杀忘仇互奸匿供"条
39	子孙违反教令	母子	董文仲殴死他人，其母董杨氏虑伊问罪，忧郁自尽	绞候	卷49《刑律·诉讼·子孙违反教令》"累亲致死犯非谋故毋庸立决"条

续表

序号	案件性质	亲属关系	案情简介	处罚	资料来源
40	尊长杀卑幼	夫妻	郑汶甲因疯病砍伤伊妻缪氏身死	绞候	卷49《刑律·诉讼·子孙违反教令》"因疯杀妻致父自尽仍拟绞候"条
41	亲属相奸	大功叔嫂	严孙氏与夫大功堂兄严六娃通奸并顶撞祖姑	杖徒	卷49《刑律·诉讼·子孙违反教令》"媳妇淫乱顶撞祖姑未便发遣"条
42	子孙违反教令	母子	谢王氏因子谢升儿不能养赡，复向索钱，气忿投河，捞救得生	徒（留养）	卷49《刑律·诉讼·子孙违反教令》"不能养赡致母投河经救未死"条
43	亲属相奸	期亲叔嫂	赖陈氏被夫兄赖九吓逼成奸	绞决绞候	卷52《刑律·犯奸·亲属相奸》"弟妻因被吓逼与夫兄通奸"条
44	亲属相奸尊长杀卑幼卑幼杀尊长	翁媳父子翁媳	姜起顺先与子妇姜袁氏通奸，因子姜三妹碍眼，起意令人殴毙，姜袁氏查知实情后复将姜起顺谋死	斩决	卷53《刑律·犯奸·亲属相奸》"翁媳通奸因夫被杀将翁谋毙"条

上表所列的亲属相犯案件，几乎都为杀、伤、奸、盗之类，可知，清代的亲属相犯，的确具有一般侵犯行为远多于特殊侵犯行为的特点。

第二节　亲属相犯行为的起因

一　亲属间杀伤行为的起因统计

上节的论述证明，清代亲属相犯行为以一般侵犯行为也即杀、伤、奸、盗为主，其中又以杀、伤行为为主。综合《刑案汇览》等案例汇编的记载来看，亲属间的杀、伤行为，少数由奸、盗而起，绝大多数由生活矛盾和利益纠纷而引起；可以说，日常生活中的各种琐事、细故是造成亲属间杀、伤行为的最主要起因。为验证这一结论，我们随机选择《刑案汇览》卷41、卷42《刑律·斗殴》"殴大功以下尊长"类下所载亲属之间杀伤行为的起因列表如下。

表2—7　《刑案汇览·殴大功以下尊长》所见亲属杀伤行为的起因①

序号	亲属关系	起因	资料出处
1	小功叔侄	闭见广等迫于小功叔闭其彰之命，捆绑行窃之小功叔闭启平沉塘溺毙	"听从尊属谋死小功尊属"条
2	小功兄弟	黄守万因小功弟黄守明推跌伊妻，主使子侄殴死	"殴死缌尊为从刃伤分别军流"条
3	小功叔侄	白在庚听从功服祖母之母，殴死屡次行窃的小功叔白大孩儿	"听从尊属殴死为匪小功尊属"条
4	缌麻叔侄	曹五长因猜忌他人，其缌麻叔曹润幅令其置酒赔礼，不允，曹润幅遂抢曹五长钱九千，称置酒赔礼后归还。曹五长往索，遭殴，回殴致死	"殴死抢钱勒罚之缌麻叔"条
5	大功兄弟	何十七听从胞叔之命，殴死行窃之大功兄何回保	"听从尊长叠殴大功堂兄身死"条
6	小功兄弟	杨才因小功兄杨佐之驴践食禾苗而将驴撵逐落河淹死，杨佐上门赶殴，其父责令殴打，殴伤囟门而死	"听从父命殴死功兄骨损一伤"条
7	大功兄弟	黄忝松因大功堂兄黄忝才向伊父黄政美索钱并用腰刀戳破衣服，听从父命殴伤致死	"叠殴伤多情无可原未便拟流"条
8	同胞兄妹	王太仓因出嫁胞妹朱王氏两次随奸夫出逃，听从母命，殴伤胞妹致死	同上
9	小功兄弟	曹文彩因小功兄曹遇春强奸年甫十二岁之小功妹曹欠欠，听从堂姊之命，殴打致死	"听从殴打邂近致死毋论致命"条

①　本表重在罗列亲属杀伤的起因，对于原因未载的杀伤案件则不予收录，故本表所收录案件总数可能与《刑案汇览》卷41、卷42《刑律·斗殴·殴大功以下尊长》所列案例总数不合。

序号	亲属关系	起因	资料出处
10	大功兄弟	郝申华自幼出继，其本生胞兄郝会子不务正业，屡向郝生裕、郝申华告助无数，嗣又向郝生裕索钱，不给，不依嚷骂，经人劝散。后郝生裕邀郝申华至家饮酒，郝会子见未邀己同饮，上门嚷骂，郝生裕逼郝申华同殴郝会子致死	"听从大功兄殴死降服胞兄"条
11	大功兄弟	陈焕魁因期亲侄陈长青与己争租田地，互殴致伤，逼令子陈选艮等殴打陈长青致死	"听从伊父主使叠殴功兄致死"条
12	小功叔侄	贾希曾向小功堂叔贾嵩秀借贷不成，心怀忿恨，遂同胞弟贾望曾共殴贾嵩秀成笃疾	"共殴尊长成笃首从俱系卑幼"条
13	小功兄弟	杜得桂因小功兄杜得宗将伊母棺椁压葬在公共祖坟之上，遂邀杜八得起迁，杜得宗拦阻，杜得桂与杜八得殴杜得宗身死	"听从帮殴缌麻服兄成笃身死"条
14	期亲叔侄	米文新向期亲叔米宽索要欠款，遭掌殴，米宽自行将手指打入米文新口中，被咬伤，三月后身死	"刃伤期功尊长并余限外身死"条
15	缌麻兄弟	刘磨儿与缌麻兄刘振江口角争闹，刘振江取棍向殴，刘磨儿夺棍回殴，伤重而死	"殴缌麻尊长成笃余限内身死"条
16	缌麻叔侄	傅万章向缌麻叔傅友泷索讨地价不成，反被辱骂，遂纠集他人殴伤傅友泷，余限内身死	"同谋共殴缌麻尊属限内死亡"条
17	小功叔侄	侯抢升向小功叔侯殿华索要欠款，遭殴，拾砖掷伤脸颊，余限内身死	"殴小功叔越十六日抽风而死"条
18	大功兄弟	朱华年向大功兄朱昌年索要欠款，朱昌年不依，用头相撞，自己碰伤，余限内身死	"碰伤功兄正限外因风身死"条
19	小功兄弟	董魁清因小功兄董兴让误打伊地内树枣，拦阻，遭殴，用刀抵格划伤小功兄，余限内身死	"殴伤小功兄正限外因风身死"条
20	缌麻叔侄	丁添乐因缌麻叔丁焕先违禁放鸭，恐伤田禾，向其理论，遭殴，咬伤丁焕先手指，余限内身死	"咬伤缌叔因渗水溃烂身死"条

续表

序号	亲属关系	起因	资料出处
21	小功叔侄	王五子因向小功叔王其耀借贷不成而争殴，用刀砍伤王其耀	"刃伤功尊限内平复不准减等"条
22	小功兄弟	詹贵远与小功服弟詹敬同行山路，詹敬被石块绊倒，将詹贵远撞落山涧，詹贵远斥责，詹敬恃强向殴，詹贵远畏惧奔回。至晚，詹贵远酒后又去斥骂，詹敬回殴，用刀扎伤詹敬致死	"尊长向斥被殴殴死小功服弟"条
23	缌麻叔侄	阎泳成因缌麻侄阎普清恃凶扰害族人，纠众前往理论，踢伤其右肋，伤重而死	"尊长殴死扰害他人之缌麻侄"条
24	缌麻叔侄	任友益与缌麻侄任承楹因分种祖祠公地不均致相争斗，任友益揪扭任承楹前去论官，一同跌落水中，任承楹溺毙	"揪扭缌卑同跌落水卑幼溺毙"条
25	小功兄妹	张添受因其十二岁小功堂妹张丙英在房中玩耍，令其出外看门，不允，殴打，张丙英谩骂，搕死	"搕死小功堂妹恐系谋故驳审"条
26	缌麻叔侄	谭三因与小功兄谭维翰结怨，遂将谭维翰子、侄三人诱出，刃伤三人	"刃伤缌麻卑幼三人酌加一等"条
27	小功兄弟	聂金瓯因小功堂兄聂谱堂卖地没有请自己作中，不平，前往理论，争殴中，聂金瓯自行跌毙身死	"小功堂弟欲向赶殴扑空跌毙"条
28	大功兄弟	吕学正引灌己田，大功兄吕学义令其堵塞让其先灌，吕学正不肯，吕学义追殴，自行跌毙	"并未争抗功兄赶殴自行跌毙"条
29	小功叔侄	吴大毛携鸟枪出外打雀，被门槛绊倒，引燃鸟枪，误伤小功叔吴叔彩并婶吴刘氏，吴刘氏伤重而死	"卑幼过失杀伤功服尊属"条
30	小功兄弟	赵秀双与小功弟赵秀核口角争闹，拾砖吓掷，适小功兄赵秀朴踵至，误伤而死	"误杀功尊止准夹签不准留养"条
31	小功兄弟	孙亮因小功兄孙梓邀己陪客，以有事回绝，孙梓持枪而殴，夺枪伤孙梓右肋，余限内死亡	"情可矜悯亲老丁单一并夹签"条

序号	亲属关系	起因	资料出处
32	小功兄弟	张承鹤因小功兄张承照偷放伊家田水灌溉己田,阻拦遭骂殴,回殴致张承照身死	"功尊偷放田水回戳二伤适毙"条
33	小功叔侄	黄老猫因灌溉田地与小功叔黄定理争持,黄定理持刀向砍,回格致伤而死	"功尊理曲先殴抵格二伤适毙"条
34	大功兄弟	刘恩因大功兄刘綮之父刘太绳强卖田地,逼迫伊母刘张氏自缢身死,心生怨恨,遇刘綮说理,遭殴,用镰刀抵格致死刘綮	"母死悲怨被殴抵格刃毙功尊"条
35	小功叔侄	况仕诰因小功叔况照美强迁伊母之坟,阻拦遭殴,夺刀戳伤况照美,伤重而死	"祖坟被刨殴死功尊准其夹签"条
36	小功叔侄	胡应碌因小功叔胡成智欲将伊祖母之坟挖毁变卖坟地,阻拦遭殴,持刀砍死胡成智	"故杀挖毁祖坟之小功叔"条
37	大功兄弟	王湧沅因大功堂兄王湧方黉夜登门寻衅,王湧沅被殴,用顶门铁锄抵格,适伤王湧方囟门而死	"被殴吓抵致毙犯功尊应准夹签"条
38	小功叔侄	夏必琇之小功叔夏之绚酒醉,猜疑夏必琇撕扯会簿名单,分辩,夏之绚扑殴,站立不稳,磕伤脑后,越日殒命	"被殴挣夺跌毙犯功尊应准夹签"条
39	小功兄弟	程楚波因小功兄程荣斌斥责欠钱不还,分辩,程荣斌不依詈骂并殴,抵格致程荣斌倒地,戳伤眼角,至夜殒命	同上
40	小功叔侄	王文祥与小功叔王洪开田地相连,王文祥在己地内砍伐树木,王洪开以有碍风水,不准砍伐,不依遭殴,回殴致死	"搪抵致毙理曲尊长应准夹签"条
41	小功叔侄	鬲元太因小功叔鬲金灘向伊讹索银两未遂,用刀种伤图赖。鬲元太理论,遭殴,回殴致死	"抵格伤多情近互斗似难夹签"条
42	大功兄弟	黄宗章因大功兄黄裕章与伊堂弟黄锦章等争殴,劝阻,黄裕章斥护扑殴,黄宗章拔刀格砍,致伤囟门而死	"抵格加于砍戳之上难以夹签"条

序号	亲属关系	起因	资料出处
43	大功兄弟	张恩泰之胞兄张恩敖与大功兄张恩科争殴，张恩敖被压而喊救命，张恩泰趋救，殴伤张恩科毙命	"因救护兄殴死功兄情无可原"条
44	大功兄弟	郑能孙因与大功郑于垲涉讼，郑于垲嫌弟控告，携枪寻殴，适郑能孙外出，殴伤其母郑童氏，郑能孙回见赶救，夺枪殴死	"救母殴死功兄并无急情可原"条
45	小功兄弟	官谷凝家与小功兄官谷橦因抵押田地钱文争殴，官谷橦殴伊父官文柏，为救父，殴兄致死	"救父殴死功尊系互斗不准减"条
46	小功兄弟	艾荣芳因向小功堂兄艾廷芳欲找地价不允，被其拔刀向砍，夺刀抵格，戳伤殒命	"戳毙功尊情系互斗不准夹签"条
47	小功叔侄	徐文智诱小功侄徐春先赌博，徐春先赢钱，徐文智命再赌，不从，气忿殴打，徐春先以手中修削烟杆之尖刀抵格，戳伤而死	"戳死功尊致命伤重不准夹签"条
48	大功叔侄	刘起标与小功叔刘沛争闹，大功叔刘熙喝令捆绑，逃跑被追，用木棍回身殴打，误伤刘熙身死	"吓殴功尊误毙功尊不准夹签"条
49	小功兄弟	吴洸茂因向小功兄吴洸英买米未给，斥其无情，吴洸英骂詈并持刀向殴，用铁凿抵格致伤身死	"抵戳功尊毙命应分有心无心"条
50	小功兄弟	汪敬承因小功兄汪太芳赊欠烟钱未偿，欲将所卖公共树钱扣还，汪太芳骂詈并殴，回殴致死	"吓抵致毙功尊分别有心无心"条
51	同胞兄弟	李迎灿因胞兄李迎彩私卖母之养赡田，责骂并扑殴，互殴中致死其兄	"殴死期功尊长不得遽请改签"条
52	小功兄弟	刘仁源之父刘大谟与小功兄刘仁沛因是否偷割谷物而互殴，刘仁源为救父向空中点放铁铳，铁砂弥漫，误中刘仁沛身死	"救父情切铳毙犯尊之小功兄"条

续表

序号	亲属关系	起因	资料出处
53	小功兄弟	郭立桢因小功兄郭立陇追殴伊母，救亲情切，点放铁炮，误中郭立陇肚腹而毙命	"救亲情切点放铁炮致毙功尊"条
54	小功兄弟	谭元川因小功兄谭元贵将伊父谭宽戳死，用木棍、铁锄殴死谭元贵	"瞥见父被殴毙即时殴死功兄"条
55	缌麻叔侄	陈功俚因缌麻叔陈善士将伊父陈开士戳死，当场殴死陈善士	同上
56	小功叔侄	唐训谷因父唐广贤与小功叔唐先添口角争闹，唐先添殴伤伊父，救护而殴伤小功叔，伤重而死	"救父情切殴伤小功叔身死"条
57	小功兄弟	向子红因小功兄向子昌殴打伊伯母向周氏，劝止不听，救护而殴向子昌，五日后殒命	"因见伯母被殴听从殴死功兄"条
58	大功兄弟	僧人觉名因大功弟黄义将已故胞兄黄日盛之妻改嫁收受财礼自己花用，未将黄日盛生前债务偿还，与弟至其家理斥，遭骂詈，殴伤而死	"僧人殴死大功弟照凡论拟绞"条
59	同胞兄弟	僧人静峰因俗家胞弟阿毛痴呆无用，遂故杀并图赖邢直武	"因奸盗杀卑幼及僧人杀卑幼"条
60	期亲叔侄	郭义焙见六岁幼侄郭丫头仔头戴银项圈，起意扭取，因其哭喊，遂推跌之粪坑溺毙	同上
61	大功兄弟	仲存生因探知大功弟仲存礼与大功弟仲存高之妻仲朱氏通奸，亦向仲朱氏调奸，遭拒告知仲存礼，仲存礼屡次寻衅，遂起意毒死仲存礼	"图奸不遂护奸谋杀大功弟"条
62	大功兄弟	梁宇焞因调戏族妇而被大功弟梁孔昆遇见斥责，并欲投族评理，遂起意谋死	"调戏族妇被斥挟恨谋杀功弟"条
63	小功叔侄	李绍江屡次纵妻与人通奸，被同居之小功叔李淙芳遇见责斥，并欲投族评理，遂起意与奸夫谋死小功叔	"纵妻卖奸被辱殴死小功叔"条

序号	亲属关系	起因	资料出处
64	小功兄弟	崔隆魁与无服族兄崔隆楹之妹崔五女通奸，被崔隆楹撞见禁止并时常辱骂，起意谋杀，入夜在途埋伏，适小功兄崔隆和经过，误以为崔隆楹而杀之	"因奸谋杀族兄误杀功兄"条
65	小功叔侄	程尚义图奸侄妇程钱氏未遂，被小功婶程刘氏詈骂，顿起杀机，砍死小功婶程刘氏	"图奸杀死尊长应添因奸字样"条
66	大功兄弟	严久荣因在夜晚疑贼误杀大功兄严久条	"疑贼误杀兄不得照犯时不知"条
67	小功叔侄	张彭龄图谋小功侄张铎财产，将其推入井内，经喊叫获救	"图产谋杀小功侄伤而不死"条
68	小功兄弟	丁豹因小功叔丁顿不退还地价，起意谋毙丁顿父子，毒伤小功弟丁恭、丁红	"欲毒功叔误毙功弟毒伤弟妻"条
69	缌麻叔侄	田义因久借小功兄田林铁锉被骂殴，又念及往日官司时田林为他人作证，遂起意将其九岁幼子、缌麻侄田甲辰殴死泄忿	"挟小功兄之嫌杀其九岁幼子"条
70	大功兄弟	杨伏禄因大功弟杨伏祥私摘地内青菜，拦阻遭殴，后杨伏祥又从伊瓜地经过，杨伏禄恐瓜破损，喝阻，杨伏祥气忿，故意踏伤瓜十余枚，伏禄承其熟睡，以刀棍殴死	"挟嫌乘睡杀死大功弟"条

以上 70 例亲属杀伤的案件，第 29、30、38、66 件案例属于意外或误伤，剩余 66 起案件中，由奸、盗行为引起杀伤的共 10 例，分别为第 1、3、5、8、9、61、62、63、64、65 例；由救护亲属而引起的杀伤共 5 例，分别为第 53、54、55、56、57 例。其余 51 例杀伤案件，起因皆为日常生活中的各种琐事、细故。这充分说明，生活矛盾和利益纠纷是清代亲属相犯的主要起因。

二　常人间杀伤行为的起因统计

上节所述证明亲属间的杀、伤行为，少数由奸、盗而起，绝大多数由生活矛盾和利益纠纷而引起。那么，常人间杀伤行为的起因又如何呢？与亲属杀伤行为的起因有没有区别呢？为方便以后的对比分析，我们随机选择《刑案汇览》卷29、卷30、卷31《刑律·人命》"斗殴及故杀人"类下所载常人之间杀伤行为的起因列表如下。

表2—8　《刑案汇览·斗殴及故杀人》所见常人杀伤行为的起因①

序号	起　　因	资料出处
1	曾立方与杨泳祚因割草发生纠纷，邀王四等人将杨泳祚之子杨大和等人殴毙	"共殴毙二命原谋监毙"条
2	杜云等人阻止刘太兴在庙开赌抽头，被追殴，纠众持枪起意捕拿送官，刘太兴等人持枪出敌，杜云等殴刘太兴致死	"威力及谋故服制案原谋病故"条
3	李潮陇与张泰口角互殴，伊父李发贵劝解被骂，父子共殴张泰致死	"父子共殴父虽自尽子不准减"条
4	王月与子王大雨在地看守棉花，齐复兴经过顺手拾看棉花，王月喝骂，齐复兴殴王月，王月令王大雨帮殴，王大雨扎伤齐复兴身死	"父令子帮殴父自尽子准减等"条
5	张九辉邀罗小升共殴樊裁缝不遇，在街跳骂，吕停上前劝阻，遭张九辉辱骂，吕停殴张九辉，罗小升刀扎吕停身死	"非所欲殴之人原谋病故准减"条
6	杨泳盛等因误割刘正馥庄稼，刘正馥见而混骂，杨泳盛等人殴刘正馥身死	"正凶未获伤经验明余人保候"条
7	李春徕与史氏通奸，后史氏嫁于陈家道为妻，李春徕纠众往抢，被陈家道殴伤，李春徕复又辱骂媒人周士连，被周士连戳瞎两目，次日身死	"余人戳瞎两目亦属致死重伤"条
8	薛元功纵妻薛范氏与李得通奸，因薛范氏被薛润德刁奸霸占，李得纠同薛元功，将薛润德殴死	"余人听从殴打成废"条
9	王水盗窃盛之中表弟袁五牛只，被盛之中发觉追回，王水纠众前往指名叫骂，盛之中回骂，王水扎伤盛之中身死	"共殴余人虽未下手亦杖一百"条
10	张发旺因阻拦刘鹿仔割伊家鱼塘之草，被刘鹿仔赶殴，张发旺纠众泄忿，用刀戳伤刘鹿仔身死	"临时故杀者拟斩余人仍拟杖"条

---

① 本表重在罗列常人杀伤的起因，对于原因未载的杀伤案件则不予收录，故本表所收录案件总数可能与《刑案汇览》卷29、卷30、卷31《刑律·人命》"斗殴及故杀人"类下所列案例总数不合。

续表

序号	起　因	资料出处
11	李伦闻黄洵在曾经结讼断明所画地内收稻，恐其越界多收，因病不能前往，遂嘱侄李体虔纠集李万举等人前往阻拦，李万举施放火枪，伤王建德身死	"原谋因病嘱侄纠众阻割酿命"条
12	张银与陈景善口角，因陈景善牵骂张氏祖先，张银等人遂殴死陈景善	"余人或父助子势或激发助威"条
13	张顺原与刘清水之妻刘宋氏通奸，后刘清水向妻弟宋广索马口角，宋广因被殴伤，向张顺诉说，张顺气忿，与宋广至门前辱骂并殴伤刘清水，刘清水兄弟在其父唆使下，共殴张顺身死	"父子谋殴死虽奸匪衅起别故"条
14	张正因翁志礼家猪践食伊地内包谷，向翁志礼索赔并遭殴，张正夫妻遂共殴翁志礼致死	"夫妻二人殴毙人命仍照共殴"条
15	江生因张虔抢回赌输钱文复遭殴打，遂纠同尤为，乘张虔醉卧草丛之际，用刀割其耳鼻等处，致张虔伤重而死	"挟嫌纠殴乘睡割其耳鼻致毙"条
16	温宜春因恐碍风水阻拦张义孝租种温姓山地，见张义孝与人砍伐山上树木，阻拦互殴，温宜春等殴死张义孝雇工吴夏进	"租种有据并非盗砍仍照共殴"条
17	李芳华因央求杨贵牙代劝李运昌找绝田产，不允，遂斥杨贵牙偏袒，互殴，李芳华与雇工高泰进殴死杨贵牙	"先殴者被杀后殴者致毙凶手"条
18	厉连三雇工陈荣贵误砍陈阿臣地内花杆，被陈阿臣族兄陈琏戳伤，复被陈阿臣殴死，厉连三闻陈荣贵叫喊赶救，殴死陈阿臣	"工人喊救被杀雇主殴死正凶"条
19	白玉宗与胞姊吵闹，王述先劝解遭殴，王述先喊令王小相帮护，王小相殴伤白玉宗肋骨等处，伤重而死	"被殴喊人帮护致人殴毙人命"条
20	夏家达卖田与夏鸣雷，先受钱文后又反悔退钱，夏鸣雷索要利息不得，遂纠众欲割稻抵息，夏家达率人阻拦，互殴，双方皆有人死亡	"临时纠殴之人被杀仍照原谋"条
21	宝沅因地内禾苗被车碾伤与刘连升口角互殴，宝沅戳伤刘连升身死	"多言激忿酿命未便比照原谋"条

续表

序号	起　因	资料出处
22	丁柄因与张盘常酗酒行凶，县役李巨波屡欲拿送，起意殴打泄忿，寻李巨波不遇，适逢李巨波族人李四与宋合书行走，殴打，李四逃走，丁柄因、张盘误以为宋合书也系李姓之人，遂殴死。事前，丁柄因王吉松私取伊家鸟枪，纠众前往索讨寻殴，听纠之詹小秃等将王吉松殴死，并殴伤王吉松父、兄等人	"原谋另又殴死人命脱逃多年"、"纠众寻殴杀人乘便抢捡财物"条
23	李世耀、余廷璠因何秉成雇工刘仁现欲在山挖煤，恐有碍风水，要何秉成管劝，何秉成声言不管，口角，余廷璠顺手抓何秉成鸡三只，何秉成追殴余廷璠致死	"因斗殴攫取鸡只杀死攫鸡人"条
24	金帼柱向刘六孜借钱遭拒，刀伤刘六孜并取钱二千文，刘六孜纠众将金帼柱共殴致死	"斗殴复行抢钱殴死抢钱之人"条
25	钟运古家小鸡走失落水，被乞丐谢满捞起，与钟斗富之妻换米二升，钟运古与钟运华等人得知，致钟斗富家将鸡取回，要其办酒赔礼，并牵牛作抵，钟斗富赶往向夺，被钟运华等人殴死	"因其买赃牵牛勒罚互殴致毙"条
26	阎居智因惠信生所放二百余只羊在伊地内践食麦苗，将惠信生共殴致死	"殴死放羊践食麦苗之人"条
27	孔六所放三百余只羊在李秀等人地内践食麦苗，因李秀向其索赔，纠众殴伤李秀等多人	"殴死放羊践食麦苗之人"条
28	韦昌荣因陆熊威将鸭子放之伊地内食禾，向斥争殴，戳伤陆熊威身死	"殴死放羊践食麦苗之人"条
29	魏赖因向大功堂弟魏文体索还钱文争吵，刀伤魏文体之妻而逃，邻居戴潮闻喊携枪追赶，魏赖刀伤戴潮身死	"刃伤人逃跑扎死追赶之邻佑"条
30	朱马代堂叔向纪陇祥索欠，纪陇祥外出，朱马吵闹并将锅碗打烂，纪陇祥之侄纪德言将朱马推跌倒地，被锅碗垫伤身死	"捆送索欠毁闹之人垫伤身死"条
31	高大先、王大通与刘熊林同住，刘熊林患病发狂，高大先、王大通恐其滋事，捆踢伤重而毙命	"病狂乱跳恐其滋事捆踢适毙"条

续表

序号	起　因	资料出处
32	郑环子在任忠店铺赊酒不遂,乘醉脱去衣服,持刀闹事,被任忠等人推跌倒地,关门进店,时值隆冬,郑环子受冻而死	"脱衣寻衅共相殴打致令冻毙"条
33	张有士因乞丐王姓醉后在伊戚王郎氏门口躺卧,代为驱逐,王姓不依詈骂,遂攫王姓右腿拖至荒地,致蹭伤不能起立,是夜冻毙	"拖殴醉丐受伤不能起立冻毙"条
34	王唐氏因邻家十二岁幼女柯亚由将伊家银耳环扭断,用活套拖拉柯亚由项脖,欲往投其父母责处,不料柯亚由摔倒,绳套收紧,气闭身死	"用绳套拉幼孩项脖气闭身死"条
35	伊狗儿私用布袜换食糖果,恐父伊祚珍责打,逃避在外,伊祚珍嘱周长生等代为寻找,周长生遇伊狗儿,因其不肯回家,遂用活套套住伊狗儿脖颈,伊狗儿摔倒,绳套收紧,气闭身死	"代找走失幼孩用绳套拉致毙"条
36	冯万祥与存柱在郝魁店铺共饮俱醉,郝魁令雇工煮饽饽同食,存柱阻拦,冯万祥不依,互詈,经劝而散,后冯万祥回家,路遇存柱,又复詈骂,并用刀扎伤存柱而死	"故杀人命情节支离驳审"条
37	陶成贵堂兄陶成耀骗赌赢钱,被李士玉索分,不允,李士玉用刀戳伤陶成耀,陶成贵纠众前往报复,殴死李士玉	"共殴骨断剔出断骨情甚凶残"条
38	宁良耀因阻止宁恒兴在官封禁山挖煤,遭殴,纠众持械前往泄忿,共殴宁恒兴致死	"同谋共殴下手情凶驳审"条
39	赵二旦子因向庞进财索欠未果并遭殴,气忿,用铁凿扎伤自己左腿,声言拼命,庞进财取热水要伊弟庞进保代为清洗伤口,嗣赵二旦子因水过热而辱骂,庞进保生气,用水盆倾泼伤处,致赵二旦子移时殒命	"因人自残热水泼其伤处致毙"条
40	张俊杰因伊子张二法子向张占敫子索讨面钱,被赶骂,张俊杰向斥遭殴,遂取火炉热水向泼,致多处烫伤而殒命	"因斗殴用热水烫泼多伤致死"条
41	许皆与许巧之妻许洪氏通奸,后被拒绝,复往图奸,被许巧扭获欲送官,许皆殴死许巧,被拟斩候,在监复又殴死廖埌	"死罪人犯在监殴毙人命"条

序号	起　因	资料出处
42	刘幅荣殴打阎喜儿，陈中甲好斗生事，邀人同往寻殴，因未遇刘幅荣，迁怒于刘幅荣之父刘万良，毒殴致毙	"迁怒其人父母毒殴致毙"条
43	刘银才因向林中武索欠争殴，邀湛喜等人泄忿，共殴林中武身死	"原谋后殴致命而非极重之伤"条
44	朱、袁二姓因争地涉讼，朱达荣、朱月官等人殴死袁昂四，朱如畛、朱劝孙等人殴死袁轩一	"共殴各毙各命各以伤重坐绞"条
45	成青动在土地庙弹钱开宝，因被众人压中而无钱赔偿，被冯学英等人殴死	"共殴人致死后下手伤重拟抵"条
46	吕黑因王进玉向伊胞伯吕碌索欠吵闹并将其推跌倒地，遂与他人共殴王进玉致死	"后殴伤重虽非致命应以拟抵"条
47	邓学顺因欠詹显显钱文而被索讨，央求暂缓，詹显显欲剥衣作抵，口角互殴，邓学顺等殴詹显显致死	"下手情凶尚非倒地叠殴立毙"条
48	曾添碧族弟曾与尧身故，遗妻熊氏带女曾姑改嫁文德儒，后文德儒未向曾家通报而私将曾姑许配。曾添碧起意殴打泄忿，邀蒋洪儒等帮殴，蒋洪儒殴文德儒身死	"听纠帮殴戮人父子一死一伤"条
49	王振西向沈陇索欠遭殴，其族兄王振吉纠合多人，上门寻殴，双方互殴，沈陇族孙沈气等殴死王振吉	"纠殴伤人复邀多人抵御酿命"条
50	马哈非先因陈一思将伊家狗只拴系，使胞弟马五思个前往索要，陈一思不肯放还，将其弟斥逐。马哈非先遂纠集族人殴死陈一思及妻	"谋殴殴死非所欲殴一家二命"条
51	邓、萧二姓田地相连，旁有公共水圳，嗣萧姓水圳淤塞，在邓姓圳坡开缺放水，邓仲命等人阻殴，致死萧姓三人	"下手二人致毙三命原谋加等"条

续表

序号	起　因	资料出处
52	蒋凡与卢帼太田地相连，因天降大雨，蒋凡挖沟放水，卢帼太恐己家田地被淹，阻拦，两家争殴，蒋凡殴死卢帼太，卢帼太之子复殴死蒋凡之弟蒋恒	"两家互殴各毙一命分别减等"条
53	林益礼之子林宣放牛践踏戚仁所烟叶，以致互相争斗，林宣殴死戚仁所，戚仁所之侄复又殴死林益礼	"两家互殴各毙一命分别减等"条
54	徐泮珠私自在河滩种地，疑心任成美主使疏浚河道，淹没伊田，致相两家争闹，徐泮珠殴伤任小吉，任士进殴伤徐勇远，各身死	"两家各毙一命一系抽风而死"条
55	林中元与欧阳忻俱往魏振山家索欠，因钱款而争闹，林中元扎伤欧阳忻表弟韩月光殒命，韩月光之子殴死林中元之兄林启元	"两家互殴各毙一命并非同场"条
56	党昶之兄党林向赵玠索欠，被殴伤脚踝，党昶赶救，也殴伤赵玠脚踝，赵玠因伤重殒命，党林也因疼痛难忍自尽而死	"死者罪止拟军并非律应拟抵"条
57	徐学奎因田地缺水，与胞弟徐学海私戽王桃家池塘之水，致两家互殴，各毙一命	"两家各毙一命一斗杀一擅杀"条
58	魏文俊因向杨应幅借贷遭殴，邀族侄魏悦等帮殴泄忿，杨应幅殴死魏悦，魏文俊殴死杨应幅及杨应幅伙计荣魁	"故杀应抵正凶另又斗杀一命"条
59	洪黄氏与洪知因搬迁房屋争闹互殴，洪知殴死洪黄氏，洪黄氏之小功堂侄洪桧复又殴死洪知	"有服亲属戳死应抵正凶"条
60	杨名谭因胡克浦误割田禾，戳死胡克浦，胡克浦族人胡应泰殴死杨名谭，杨名谭族人杨章运复又殴死胡应泰、胡应信	"杀死凶犯只论死者是否应抵"条
61	李如贵之兄李如柏因向蔡明璟索欠被殴伤，李如贵因救兄殴死蔡明璟，李如柏也应伤越七十三日后死亡	"弟系救兄情切兄系限外死亡"条

续表

序号	起　因	资料出处
62	江大星与江家才因争车港水而两家互殴，各有死伤	"两造互斗碰动铁铳药发杀人"条
63	杨志泽因父杨礼盛被左应秀抓伤，气忿，邀杨志静等人寻殴泄忿，互殴中，杨志静被追绊跌，碰动所携机铳，打伤左应红腹部毙命	"被追绊跌碰动机铳毙人命"条
64	罗牛头与安荣上山捕雀，与曾宇芳、曾老四口角争闹，罗牛头被殴逃避，转身碰动所携竹铳，伤曾老四殒命	"被殴转身碰动竹铳药发杀人"条
65	马有得持枪上山打猎，遇董克勤索租，互殴，马有得逃跑被追，失跌，碰动所携机铳，打伤董克勤毙命	"负枪逃跑被追失跌枪发杀人"条
66	张沅富因媳张黄氏至陈奇茂家索讨工钱，不见回归，疑心被藏匿，上门追问，互殴，张沅富殴死陈奇茂之弟陈奇盛，陈奇茂殴死张沅富	"竹铳伤人死越百余十日拟抵"条
67	马善教令因黄七子学唱小曲不熟而责打，夤夜复令唱曲，不从，责打致死	"故杀十岁以下幼孩仍拟斩候"条
68	卢得才在李全店铺学习染匠，因遗失账本被驱逐，卢得才向李全之母李朱氏诉说，遭训斥，遂拾菜刀砍伤李朱氏及外孙韩令子	"故杀帮护父母十岁以下幼孩"条
69	胡坤借洪春钱一千文，因未及时送交借据，洪春上门索要，争吵互殴，洪春砍死救护父亲之胡坤之子胡发泷	"砍死护父幼孩恐系故杀驳审"条
70	周子观与华幅凝等在船赌博争殴，周子观与推跌华幅凝落水溺死	"见人推跌落水坐视不救"条
71	郑浩喜因撞遇龚添照与伊无服族妹通奸而赶殴，龚添照情急之下跳入河中，欲凫水过河，中流溺毙	"赶殴致人情急跳河凫水溺毙"条

续表

序号	起　因	资料出处
72	唐二郎与徐小桂口角争殴，唐二郎与他人捆绑徐小桂，欲行送官，徐小桂逃跑，唐二郎等追赶，徐小桂失足落河淹死	"共相追殴致人失足落河淹死"条
73	朱标因偷窥杨大成家漕船，遭詈骂，遂与他人追殴杨大成，致其失足落水淹毙	"追殴致人急迫跳船落水淹毙"条
74	常振帮因王泳、王石榴儿踏损芦苇又殴伤雇主刘文满，邀人追殴，王泳等情急凫水，溺毙	"共相追殴致人凫水溺毙二命"条
75	赵开贤酒醉在船上向陈奉湛抓扯索欠，二人同时落水，赵开贤因醉溺毙	"被抓船侧同跌落河致人淹死"条
76	王以德向姚春荣索欠争殴，姚春荣逃跑，王以德追赶绊倒，垫伤身死	"被殴受伤因追绊跌垫伤身死"条
77	车大与谷三因争用场院口角，车大手推谷三倒地，因其年老，黄夜痰壅身死	"被扑用手推失跌痰壅身死"条
78	王洛达与柳安沽饮，适韩大化向柳安借钱不允而争闹，王洛达劝阻，柳安疑心偏袒牵骂，王洛达气忿用拳击打，将柳安原伤处伤痂殴落，后柳安抽风身死	"殴落人自碰伤痂致抽风身死"条
79	康有义因被刘观等诬陷盗窃，与弟康有理追殴刘观无及，适见刘万金，向其喊话问询，以致刘万金失足跌落悬崖身死	"情非赶殴逃者闻喊惊慌跌毙"条
80	荆付常因向毕明购买燋炸致相争吵，经荆养性将毕明劝回屋内，荆付常与毕明依旧争骂，荆养性恐二人斗殴，将门拦住，毕明从窗跳出赶殴，跌落摔死	"被殴被詈不甘赶殴自跌溺毙"条
81	李幅酒醉向宋大汉索欠，宋大汉求缓，不允向殴，宋大汉闪避，李幅自跌内损身死	"欲殴其人闪开自跌内损身死"条

序号	起　因	资料出处
82	王登岐因向袁添友索欠无给，向殴，袁添友闪避，王登岐自跌身死	"欲殴其人走开自行扑跌身死"条
83	曹、张两姓因在公共山头栽种树苗发生纠纷，双方互殴，各有人死伤	"猝然抵御殴死四人各毙各命"条
84	杨、陈两姓因砍柴发生纠纷，杨述率十四人致陈姓村口叫骂，陈振武亦纠集十一人持械出斗，双方互殴，各有人死伤	"械斗与谋殴应分别情节办理"条
85	晏容八与晏茂五两族因割草发生纠纷，互殴，各有人死伤	"纠众殴毙多命案内余人治罪"条

以上 85 例常人杀伤的案件，第 31、34、35、63、64、65 案例属于意外或误伤，由奸、盗等行为引起杀伤的共 7 例，分别为第 7、8、13、22、41、42、71 例，其余 72 例杀伤案件，起因皆为日常生活中的各种琐事、细故。这充分说明，生活矛盾和利益纠纷不仅是亲属相犯的主要起因，也是常人相犯的主要起因。

第三章

亲属相犯行为折射出的亲属关系

第一节　亲属组织的事业化

一　亲属组织的事业化特征

众所周知，中国在步入阶级社会之后，由于氏族血缘体系遗存较多，加上浓厚的祖先崇拜文化，导致了血缘体系与阶级体系的并存；同时因为农业文明的关系，血缘集团占有固定和毗连的土地，并安土重迁，又促成了血缘单位和领土单位的合一。家族聚居由此成为古代社会的一般形态，清代亦不例外，史籍中这方面的记载极多，如"闽中、江西、湖南皆聚族而居"；① "山东、山西、江西、安徽、福建、广东等省，多聚族而居"。② 据魏源的估计，清代各省聚族而居的家族，每县邑约有数百个。③ 因此，作为亲属组织的宗族或家族不仅是古代社会重要的政治、经济单元，也是流布最普遍的社会组织和最重要的社会关系网。在费孝通先生看来，中国古代的"家"或者"族"，并非人类学意义上的生育社群，而是相当于氏族一类的事业组织：

> 依人类学上的说法，氏族是一个事业组织，再扩大就可以成为

---

① （清）陈宏谋：《寄杨朴园景素书》，《皇朝经世文编》卷58，光绪十五年上海广百宋斋校印本。

② （清）冯桂芬：《复宗法议》，《显志堂稿》卷11，光绪二年校邻庐刻本。

③ （清）魏源：《庐江章氏义庄记》，《魏源集》（下册），中华书局1976年版，第503页。

一个部落。氏族和部落赋有政治、经济、宗教等复杂的功能。我们的家也正是这样。我的假设是中国乡土社会采取了差序格局，利用亲属的伦常去组合社群，经营各种事业，使这基本的家，变成氏族性了。一方面我们可以说在中国乡土社会中，不论政治、经济、宗教等功能都可以利用家族来担负，另一方面也可以说，为了经营这许多事业，家的结构不能限于亲子的小组合，必须加以扩大。而且凡是政治、经济、宗教等事物都需要长期绵续性的，这个基本社群决不能像西洋的家庭一般是临时性的。家必须是绵续的，不因个人的长成而分裂，不因个人的死亡而结束，于是家的性质变成了族。氏族本是长期的，和我们的家一般。①

正是因为家或族承载了如此多的功能，事业化的特征极为突出，使得家族本位成为中国文化的一大特色，家族意识无处不在："国"被看作"家"的扩大，国民称"同胞"，以至于"天下一家"、"四海之内皆兄弟"。家族中的父子关系成为社会关系的基本模式，其他各种关系均是父子关系的衍射，如君臣之间称"君父"和"臣子"，官民称"父母官"与"子民"，师生分称"师父"和"弟子"，无不弥漫着浓烈的家族意识。

家族本位，意味着个人不是单独存在的，而是与亲属一体共存的。在对外时，家族是一个有机的整体、不可分割，是权利、义务的主体。在家族组织内部，成员之间关系密切，亲属犹如手足肢体，正如《仪礼·丧服篇》所言："父子一体也，夫妻一体也，昆弟一体也，故父子首足也，夫妻胖合也，昆弟四体也。"离开了亲属，个体也就不存在了。

中国古代的法律遵循礼制传统，强调家族本位，极力维护亲属之间的密切关系，故法律规定中家族本位主义的特色极为浓厚。对此，陈顾远先生曾做过极好的概括：在义理上，以家族为国家之缩小，以国家为家族之扩大；在政事法上，视家户为编组之单位，以家户为政令之所托，使家长具公法之责任；在民事法上，将亲属分为宗亲、外亲、妻亲三类，以丧服等级确定亲疏关系，婚姻被定义为"合二姓之好，上以事

---

① 费孝通：《乡土中国·生育制度》，北京大学出版社 1998 年版，第 40 页。

宗庙，下以继后世"，同居关系以亲等来确定，继承关系上强调宗祧继承；在刑事法上，缘坐、独坐、宫刑、籍没、存留养亲、代刑、重惩不孝等等，皆以家族为本位。①

家族本就是人们进行社会活动的重要载体，法律对于家族本位的强调，使得家族的社会功能更加强大和全面，事业化的特征更加明显。郑振满先生在论及明清两代福建地区家族组织的社会功能时，认为其社会功能涉及政治、经济、文化的各方面，功能十分全面：

> 在政治方面，家族组织与里甲和保甲组织相结合，逐渐演变为基层政权组织，担负着治安、司法、产籍管理、赋役征派等主要行政职能。在经济方面，家族组织不仅是社会生产和生活的基本单位，而且在水利、交通、集市贸易、社会救济等再生产领域中也发挥了主要作用。在文化方面，家族组织延师设教，培养科举人才，举行各种宗教仪式，组织各种民俗文艺活动，是推行道德教化和维护传统价值观念的主体力量。我们可以毫不夸张地说，在明清时期福建的基层社会中，没有家族组织所不具备的社会功能。②

郑氏所言，虽只是针对明清时期福建的家族而言，但我们认为，其他地区家族的组织也多类似，其社会功能依然十分强大。如明代《长沙檀山陈氏族谱》所附规约，所列家族的活动与职能范围为四类二十六项，分别为尊君（祝圣寿、宣圣谕、讲礼法、急赋役），祀神（礼先师、处里社、谨乡仇、秩乡厉），崇祖（修族谱、建祠堂、重墓所、秩义祀、立宗子、绵嗣续、保遗业），睦族（定行次、遵约法、肃家箴、实义仓、处家塾、助农工、养士气、扶老弱、恤忧患、戒豪悍、严盗防）。除此二十六条外，陈氏家族尚有《庆慰简仪》十三条，规定了族内生子命名、聘娶、婚嫁、问疾、报讣、殡葬、祭祖、会族等各项规

---

① 参见陈顾远《中国法制史概要》，台北：三民书局1977年版，第241—278页。
② 郑振满：《明清福建家族组织与社会变迁》，中国人民大学出版社2009年版，第13页。

矩；另外，还定有各种实施细则。① 从规约的内容来看，家族的活动与职能也十分广泛，涉及政治、经济、文化的各个方面。当然，一般认为，明清时期，南方地区的家族组织较北方地区发达，故北方地区的家族组织的社会功能可能未必如南方地区那样强大和全面，但说北方地区家族组织的社会功能较为强大和全面，可能也不是虚妄之词。在浏览清代的案例汇编时，我们也可以深切地感受到家族组织强大的社会功能，像征派赋役、维护治安等行政职责，都在家族内部完成：

　　　　熊明生与被伤身死无服族叔熊定选素好无嫌。缘明生族众原有府库湖课鱼粮，每年纳银一钱三分七厘，三房轮流经管。雍正十二年派值定选经收，定选即将众银花用，未经完课。族众恐奉府催，各仍派银完纳。明生听闻，遂云定选不应侵用公银。定选恃尊喊骂，明生两相嚷闹，经众劝散。至十六日，明生从园摘菜回遇定选，定选见即叱骂，明生亦即回骂。定选即举镰刀向砍明生左太阳，明生情急，夺刀砍伤定选顶心偏左，定选扭住不放，并用头撞明生，明生不能挣脱，将刀挡抵。不虞刀伤定选恩门，定选松手抬头，明生之刀未及收转，带伤定选唇吻，跌倒田内，擦伤额头、左肋，是夜殒命。（《清代"服制"命案：刑科题本档案选编》"熊明生砍伤无服族叔熊定选身死案"，第 3 页）

　　　　（王自名殴死小功叔王兰案）据王自名供：是本县（榆次）人，年三十五岁。父亲已故，王孙氏是母亲。小的并没弟兄、妻子。死的王兰是小的小功堂叔，分居无仇。堂叔平日游荡，并无正业。（嘉庆）十六年十二月十三日午，堂叔叫小的替他具呈，保充十七年本村催粮户头。小的怕他误公连累，原向回复，堂叔不依村骂。小的分辩，堂叔就用左手揪住小的发辫揿按，右手用拳连打小的脊背。母亲王孙氏拿着卷布木轴赶来，打伤堂叔左胳膊。堂叔放了小的去向母亲扑打，小的拾起干驴蹄连打堂叔左腿、左膝几下，堂叔又向小的扑打，小的闪过连打他两臁肋、左脚踝，跌倒在地。

──────────

① 转引自史凤仪《中国古代的家族与身份》，社会科学文献出版社 1999 年版，第 52—53 页。

他嘴里辱骂，小的又用驴蹄向他脸上打了一下，伤著右太阳。停了一会就因伤死了。（《清嘉庆朝刑科题本社会史料辑刊》[1]"山西榆次县王自名殴伤小功堂叔王兰身死案"，第220页）

　　缘刘子通系刘添表无服族叔，同村居住，该村牌头向系轮流充当。乾隆四十四年，刘子通充应牌头，至四十五年役满，轮值刘添表接充。刘添表屡次推诿，仍系刘子通代管。六月初五日傍晚，刘子通撞遇刘添表，复令接充。刘添表嗔其絮烦，致相嚷骂。刘添表揪扭刘子通衣领欲殴，经刘玉宗拉劝，刘子通走避。刘添表仍嚷骂追赶，拾砖向掷未中。刘子通转身亦拾砖回掷，致伤刘添表脐肚，至初六日傍晚殒命。（《清代"服制"命案：刑科题本档案选编》"刘子通掷伤无服族侄刘添表身死案"，第256—257页）

家族也组织文化、娱乐活动：

　　（姚进宝挟嫌帮殴致死无服族叔姚喜先案）据原谋姚学汤供：陕州人，年五十四岁，父母俱故。姚学升是小的分居胞兄，姚唤成是分居胞侄，与无服族弟姚喜先同庄居住。嘉庆十一年秋间，小的当得已故姚铁苓地亩，要收回耕种。姚喜先唆使姚铁苓的母亲占地不交，小的合（和）姚喜先吵闹，是村众理处才把地亩退还。十二年四月十一日，村内演戏酬神。姚喜先派小的管戏班的饭食，小的不肯承管。姚喜先说小的若去看戏，定要把腿打折。小的害怕不敢出去，实在气忿不过，起意殴打出气。因姚喜先力大，一人不能抵敌。二十八日，小的叫侄子去邀相好的姚进宝……小的出去探知姚喜先赴地收麦……小的先向姚喜先斥骂，姚喜先回骂扑打，被姚进宝、姚幅鳌打伤扳倒，姚进宝他们又打了几下，大家住手走回。听得姚喜先喊骂不止，还说伤好报仇，姚进宝又转去用刀把他砍伤，小的拦揽不住，姚喜先因伤死了。（《清嘉庆朝刑科题本社会史料辑刊》"河南陕州民姚进宝挟嫌帮殴致死无服族叔姚喜先案"，第127页）

① 杜家骥主编：《清嘉庆朝刑科题本社会史料辑刊》，天津古籍出版社2008年版。

至于组织祭祀活动，则更为常见：

> （匡道相因争闹致伤无服族侄身死案）据匡道惆供：年二十三
> 岁。小的族分新、老二居。正月元宵，祀神祈求丰年。从前置有田
> 产，后来族众因田产售卖，议明新、老二居按年轮值，各于本村派
> 奉祀奉。嘉庆十七年轮值新居，匡信铨们承办。匡信铨因费用不
> 敷，向小的老居派费。小的与族人匡道相们不允出钱。二月二十四
> 日午后，匡信铨、匡信钜、匡一琥来村理论，仍要小的们出钱。匡
> 道相、匡一修、匡道林同小的不依，两下争闹。匡信铨向匡一修扑
> 殴，匡一修闪避，拾棍戳伤匡信铨左脊臂，匡信铨转身将棍夺过，
> 匡一修跑走，匡信铨追赶，匡道相顺取竹杠赶护，匡信铨举棍向
> 殴，匡道相用竹杠格开，回殴他偏左倒地……不料匡信铨到晚上因
> 伤死了。（《清嘉庆朝刑科题本社会史料辑刊》"江西太和县民匡道
> 相因争闹致伤无服族侄身死案"，第227—228页）

> 王沅科系王得政小功服侄，素无嫌隙。王沅科曾祖王章成生子
> 四人，向有祭田四房轮值。每于除夕、元旦，点大庆一对，烧锭六
> 千，系值年之人办理。嘉庆元年，轮应王沅科值年，除夕悬像仅点
> 小庆一对、烧锭一千，王得政因其短少庆、锭斥骂。正月初一日，
> 王沅科仍点小庆一对、烧锭一千，王得政斥骂，并称不许值年。王
> 沅科争吵，王得政向打，经王得洪等劝散。初二日晚，王沅科饮入
> 醉乡，忆及王得政辱骂之嫌，气忿莫遏，起意致死。王沅科乘妻先
> 睡，稔知王得政在药铺生理，夜间回家必由王得盈家门前经过，携
> 取柴斧潜至王得盈门首，暗地等候。嗣王得政走回，王沅科用斧向
> 砍，王得政倒地喊叫，王沅科复连砍其脸上，致伤王得政人中、唇
> 吻、颔颏等处，旋即殒命。（《清代"服制"命案：刑科题本档案
> 选编》"王沅科砍伤小功堂叔王得政身死案"，第416页）

家族也承担着处理纠纷的职责，一定意义上相当于基层司法机构：

> （吴丰致死吴辉南一案）据凶犯吴丰供：息县人，年五十三，

父母俱故，儿子吴三，死的吴辉南是小的无服族侄，素无嫌隙。吴
辉南平日游荡，把自己分受家产花完，他兄弟吴玉南物故，遗妻邓
氏。嘉庆四年八月间，吴辉南霸种邓氏地亩，不分给粮食。邓氏因
小的是族长，央小的理处，小的找寻几次，吴辉南出外躲避。九月
初八日起更时候，小的见吴辉南回家，就拿了一个火把同儿子吴三
走去，路上遇见族侄吴学圣一同走到吴辉南家里。小的村斥吴辉南
不应占地，吴辉南嚷骂小的多管，小的回骂，吴辉南拿枪打来，小
的用火把招架，火星落在柜内棉花烧着，吴辉南用手按灭，烧伤右
肩甲、两手，仍拿枪向小的扎来。小的着急，就用火把向他身上抵
格，伤着他胸膛、两肋。小的叫吴学圣把吴辉南帮同拿住，解下带
子拴住两手，原想投保送官，是吕登周们劝解，各自走散。不料吴
辉南伤处溃烂，到十二日晚上死了，委非有心致死。（《清嘉庆朝
刑科题本社会史料辑刊》"河南息县民吴丰因处理族内纠纷打死无
服族侄案"，第 7—8 页）

　　王俊万因胞兄王荣万砍卖众山树木，并抢夺祭祖胙肉，均经该
犯赔钱寝事。嗣王荣万因堂弟王贵万将坍败公众厅堂修整居住，欲
令出给租钱不允，见王贵万肩钱经过，将钱抢走，王贵万投族，将
王荣万寻获，处令还钱。王荣万钱已用完，央令该犯担保措偿，该
犯不允，并以屡次滋事贻害，欲行首告。王荣万畏惧求免，王贵万
亦恐牵连，代为力解。该犯不依，坚欲送究，并用言恐吓，王荣万
情急自尽。（《刑案汇览》卷 34《刑律·人命·威逼人致死》"胞
兄不安本分被弟逼迫自尽"条，第 1253 页）

　　以上二例都是族内调处民事纠纷的案例，此类调处在家族处理纠纷
的事例中占到了相当大的比例，如浙江黄岩地方诉讼档案中，由家族调
处的案例，皆是户口、婚姻、钱债、田土一类的日常纠纷。① 当然，家
族处理纠纷并不仅限于民事纠纷：

　　罗连先因缌麻服兄罗遂先向伊妻萧氏拉手求奸，被萧氏喊骂逃

---

① 参见田涛等《黄岩诉讼档案及调查报告》，法律出版社 2004 年版。

走，罗连先回家闻知，投族理论。罗遂先因罗连先投族张扬其丑，屡次登门詈骂，嗣罗连先挑草撞遇，罗遂先又向辱骂扑殴，罗连先用挑打伤其左手背等处，经人劝散。罗遂先携刀称欲拼命，赶向欲杀，罗连先顺取锄头格打，致伤其偏左殒命。（《刑案汇览》卷24《刑律·人命·杀死奸夫》"殴死图奸伊妻缌兄仍拟斩候"条，第876页）

吴德仁系吴许氏之翁吴均重无服族弟，因吴许氏屡次违犯吴均重教令，吴均重因其并不养赡向斥，吴许氏辄肆顶撞，并将吴均重赶逐出外。吴均重寄信向其子吴修道告知，吴修道因生意羁绊未能回家，覆信内有投族处治之语。嗣吴均重回家，吴许氏仍不养赡，吴均重赴祠将吴许氏忤逆情由向族众告知，并取吴修道之信给众阅看，后回家抱怨自缢。经人查知吴德仁系族内辈分最尊之人往告，吴德仁忿激，以吴许氏罪犯应死，如投保送究往返需时，起意将吴许氏活埋致死。令吴显幅等买棺两口，先将吴均重收殓，随令吴许氏自进棺内，吴许氏啼哭延挨，吴德仁称欲动手，吴许氏随自爬进棺内，吴德仁等将棺掩钉，抬至祖山掩埋，旋被访获。（《刑案汇览》卷43《刑律·斗殴·殴期亲尊长》"无服族长活埋忤逆应死族妇"条，第1595页）

罗绍成向充罗姓祠堂族长，因无服族侄孙罗锡华素行游荡为匪，屡经其母彭氏送祠堂交伊训责，嗣罗锡华又窃熊文炳晒谷被获，送交罗绍成，转叫彭氏等同到祠堂训责。彭氏与夫弟罗九茎、罗九发、及长子罗赞华同往斥骂。罗锡华顶撞，并将母彭氏推跌垫伤左臀，罗绍成因其屡教不改，又敢忤逆，喝令罗九茎等用竹片叠殴罗锡华左右臂膊、左右腿，因伤处进风，越十八日殒命。（《刑案汇览》卷43《刑律·斗殴·殴期亲尊长》"母将为匪子送责被族长责毙"条，第1596页）

以上三例，分别为家族处理奸情、不孝及游荡为匪的事例，说明家族处理纠纷的范围甚为广泛。值得注意的是，吴德仁在处置吴许氏忤逆不孝时，竟然因为"投保送究往返需时，起意将吴许氏活埋致死"。在吴德仁看来，吴许氏已犯死罪，送交官府也是处死，他代表官府处死也没什么不可以，俨然将自己看作基层官府组织。至于罗姓祠堂族长罗绍成在处理侄孙罗锡华素行游荡为匪案时，其审讯方式完全模仿官府，祠堂类似衙门，族众充当衙役，并备有刑具。模仿官府审判的行为，并非罗姓家族独创，在明清家法族规中，经常可以见到这方面的规定。如《山阴华舍赵氏宗谱·家规》中规定，如有不孝不悌、凌辱尊长、欺侮孤寡、不务正业及霸占田产者，由族长、房长会同族中执事进行会讯，决定惩罚等级；又如《湘乡七星谭氏五修族谱·祠规》规定，祠堂公质，执法必严，户长、族尊坐于上之中偏（为尊敬祖先不能坐正中处），族中兄弟子侄，序以昭穆，东西列坐，公共静听。原被告跪着陈述，不得抢白。凡处断，但听户长、族尊吩示，无论原、被告及列坐族众均不得喧哗咆哮。①

　　家族处理内部纠纷，并非擅自而为，而是得到官府认可的。洪武年间颁布的《教民榜文》规定，民事细故，不得辄便告官，需由族老、乡里断决。若不经乡里而径直诉官者，杖六十，"仍发回里甲、老人理断。"② 清代《户部则例》规定族长察举本族良莠之权，其中也包含对纠纷的裁决权。从清代的地方档案及文献来看，官府事实上授予了族长调处纠纷的权力。如台湾《淡新档案》第 12211 号档案记载，当地政府曾授予族长陈宗器戳记一颗，规定族内"如有细故，即排解息事"。③ 在徽州歙县地区还曾发现光绪年间歙县知县敦请族长调处族内纠纷的空白法律文书；④ 在目前已整理出的 78 件浙江黄岩地方诉讼档案中，有 25 件是县官要求当事人调处的案件，其中的 16 件又是要求族内调处的案件。⑤ 可知族长处理日常纠纷已是常态，家族业已具备一级司法机关的性质。

　　至于在经济生活领域，家族的功能则更为突出。家族是社会生产和

---

　① 参见费成康《中国的家法族规》，上海社会科学院出版社 1998 年版，第 130、132 页。

　② 《教民榜文》，载刘海年、杨一凡总主编《中国珍稀法律典籍集成》乙编第一册，科学出版社 1994 年版。

　③ 转引自戴炎辉《清代台湾之乡治》，台北：联经出版事业公司 1979 年版。

　④ 参见春杨《晚清乡土社会民事纠纷调解机制研究》，北京大学出版社 2009 年版，第 140—141 页。

　⑤ 参见田涛等《黄岩诉讼档案及调查报告》（上册），法律出版社 2004 年版；春杨：《晚清乡土社会民事纠纷调解机制研究》，第 142 页。

经济交往的基本单元，族众之间经济来往非常频繁：

> 徐广有租种分居胞叔徐忠十田亩，于（嘉庆）十八年冬间结算，除还过租谷尚欠钱五千文，约定次年八月交还，嗣于十九年二月间徐忠十之子徐发林向该犯借钱一千二百五十文，订明五月内还谷一百斤。该犯至期前往秤谷，徐忠十欲于租欠内扣算，该犯因期约未到，不肯扣给，彼此争较。徐忠十斥骂，该犯一面走避，一面声称找寻徐发林不依。徐忠十随后赶打，因行走匆忙，自行失跌，该犯当时逃走，徐忠十旋即气闭身死。（《刑案汇览》卷34《刑律·人命·威逼人致死》"被詈走避之后胞叔赶殴跌毙"条，第1260页）

> 殷世泰系殷世华分居胞弟，殷世华曾借殷世泰银三两将牛作押，嗣因无牛耕田，复向借用，及殷世华耕种事毕，殷世泰自欲翻犁往向索牛，适殷世华外出，向其媳左氏说明拉回，殷世华闻知往索，赶至向斥，并将殷世泰揪住欲殴，殷世泰挣脱逃走，讵殷世华立脚不稳侧跌倒地，被石扛伤右肋等处，次日殒命。（《刑案汇览》卷43《刑律·斗殴·殴期亲尊长》"被殴挣脱跌毙胞兄签商夹签"条，第1561页）

> 胡状因胞兄胡毛先曾用伊钱文未偿，嗣该犯见伊兄胡毛有钱向索，被其掌殴右腮颊，维时该犯正用刀切菜，负痛情急，举刀搪抵，适伤胡毛偏右，越八日殒命。（《刑案汇览》卷43《刑律·斗殴·殴期亲尊长》"抵格适毙期功尊长应准夹签"条，第1562页）

> 吴洸茂因向小功服兄吴洸英买米未给，斥其无情，吴洸英回骂，并携柴刀向砍，该犯情急，顺用铁凿抵戳，适伤吴洸英右乳殒命。（《刑案汇览》卷41《刑律·斗殴·殴大功以下尊长》"抵戳功尊毙命应分有心无心"条，第1521页）

> 成毓林因借用胞兄成毓秀农具，将其损坏，成毓秀不依辱骂，该犯好言劝慰，成毓秀拾石扑殴，该犯畏惧跑避，成毓秀追赶不及，自伤额颅，经人劝散。成毓秀气忿自尽。（《刑案汇览》卷34《刑律·人命·威逼人致死》"损坏胞兄农具致兄气忿自尽"条，第1254页）

以上数例涉及土地租佃、生活用品交易、日常借贷及借用生产工具等等，说明亲属之间的经济来往非常密切。同时，还应该看到，在中国古代，社会救济与保障能力低下，官办的社会保障机构，无论是备荒救灾机构还是慈善机构，都相对贫乏。对于鳏寡孤独，法律都要求应由"乡党安恤"或"乡邻安恤"，乡党、乡邻实际上就是同宗同姓的族人。明、清等朝虽设有"养济院"一类的社会救济组织，然而在章程中规定，有乡党可依靠之人，不在养济之列。[①] 这实际上是将社会救济的责任推给了家族。家族间的救济，主要通过族内公置的"义田"、"义庄"等来进行，但族人之间的私人资助、救济行为也极常见：

> 邓孔元系邓孔会胞弟，久已分居，因邓孔会穷苦，时相资助。上年九月内该犯撞遇邓孔会在伊所种棉花地内私摘棉花，并将花地践毁，上前拉夺，并用手推跌邓孔会倒地，磕伤脑后。次日邓孔会告知乡约李正才等，欲令邓孔元给钱医治。嗣邓孔会被李正才当众斥辱，并欲报官，羞愧自缢殒命。（《刑案汇览》卷 34《刑律·人命·威逼人致死》"推伤行窃之兄羞忿自尽"条，第 1261 页）

> 邵朴系邵在志降服小功堂侄，邵朴素性游荡，乾隆五十四年，邵朴行窃邵在葵家衣物，邵在志将赃偿还。五十五年十二月初五日，邵朴在符璜家借宿，复窃取白布而逸，符璜向邵在志告知，邵在志亦即赔赃，均未呈报。初九日傍晚，邵在志同兄邵在恭将邵朴寻回，搜出原赃，邵朴祖母唐氏见而向责，邵朴将唐氏推跌倒地，唐氏生气，令邵在志等将邵朴捆缚柱上，待明日送官。唐氏进房寝息，邵在恭亦出门挑水，邵在志劝其改过，邵朴声言送官并无死罪，回家后当须放火杀人，邵在志因其行窃玷辱祖宗，复不知改悔，出言强横，一时气忿，起意杀死。遂取铁钉戳伤邵朴心坎，邵朴挣扎，该犯又用锄头殴伤邵朴顶心偏左、囟门、左太阳立时殒命。（《刑案汇览》卷 43《刑律·斗殴·殴期亲尊长》"尊长杀死为匪卑幼分别科罪"条，第 1590 页）

---

① 史凤仪：《中国古代的家族与身份》，第 62 页。

总而言之，家族组织所拥有的强大社会功能，使得家族俨然成为一个相对完整的社会，甚至可以说是小国家，社会活动与经济交往大多在家族内部完成，事业化的特征非常明显。

二 亲属组织事业化对于亲属关系的影响

（一）促成了亲属之间的密切关系

亲属组织的事业化，使得家族成为人们进行社会活动与交往的主要载体，家族成员或者说亲属之间的距离被拉近，交往与联系非常密切。关系密切，首先表现在亲属之间尤其是近亲之间财产方面不分彼此，财产共有的观念依旧强烈：

> 丁详汰因胞兄丁其汰欲卖住房，伊妻丁黄氏恐无处栖身向阻被殴，经丁黄氏央丁详汰夫妇前往解劝，丁其汰不服，用刀向丁详汰扑扎，丁详汰回殴，致伤丁其汰右手腕，被丁其汰扭住同跌倒地，经劝而散。丁其汰声称丁详汰不应拦阻卖房，如再向阻即要告官，丁详汰以如乏食用由伊可帮给，如卖祖遗住房，断然不能，丁其汰即跑走出外，往投乡约。丁详汰畏惧欲行逃回，丁其汰因行走紧急，失跌坡下，痰壅气闭身死。（《续增刑案汇览》卷10《刑律·人命·威逼人致死》"回殴致伤胞兄后失跌身死"条，第302页）
>
> 李时富因李周氏系伊已故胞伯李良启之妻，分居各爨，有族人李潮荣借用李周氏红毡二条，托李时富顺便带交。李时富携回家内，未经送还。又族人李良元前因于李时富等未经分析之前曾向其家邀集钱会，立有会簿，系注写李时富名字。迨后分析，议将李良元应还会钱二十五千分给李周氏收取。李时富因有急用，欲私向李良元暂时挪借，即将会簿携回，冀图借用。嗣李周氏往向李潮荣索讨毡条，李潮荣告知已托李时富带还，随同李周氏至李时富家查问。李时富仅取红毡一条交给，其余一条称欲存留借用。因李周氏不允，即捏称公中有分，应得使用，致相争论，经李潮荣劝散。李周氏复查知李时富私向李良元借伊名下应收会钱，欲向理论，值李时富外出，李周氏即在其家生气嚷骂，经李时富之妻戴氏劝回。讵

李周氏因李时富揎留毡条并私借会钱，心怀气忿，投缳殒命。（《刑案汇览》卷34《刑律·人命·威逼人致死》"卑幼揎留钱物伯母气忿自尽"条，第1255—1256页）

以上两案中的丁详汰和李时富，一是通过资助来拦阻胞兄卖房，一是侵占伯母财产，虽然事件性质不同，但背后反映出的都是强烈的亲属共财意识。

不仅财产方面如此，在家务事的处理上，也往往不分彼此，亲属的家事就是自己的家事：

曹五长系曹润幅缌麻服侄，曹五长因胞叔曹石垄之媳邝氏前往母家，与曾和顺等路遇同行，曹五长心疑有调戏情事，往告曹石垄查问。曾和顺等不依，经人处令曹五长陪礼寝事，曹润幅闻知，欲罚曹五长赴祠置酒服礼。曹五长不允，嗣曹润幅见曹五长挑钱赴墟置物，邀允曹满荣抢钱九千肩回，称俟置酒再还……曹五长前往索讨，曹润幅不给，并用刀背将曹五长打伤，曹五长取刀戳伤曹润幅身死。（《刑案汇览》卷41《刑律·斗殴·殴大功以下尊长》"殴死抢钱勒罚之缌麻叔"条，第1485页）

曾汶星因胞叔曾得陆醉后见曾汶星向族人曾汶选借牛碾米，声言伊前向曾汶选借牛不肯，今借与曾汶星使用，欲往讲理，曾汶星劝阻，曾得陆斥其偏护，并向掌殴，经曾得陆之母曾欧氏喝阻，被曾得陆推跌，筑伤手指，曾汶星挣脱跑走。曾得陆举石赶殴，曾汶星躲避不及，虑被殴伤，情急拾棍抵格，原冀将石块格落，不期误伤其左手腕骨断……至案内曾汶直一犯，因小功服伯曾得陆醉后将其母曾欧氏推跌筑伤手指，旋被胞侄曾汶星格伤左手腕骨断，睡卧床上口中乱骂，曾汶直之父曾得爵斥其不应醉后寻事，将其母推跌筑伤，言欲赴官首告，曾得陆声言将来伤痊，定将曾得爵杀害，曾得爵气忿，携棒连殴曾得陆左臂膊，曾得陆坐起夺棒，曾汶直拢护，携铁锤殴伤曾得陆左脚面，曾得陆滚跌下床乱骂，并称将来欲连曾汶直一并致死，曾汶直因其忤逆凶横，起意将曾得陆手足殴折成废，使其不能逞凶，复举锤连殴伤其左胳肘、左脚外踝、右腿肚，经曾欧氏等拢劝无及，曾得陆因曾汶直所殴伤重，越八日殒命。（《续增刑案汇览》卷11《刑律·斗殴·殴大功以下尊长》"卑幼误伤胞叔至折肢"条，第345—346页）

上举案例可称家务事不分彼此的典型事例，无论是受害人还是行凶者，都是把别人的事当作自己的事。出现这种情形，就是因为亲属之间田地相连、房屋相接、出入相见、鸡犬相闻，"紧密而长期'拉拉扯扯'的交往形成了'唇齿相连'的亲热关系"，[①] 介入别人的家务事成为一种主动和自觉的行为。即使出家的僧人，也会主动介入亲属的俗务之事：

（杨有因口角向僧杨元喜扑撞自跌身死案）据正犯杨元喜供：年三十一岁，南郑县人，父母俱故。杨有是僧人胞兄，平日和好。僧人自幼出家，在二郎庙当住持。因哥子素有痨病，时常回家探望，帮助钱米。嘉庆十年正月里，哥子因欠李荸布钱无出，把父亲遗下的一亩五分地拨出八分凭平刘大寅当与李荸，作价钱八千文。四月初四日，僧人路过东关坊，见哥子从李荸铺里走出，已经酒醉。僧人原说哥子现今穷苦不能多帮，不该把地抵算与人，家中如何度日。哥子说日后有钱可以赎回，斥说僧人多管闲事。僧人原说哥子不顾前后，将来没饭吃的日子在后。哥子生气就用头向撞，僧人走避，不料哥子撞空，扑跌倒地，口鼻流出血饭。僧人忙同李荸把哥子扶救，不效，隔一会就死了。（《清嘉庆朝刑科题本社会史料辑刊》"陕西南郑县民杨有因口角向僧杨元喜扑撞自跌身死案"，第1136页）

缘觉名本系黄姓，自幼披剃为僧。黄义系伊本宗大功服弟，素好无嫌。黄义胞兄黄日盛故后，遗妻李氏无依。嘉庆二十年六月内，经黄义主婚改嫁天门县人袁先章为妻，得受财礼二十七千文。七月十四日，黄义伯母黄张氏因向询问，知所得钱文俱经花用，未

---

① 陈会林：《地缘社会解纷机制研究：以中国明清两代为中心》，中国政法大学出版社2009年版，第148页。

将黄日盛生前债负代为归偿，嗔斥其非，与之争闹。黄张氏气忿，前赴觉名之兄黄日有家告知，令为投人理论。适觉名与堂兄黄日富均在彼听闻。黄日有称往令黄义服礼，将黄张氏劝回。随唤同觉名、黄日富前至黄义家内，以其不应犯尊共向理斥，令其服礼。黄义不服嚷骂，黄日富欲拉投保，黄义即用刀背殴伤黄日富右额角。黄日富夺过回戳伤其右膝，并将黄义揪住，调转刀背连殴其右胳膊、左膁肕五下。黄日有赶拢拉开，将刀接取在手。黄义复取铁锄向黄日有扑殴……觉名将锄夺过，亦用锄柄殴打，伤其左肬肘、左脚腕……因黄义举脚蹬踢，又拾铁锤殴伤其右脚踝，随各走散。黄义至晚殒命。（《清嘉庆朝刑科题本社会史料辑刊》"湖北京山县僧觉名殴伤大功服弟黄义身死案"，第 1173 页）

亲属组织的事业化，使得聚居一地的亲属，无论亲疏远近，都建立起了难以分割的密切关系，亲等越近，关系越密切。期亲以上，更是关系密切无间，可以与己视为一体："父子一体也，夫妻一体也，昆弟一体也，故父子首足也，夫妻胖合也，昆弟四体也。"[1] 在清代的案例汇编中，我们经常可以看到类似以下将父子、兄弟看作一体的事例：

李安置因缌麻服兄李安定不能管束其弟行窃，致使阖族无颜。该犯向其抱怨，被李安定抱住右腿，挣不脱身，举足向踢，致伤胸膛殒命。（《刑案汇览》卷 2《名例·犯罪存留养亲》"殴死缌尊不准随本声请留养"条，第 40 页）

谭三因挟小功堂兄谭维翰争殴之嫌，辄将谭维翰子侄谭凤仪等诱出殴打，用刀砍伤谭凤仪等三人。（《刑案汇览》卷 41《刑律·斗殴·殴大功以下尊长》"刃伤缌麻卑幼三人酌加一等"条，第 1507—1508 页）

丁梁德因无服族叔母梁成氏欲将伊兄换银两扣抵伊弟欠项，该犯不允，事后因梁成氏斥伊代弟赖欠，辄以成氏爱财无耻，不如卖奸之语斥詈，致成氏羞忿自尽。（《续增刑案汇览》卷 9《刑律·人

---

① 《仪礼·丧服》。

命·威逼人致死》"秽语由于口角应以詈骂论断"条，第 285 页）

（二）增加了亲属之间发生纠纷的概率

家族组织的事业化，使得亲属关系非常密切，但关系密切并不等于关系亲爱。费孝通先生曾经说过乡土社会人与人的至密关系是因为熟悉而引起，[①] 但这种由于熟悉而引起的密切关系，并不一定能够培养出亲爱关系，相反，可能还会成为亲爱情感的障碍。对此，清代人曾作过十分形象的描述："古来的圣人常常教人和睦乡党，但是这一村一堡儿里头的人，一日一日渐渐地多了，挨门逐户，开眼便相见，不是拉拉扯扯的亲戚，就是时常在一块儿的朋友。有喜庆的事便大家都来庆贺，有死丧的事便大家都来祭吊。没事的时候，你看哪一个不亲热呢？因为朝暮相见，唇齿相连，便从好里头生出不好来了。或者因为娃子们搬嘴斗气，或者因为鸡儿狗儿有什么骚扰的去处，或者因为茶前酒后言差语错，或者因为要债不还合气打架，或者因为盖房买田不曾尽让通知，以致结成嫌疑，种种的事体也难细说。"[②] 所以，家族组织的事业化，无形中增加了亲属之间发生纠纷的概率。以下四例便分别是因为粮银摊派、征收差银、维持治安及承担祭祀费用发生纠纷进而引起杀伤的案例：

> （席德扎死小功叔席生平案）据席德供：小的是本州（蔚州）人，今年二十七岁，一向种地度日，父母已故，家里只有女人刘氏。席生平是小的小功服叔，早已分居各度，小的父亲席生仁在日，将祖遗地二十五亩并自己置的地十四亩，共三十九亩都典给叔子席生平家了，契内载明典大钱一百五十四千文，每亩粮银二分五厘，共应完粮银九钱七分五厘，并没短少。五十三年父亲死后，小的家并没地亩，每年还要纳三钱六分的粮银。那时小的年幼，并不理会。到嘉庆元、二两年上，小的疑心赔纳的粮银是席

---

① 费孝通：《乡土中国·生育制度》，第 44 页。
② 周振鹤、顾美华：《圣谕广训集解与研究》引清人言论，上海人民出版社 2006 年版，第 209 页。转引自陈会林《地缘社会解纷机制研究：以中国明清两代为中心》，第 148 页。

生平家短过的缘故，时常向叔子席生平查问，要看原契，席生平因小的不认识字，总不给小的契看，小的向他吵闹过几次。后来，席生平的哥哥席生和见小的穷苦，就是二年上替小的带纳了六分四厘的粮银，下剩的粮银小的还要席生平认纳，席生平不肯，小的原向他吵闹，席生平就把小的打骂，小的从此怀恨。本年二月十二日晚上，小的到本村龙神庙夏幅书房里去闲游，见席生喜、席登都在那里，小的就在炕上躺下。随后叔子席生平走去，小的原没起身，叔子说小的没理（礼）村骂起来，小的分辩，叔子不依要打，是夏幅们劝散的。小的就跑出来，心里想起叔子既不肯替小的带纳粮银，又屡次打骂，一时气急，起意要杀死他出气。就走回家在厨房里悄悄拿了一把切菜小刀，赶到庙里。见叔子朝里独自在炕沿坐着，小的上前把叔揪住，用刀向他左右后肋上扎了三下，叔子转过身来夺刀，小的又把他右胳膊扎伤，叔子喊叫，当有夏幅们劝开，把叔子抬回家去，停了一会，叔子就死了。（《清嘉庆朝刑科题本社会史料辑刊》"直隶蔚州民席德因纳粮银事起衅打死小功服叔案"，第9—10页）

至奉天司化勇吉一案，因伊父化连科尾欠丁差银两，向系该犯无服族叔化连魁与化盛经管，嗣化盛将化连科唤至家内索讨，化连科嗔逼混骂，化连魁在旁以化连科不讲情理，声欲绑送，即将化连科仰面按地，该犯见父被按，恐被殴打，顺拾木柴殴伤化连魁额颅、右额角二下殒命。（《刑案汇览》卷44《刑律·斗殴·父祖被殴》"亲俱被按情节不同分别驳改"条，第1638页）

缘乾隆五十一年正月初八日，郁甲防夜，一更时分取郁国正场上堆贮秋秸煫火御寒。郁国正看见斥责其非，郁甲詈其小气，郁国正与理，郁甲即举拳向殴，郁国正用右拳抵格，适伤郁甲左耳窍连耳轮，延至次日殒命。（《清代"服制"命案：刑科题本档案选编》"郁国正殴伤无服族弟郁甲身死案"，第352页）

（夏加橘杀伤胞弟夏会喜移尸图赖案）据凶犯夏加橘供：年三十三岁，宣城县人。父亲夏吉杰已故，母亲夏叶氏改醮。弟兄三人，小的居长，二弟加志在外帮工，已死夏会喜是小的三弟，俱未娶妻。夏狗牙是小的堂弟，同屋居住，他因父故母醮，就同小的过活。小的种田度日。三弟会喜两腿向患濂疮，卧床不起不能行动。小的族内有办祭公项，进出账目一向是夏加仕、夏德昭二人经管。嘉庆十二年，小的借过公项钱二千，十五年，又借公稻一石，均没归还。本年（嘉庆十七年）二月二十一日，夏加仕们备办清明祭祀，小的无钱使用，又托夏德昭在公项内借钱二千。夏德昭不允，夏加仕又把小的村斥，给小的没脸。小的不服吵闹……第二日，夏加仕投鸣族众理论，要小的服礼……心里不忿，想起三弟夏会喜害疮多年不能工作，是残废无用的人，就叫他到夏加仕家去寻死，替小的出气。三弟不理。小的一时该死，起意将他搭死移尸图赖。（《清嘉庆朝刑科题本社会史料辑刊》"安徽宣城县民夏加橘杀伤胞弟夏会喜移尸图赖案"，第 226—227 页）

至于因经济交往产生纠纷进而发生相犯的案例，则举不胜举，其中，由土地买卖而引起的纠纷较为常见，如总数为 78 件的黄岩诉讼档案中，田土交易方面的诉讼多达 18 件。[1] 因为土地交易往往与纳粮完税联系在一起，纠纷不易平息。如乾隆三十八年（1773），阎兴汉、阎兴旺兄弟因土地买卖及纳粮完税而起纠纷，虽经调解，但兄弟二人还是选择诉讼，互相状告：先是阎兴旺状告其兄阎兴汉在买卖田土时短少钱文，系"恃富揩勒"，并阻止他将田土卖与别人，以至于"粮银不得完纳"；阎兴汉则不甘示弱，坚持自己并无过错，反诉阎兴旺"并未着原中理说"，捏造事实进行诬告。[2]

同时，我们还应该看到，中国古代的礼法一直推崇亲属共财，亲属之间的财产界限本就不甚清晰，而亲属间经济交往的密切，无形中又加剧了亲属之间产权不清的情形，使得亲属间的经济纠纷更加错综复杂。

古代社会，从礼到法，一贯倡导共财。礼制中提倡大功同财，《仪

---

① 参见田涛等《黄岩诉讼档案及调查报告》（上册），法律出版社 2004 年版。

② 中国社会科学院历史研究所编：《曲阜孔府档案史料选编》（第三编第六册），齐鲁书社 1979 年版，第 217—218 页。

礼·丧服》中有"子无大功之亲"之语，郑玄注："大功之亲，谓同财者也。"贾公彦疏曰："谓同财者也。"可知，大功亲属与同财者是同一个概念，也就是说大功亲属必须同财。"大功"是古代的亲等概念，其范围如《礼记·丧服小记》孔颖达所注："五服之亲，若同父则期，同祖则大功，同曾祖则小功，同高祖则缌麻。"大功同财，即是要求祖孙三代的亲属实行共财制度。

大功同财，是礼制的最低要求，如果一个家族能够做到小功同财，甚至缌麻同财，当然是礼制欢迎和赞赏的。但这有相当的难度，所以礼制没有作硬性的规定，但大功同财是必须的。①

后世之法律将大功同财引申为同居共财，现存各朝律典的规定都是相同的，《唐律·擅兴》"征人冒名相代"条疏议云："称同居亲属者，谓同居共财者。"又《大清律例·名例》"亲属相为容隐"条，在释"同居"时，也称同财共居者。也就是说，凡共同居住的亲属，必须实行共财制。唐以前各朝的律典虽亡佚，但考虑到古代法律在内容上的连贯性，唐以前各代法律在财产关系上，也很可能是以同居共财为原则的。

礼制上的"大功同财"与法典的"同居共财"并不矛盾，后者直接承袭了前者。②当然，严格意义上讲，同居共财的含义比大功同财广一些。因为在多数情况下，同居的都是大功及以上亲属，但有些时候，同居的规模远远超出了大功亲的范围，有七八世乃至十余世同居共食。同居共财的规定将这种累代同居的大家庭（族）也包括在内。

――――――――――

① 《仪礼·丧服》："（同祖兄弟）虽异居而同财，有余则归之宗，不足则资之宗。"按此，大功以内的兄弟分居也要共财，可知大功同财是必须的。

② 大功亲属是指同祖的三代亲属，而同居的生活群体，一般以父为中心，成员包括直系后代，父死则兄弟分居。故同居集体的规模往往取决于父的寿命。从当时人们的一般寿命计算，父的寿命可以坚持到三世同堂，故同居规模也以祖孙三代为常。所以，大功与同居是可以画等号的，古人也往往将两个概念等同起来。如孔颖达在注《尚书·康诰》时称："故今之律令，大功以上得相容隐。"又邢昺在注《论语·子路》"父为子隐，子为父隐"时也称："今律大功以上得相容隐。"孔颖达是唐代人，邢昺是宋代人，按唐、宋律原文："诸同居……有罪相为隐。"孔、邢将之概括为"大功以上得相容隐"，就是因为同居与大功意义相当。所以一般情况下，大功同财等于同居共财。

　　同居共财始终是中国古代社会所有权关系方面的主流形式。现存的各朝律典，从唐律到清律都规定同居亲属实行共财制度，禁止同居成员拥有个人私产，成员的所有收入皆不能私自留存，而要上缴同居团体作为共有财产，由家长统一调度、管理，成员隐匿收入或擅自处分财产要受法律制裁。

　　同居共财制下，共有人之财产权利与义务混同连带并平等地享有所有权，不像按份共有那样是按比例来划分。不到这种共有关系结束并进行共有财产的分割时，不可能明确每一主体应享有的份额。因此，共财团体内部产权不清的情形经常出现：

　　　案戴潮英之父戴宗孔因负欠，欲将田地变卖偿账，伊兄戴潮武闻知，阻人承买。戴宗孔气忿，欲寻戴潮武送究，戴潮英求饶不允，即取麻绳与戴潮英将戴潮武找获，戴宗孔喝令戴潮英将戴潮武两手反缚，戴宗孔自用麻绳将戴潮武项颈套住，戴潮英欲觅相好往劝伊父，未遇落后，戴宗孔拉住戴潮武行走，因戴潮武出言嫚骂，戴宗孔气忿将其殴伤毙命。（《刑案汇览》卷42《刑律·斗殴·殴期亲尊长》"听从捆缚胞兄致兄被父殴死"条，第1552页）

　　　张田因胞弟张忠将牛抵还孙学岱欠项，张田查知斥詈，张忠用拳殴伤张田左腮颊，张田取刀回扎，适伤张忠致毙。（《刑案汇览》卷43《刑律·斗殴·殴期亲尊长》"被弟拳殴一伤用刀回扎致毙"条，第1598页）

　　以上两起案件均因同居团体内部产权不清、处分权模糊而引发。在前一案中，戴宗孔不和儿子戴潮英等人商议而自行决定卖地偿账，是因为他觉得自己有权处置家产；而戴潮武阻止其父卖地，是因为在他看来，家中地产并非系父亲所有，自己也有份额，父亲不能擅自处置。他们两人都是有根据的。严格意义上讲，家产是共有财产而非家长个人私产，《大明律集解附例·卑幼私擅用财》纂注云："盖同居则共财也。财虽为公共之物，但卑幼得用之，不得而自擅也；尊长得掌之，不得而自私也。"这一段话较为准确地规定了共财团体内部，尊长与卑幼之间的财产方面的权利、义务关系，卑幼也是所有权的主体，故法律规定，卑幼拥有分析家产的权利，家长无权把财产转移给外人，必须把财产分配给儿子，而且是平均分配，家长甚至无权在几个儿子中作财产上的不等额分配，否则要受法律处罚。① 正因为如此，民间习惯，家长处置家产时，一般会征得子辈的同意，如在浙江，典卖土地的契约中，往往写有"某某氏同子某某情愿典卖"的字样，② 如 1857 年浙江山阴县的一份绝卖文契开头写道："立杜绝卖荡、埂田文契，高可德同男启华、启祥，今将祖遗驹字号荡贰亩、埂田壹亩五分，前经卖与族处为业"，③ 所以，戴潮武阻止其父擅自卖地，是情理之中的事情。但从另一方面来看，法律又将共有财产的控制权交付给了家长，共有财产的使用、收益、处置都由家长来统筹，卑幼不能私擅用财，戴宗孔身为家长，当然可以自行决定卖地偿账。在后一案中，张田、张忠兄弟也还没有分家，属于同居共财。因此，对于家中的耕牛，兄弟二人共同拥有所有权，都拥有一定的处分权，张忠将牛抵债给孙学岱，也无不妥；而且，在兄弟同居共财的状态下，张忠所清偿的也不是个人债务，而是兄弟二人共同的债务。

中国古代包括清代的法律虽不允许子孙擅自别籍异财，都准许父母亡故后子孙分家析产。按照法律规定，析产应平均分配家产。但分析家产是一个非常复杂的行为，房屋有朝向，家畜有老幼，土地有肥瘠，在很多时候，并不能完全划分平均，因分家而引起的争执、纠纷极为常见。为防止纠纷发生，父祖一般在生前就预先为子孙分析家产，并要求子孙日后不得纷争，若非，就要以不孝告官。如乾隆五年（1740）徽州胡立翔生前为四子所立分关清单，就要求"自立清单之后，各宜遵

---

① 《唐律疏议》卷 12《户婚》"同居卑幼私擅用财"条疏议曰："准《户令》：'应分田宅及财物者，兄弟均分'……违此条文者，是为不均平……以坐赃论减三等"（第 242 页）。按此，就是家长在分财时，如果厚此薄彼，也是要受处罚的。明清律则明确规定，分财不均的家长是要承担刑事责任的。如《大清律例》卷 8《户律·户役》"同居卑幼私擅用财"条："同居卑幼，不由尊长，私擅用本家财物者，十两笞二十，每十两加一等，罪至杖一百；若同居尊长，应分家财不均平者，罪亦如之"（第 187 页）。

② 参见南京国民政府司法行政部《民事习惯调查报告录》，第 905 页。

③ 张传玺：《中国历代契约汇编考释》，北京大学出版社 1995 年版，第 1401 页；转引自张佩国《近代江南乡村地权的历史人类学研究》，上海人民出版社 2002 年版，第 171 页。

守，毋得生端异说。如违，听送闻官，以不孝论"。① 又如嘉庆二十一年（1816）汪永兴与子所立分单也同样要求不得再起争端，"倘有悖逆……呈公究治。"② 当然，不得纷争，只是父祖的愿望而已，事实上不可能。在分家以后，争执仍存，一些亲属相犯案件，就是因要求再次分配家产而引起的：

> 郑庚寅因向大功堂兄郑宏义索分已故胞伯宅基，郑宏义不允，并向扑殴，该犯用铁尺殴伤其左胳膊等处。郑宏义之妻刘氏手抱幼子郑五趋护，该犯亦用铁尺殴伤刘氏左后肋、左胳膊，并误伤郑五偏右等处殒命。（《刑案汇览》卷37《刑律·斗殴·斗殴》"凶器殴伤有服尊长"条，第1346页）

> 王登洲系王吴氏期亲服侄，王吴氏因向该犯之兄王登云索种伊故伯王振川所遗地亩不允，将王登云揪殴，适该犯手执枪头在地挖菜赶拢拉劝，致枪头划伤王吴氏左手腕，并招伤右乳，王吴氏将王登云松放，揪住该犯胸衣撞头拼命，该犯身往后退失足仰跌沟内，连吴王氏带跌扑压身上，以致手执枪头戳伤王吴氏脐肚，逾时殒命。（《刑案汇览》卷41《刑律·斗殴·殴期亲尊长》"退跌适毙先有斗情照律拟斩"条，第1574页）

甚至在时隔多年之后，还有隔代要求索分家产的：

> 潘士和因向小功服兄潘士杰索分故祖遗产未给，挟嫌迁怒，杀死潘士杰年未十岁之子潘银受孜、潘拴住孜二命。（《刑案汇览》卷28《刑律·人命·杀一家三人》"迁怒杀死年未十岁卑幼二命"条，第1016页）

即使结束共财关系，亲属之间尤其是近亲之间的财产界限仍难以明

---

① 王钰欣、周绍泉主编：《徽州千年契约文书》（清、民国编）第8卷，花山文艺出版社1991年版，第271页。

② 此契系田涛先生私人收藏，转引自春杨《晚清乡土社会民事纠纷调解机制研究》，北京大学出版社2009年版，第73—74页。

晰，一些未能清楚划归的共有财产的使用、收益方面，仍可能存在争执：

> 王幅因在公场种菜，伊胞婶倪氏上前阻挡，该犯称系公地伊亦可种，倪氏用头向撞，该犯闪避，倪氏扑空倒地磕伤偏左，倪氏起身复揪该犯衣襟詈骂，该犯用手推拒，失手将倪氏推跌仰面倒地磕伤脑后殒命。（《刑案汇览》卷41《刑律·斗殴·殴期亲尊长》"被揪推跌胞婶致毙不准夹签"条，第1575页）

> 阮胜才因胞兄阮兴才将公共梨树独自摘卖，索分不允，阮兴才用刀柄向殴，阮胜才将刀夺过，刀尖划伤阮兴才左肋，阮兴才扭伊衣服，举脚乱踢，致自在刀口踢伤左臁肕。阮兴才执住刀管，用力拉夺，阮胜才力怯松手，阮兴才夺回势猛，以致刀尖自戳左乳倒地殒命。（《刑案汇览》卷41《刑律·斗殴·殴期亲尊长》"殴死胞兄伤多且重不准夹签"条，第1577页）

综上所述，家族本就是人们进行社会活动的重要载体，法律对于家族本位的强调，使得家族的社会功能更加强大和全面，涉及政治、经济、文化的各个方面。家族成为人们进行社会活动与交往的主要载体，社会活动与经济交往大多在家族内部完成，容易产生各种矛盾，无形中增加了亲属之间发生纠纷的概率。

第二节 难以化解的矛盾与纠纷

由于家族聚居以及家族组织的事业化倾向，所以个人在生产、生活上的主要交往对象都是亲属，故亲属间的各种生活矛盾和利益纠纷难以避免。但矛盾与纠纷并不意味着必然导致亲属相犯。矛盾与纠纷只是亲属相犯的诱因，如果得到有效的化解，就不至于升级为刑事相犯案件。但令人遗憾的是，亲属之间的矛盾与纠纷，很难得到化解，一些极其琐细的矛盾、纠纷，往往发展成为刑事相犯案件。

一 矛盾、纠纷引发的典型杀伤案例

在清代，因利益纠纷而导致的亲属相犯案件，比比皆是，其中不乏因尺布斗粟之争而造成重大伤亡的案例：

> 彭兴立因无服族弟彭长一、彭长二弟兄二人窃伊山内红薯，该犯撞见赶拢喊捉，先将彭长一砍伤倒地，彭长二拢护，亦被砍伤跌地，彭长二拾石向掷，并向混骂，又被该犯砍伤左右脚腕偏左，一挣起拉住哭喊，该犯见彭长二伤重昏晕，料其必死，起意将彭长一致死灭口，又用刀砍伤彭长一顶心等处。彭长一、彭长二先后殒命。（《刑案汇览》卷 28《刑律·人命·杀一家三人》"殴故杀行窃之族弟一家二命"条，第 1020 页）

> 苏荆系苏文魁缌麻服侄，苏文魁之子，苏三洙系苏荆缌麻服弟，苏荆因苏文魁骂伊放牛残食地内豆禾之嫌，起意纠同伊弟苏大安、苏小安往殴泄忿，苏荆扎伤苏三洙身死，苏小安扎伤苏文魁身死。（《刑案汇览》卷 28《刑律·人命·杀一家三人》"原谋共殴致死缌服父子二命"条，第 1031—1032 页）

因尺布斗粟之争而相杀伤，很容易将之归结于贫穷的缘故。必须承认，因贫困而为经济利益互相杀伤，是一个较为合理的解释，贫困阶层比富裕阶层更容易为尺布斗粟等微小经济利益而相杀伤。但在我们看来，贫困只是导致因尺布斗粟之争而相杀伤的可能原因，而非绝对原因，较为富裕的阶层也会因微小经济利益而互相杀伤：

> 张礼来系张富大功服弟，素无嫌隙。缘乾隆二年七月十三日，张礼来之子张猛赶牛赴地放牧，由张富苇地经过，张富眼花，辄谓张猛纵牛践食伊地苇草，肆行詈骂。张猛未与较辩，赶牛南去。张富趋至张礼来门首，欲将苇地卖与张礼来，张礼来答以无银，致相吵嚷。张富先以头撞张礼来，张礼来用手一推，适有檩木堆贮在地，张富绊倒，仰跌檩木之上，垫伤左胳膊、左后肋。张富复起，拾砖殴打张礼来未中，又以头撞张礼来，张礼来闪避，张富直碰墙

角砖尖之上，致伤顶心偏右。张富不甘，复又赶打张礼来。张礼来气忿，拾砖抛掷，冀图吓回，不意适中张富右太阳穴。张春闻声奔动，将张富扶归，次日殒命。经族长张文升、地方刘朝从中调议，令张礼来出地十亩给尸妻李氏养赡，并备棺将尸殓埋，寝匿不报。（《清代"服制"命案：刑科题本档案选编》"张礼来殴死大功服兄张富贿和案"，第42—43页）

李其郁家有祖遗佃种旗地，向与兄李其昌分种完租，并未分界。乾隆三十三年十一月间，李其昌将应分地转租与孟信，李其郁亦将分种地亩转租与郑国俊。三十四年三月初四日，郑国俊等邀令李其郁等分界，李其郁赴地，将长垄、斜垄对股分拨，刨沟立界。李其昌冀图将来赎回自耕，欲占便宜，声言斜垄地有长短，应多拨数垄给予孟信。李其郁不允，彼此争闹，李其昌用头向拼，李其郁退后，举锄柄恐吓。李其昌仍向前拼，李其郁缩手不及，以致殴伤李其昌顶心偏左，经郑国俊等劝散。迨初七日，李其昌伤处进风，至初十日抽风殒命。李田氏同子李光富欲赴县呈报，李其郁恐惧，许给小钱二十千殡殓，并将当地十二亩令其回赎。（《清代"服制"命案：刑科题本档案选编》"李其郁殴伤胞兄李其昌身死案"，第169—170页）

乾隆三十三年十二月间，张永圣契买张圣先田亩，系张士占为中人，应得中人钱五百文，屡讨未给。至三十四年十二月十三日，张永圣有卖猪钱在家盘数，张士占见而向索，张永圣不肯付给，许俟出卖萝卜再给。张士占不依，致相争吵，张士占拳殴张永圣左肋，又掌批其颊。张永圣用手抵格，带落张士占之帽。张士占以头向撞，张永圣往后退至风炉边，张士占用手叉其颈项，张永圣情急，随手拾取砖块向殴，适伤张士占恩门带右，讵张士占伤重，是夜殒命。尸子张顺孙投保，欲行呈报。张永圣闻向，即向尸妻邵氏哀求，许以养赡并棺椁追荐，给地埋葬，欲图捏报自跌身死。邵氏当即应允。张永圣即出殓费钱四千四百文，又给谷百斤作为中钱付与邵氏收受，复向地保张士贵央恳周全，许谢银一两二钱。（《清代"服制"命案：刑科题本档案选编》"张永圣殴伤胞叔张士占身死案"，第171—172页）

张南与族侄张朝邻居无隙。缘张南堂弟张痕之田与张朝田亩相毗连，乾隆三十九年三月二十五日，张朝将张痕田水决灌已田，张痕看见斥骂。张朝气忿，赶至张痕家内，打毁水缸。时张痕在田未回，张南出而阻止。张朝詈其袒护。张南持挑向戳，致伤张朝右肋，倒地殒命。张南畏惧，托戚黄贡并族人张森向尸母俞氏说合处和，许给番银五十元，俞氏允收，私埋匿报。（《清代"服制"命案：刑科题本档案选编》"张南戳伤无服族侄张朝身死案"，第173页）

以上四例中，在发生杀伤行为后，进行"私和"的费用都是比较大的，并非贫困阶层，也因尺布斗粟等微小经济利益而相杀伤。我们注意到，亲属之间在发生利益纠纷时，即便是蝇头小利，也往往动用司法程序也即告官的方式来解决纠纷：

乾隆四十六年二月初六日，王富文之弟王友文误将堂嫂杜氏鸡只宰食，杜氏吵嚷，王友文詈骂。杜氏往告族长王汉英理处，王友文跟往分辩。王汉英与弟王汉仲将王友文捆缚，欲行送官。（《清代"服制"命案：刑科题本档案选编》"王富文砍伤无服族叔王汉仲身死案"，第301页）

冯忠勋与冯显千素好无嫌，该族有坟山一嶂，向分上中下三截，上截系冯忠勋、冯显文等之业，中截系冯显千、冯显鹄、冯显球等之业，下截系冯姓合族共管，各立界石。乾隆四十九年二月二十三日，冯忠勋等上截山内枯倒松树一株，冯显千等误认中界（树木），争树口角……控县勘讯。（《清代"服制"命案：刑科题本档案选编》"冯忠勋殴伤无服族叔冯显千身死案"，第320页）

告官解决纠纷，需要费用，而且不低。黄宗智先生曾根据四川巴县档案所载光绪三十二年（1906）该县知县上报的讼费，为我们列出了清末的诉讼费用：开单送审需要银元零点七元，如果要发一张传票，原告还需花三元左右；如果要派人前往丈量、调查，在四十里之内收费零点八元，每增加十里，加收零点二元。这样计算下来，在清末，按照惯例，如果要把官司打到堂讯阶段，原告至少要花费银元四元。[①] 记载清代前中期具体诉讼费用的资料极为少见，但由此推及，想必也不会低。为蝇头小利而动用司法程序，显然不是出于经济方面的考虑。所以，亲属间为尺布斗粟的纠纷而互相杀伤，不能简单地归结于贫困，根本原因还在于亲属之间关系密而不亲、感情淡漠。因此，即使没有经济利益因素的日常纠纷、细故琐事照样会引发亲属间的残杀：

> 李存幅因挟张赵氏与伊口角争殴之嫌，辄起意将瘫痪成废之子留锁儿踢死，向张赵氏讹赖。（《刑案汇览》卷33《刑律·人命·杀子孙及奴婢图赖人》"旗人杀子图赖被赖之人自尽"条，第1207页）

> 席惊彰与族兄席惊训争骂互殴，致席惊训将席爱亭致死图赖。该犯因被诬指杀人，讼恐不胜，起意商同小功堂弟席惊悦将母田氏致死，以图抵制。（《续增刑案汇览》卷7《刑律·人命·谋杀祖父母父母》"被诬造意令小功弟杀母抵制"条，第210—211页）

> 谢胡氏因怀疑子妇陈氏张扬伊女奸情，辄用竹筷铲柄叠殴……复用烧红火钳，殴烙多伤，起意致死，将其产门拉裂，以致陈氏立时毙命。（《续增刑案汇览》卷7《刑律·人命·谋杀祖父母父母》"疑媳张扬伊女奸情立时杀死"条，第211页）

二　亲属间杀伤行为的案发频率

由于矛盾与纠纷难以化解，故矛盾与纠纷往往升级为亲属间的杀伤案件。笔者在浏览《刑案汇览》这一清代案例汇编时发现，亲属间的杀伤案件在所有杀伤案件中占有相当的比重。从案发频率来看，亲属相犯的频率并不低于常人相犯。下表将分别统计《刑案汇览》所载杀伤类案件的总数及其中亲属杀伤案件的数量。

---

① ［美］黄宗智：《民事审判与民间调解：清代的表达与实践》，中国社会科学出版社1998年版，第176页。

表 3—1　《刑案汇览》所载杀伤类案件中亲属杀伤案件的数量统计

案件类型	案例总数	属于亲属间杀伤的案例数量	资料来源
谋杀人	24	1	卷 22《刑律·人命·谋杀人》
谋杀制使及本管长官	1	0	卷 22《刑律·人命·谋杀制使及本管长官》
谋杀祖父母父母	35	35	卷 23《刑律·人命·谋杀人祖父母父母》
杀死奸夫	228	105	卷 24、25、26、27《刑律·人命·杀死奸夫》
杀一家三人	68	28	卷 28《刑律·人命·杀一家三人》
采生折割人	1	0	卷 28《刑律·人命·采生折割人》
造畜蛊毒杀人	3	1	卷 28《刑律·人命·造畜蛊毒杀人》
斗殴及故杀人	120	6	卷 29、卷 30、卷 31《刑律·人命·斗殴及故杀人》
屏去人服食	6	0	卷 31《刑律·人命·屏去人服食》
戏杀误杀过失杀伤人	104	24	卷 31、卷 32《刑律·人命·戏杀误杀过失杀伤人》
夫殴死有罪妻妾	9	9	卷 32《刑律·人命·夫殴死有罪妻妾》
杀子孙及奴婢图赖人	13	12	卷 33《刑律·人命·杀子孙及奴婢图赖人》
弓箭伤人	2	0	卷 33《刑律·人命·弓箭伤人》
车马杀伤人	2	0	卷 33《刑律·人命·车马杀伤人》
庸医杀伤人	10	0	卷 33《刑律·人命·庸医杀伤人》

续表

案件类型	案例总数	属于亲属间杀伤的案例数量	资料来源
威逼人致死	202	91	卷33、卷34、卷35、卷36《刑律·人命·威逼人致死》
尊长为人杀私和	17	17	卷36《刑律·人命·尊长为人杀私和》
同行知有谋害	2	1	卷37《刑律·人命·同行知有谋害》
斗殴	27	4	卷37《刑律·斗殴·斗殴》
保辜限期	30	2	卷37《刑律·斗殴·保辜限期》
宫内忿争	8	0	卷38《刑律·斗殴·宫内忿争》
宗室觉罗以上亲被殴	4	0	卷38《刑律·斗殴·宗室觉罗以上亲被殴》
殴制使及本管长官	30	0	卷38《刑律·斗殴·殴制使及本管长官》
上司官与统属官相殴	1	0	卷38《刑律·斗殴·上司官与统属官相殴》
拒殴追摄人	4	0	卷38《刑律·斗殴·拒殴追摄人》
殴受业师	5	0	卷38《刑律·斗殴·殴受业师》
威力制缚人	10	2	卷38《刑律·斗殴·威力制缚人》
良贱相殴	7	1	卷39《刑律·斗殴·良贱相殴》
奴婢殴家长	42	2	卷39《刑律·斗殴·奴婢殴家长》
妻妾殴夫	48	48	卷40《刑律·斗殴·妻妾殴夫》

续表

案件类型	案例总数	属于亲属间杀伤的案例数量	资料来源
同姓亲属相殴	4	4	卷 40《刑律·斗殴·同姓亲属相殴》
殴大功以下尊长	91	91	卷 41、卷 42《刑律·斗殴·殴大功以下尊长》
殴期亲尊长	84	84	卷 42、卷 43《刑律·斗殴·殴期亲尊长》
殴祖父母父母	32	32	卷 44《刑律·斗殴·殴祖父母父母》
妻妾与夫亲属相殴	8	8	卷 44《刑律·斗殴·妻妾与夫亲属相殴》
殴妻前夫之子	2	2	卷 44《刑律·斗殴·殴妻前夫之子》
父祖被殴	53	15	卷 44、卷 45《刑律·斗殴·父祖被殴》
总计	1337	625	

  由上表可知，《刑案汇览》人命、斗殴类下共载有案例 1337 例，其中属于亲属间杀伤的有 625 例，占到案例总数的 47% 左右。尽管以上的统计数字不一定非常精确，但大体上可以说亲属杀伤的频率并不低于常人杀伤的频率。

  当然，要证明亲属相犯发生的频率不低于常人相犯，最好的办法应是先找到清代某一年度的刑事案件总量，然后统计出其中亲属相犯案件的数量，若年度刑事案件中亲属相犯案件占有较高的比例，便是亲属相犯频率不低于常人相犯的最有力证据。但清代某一年度的刑事案件总量难以查找，即使偶可获知，其中亲属相犯案件的数量，却无从得知。若是依据清代遗留下来的档案资料统计出清代某一年的刑事案件总量以及其中亲属相犯案件的数量，依笔者现有的条件，也是不可能完成的事情。故退而求其次，从《刑案汇览》收录的常人相犯与亲属相犯案件数量中推断亲属相犯的比例。但案例汇编的作者在选择案例时难免有偏好，依此作出的统计，不能完全说明问题。如美国学者步德茂曾利用清代的刑科题本来研究 18 世纪清代由财产权引发的暴力纠纷，在他选用的 630 个案例中，杀伤案件的当事人都是同房同族的成员只占三分之一。[①] 这与《刑案汇览》所载的 47% 的比例，还有一定距离。为进一步说明亲属相犯与常人相犯的案发频率，也为验证《刑案汇览》所载是否可以作为亲属相犯频率较高的证据，我们再以《刑部比照加减成案》所收案件为据，统计所载杀伤类案件的总数及其中亲属杀伤案件的数量。

表 3—2　《刑部比照加减成案》所载杀伤类案件中亲属杀伤案件的数量统计

案件类型	案例总数	属于亲属间杀伤的案例数量	资料来源
谋杀人	26	9	卷 12《刑律·人命·谋杀人》
谋杀祖父母父母	13	13	卷 12《刑律·人命·谋杀祖父母父母》
杀死奸夫	59	39	卷 13《刑律·人命·杀死奸夫》
杀一家三人	31	18	卷 14《刑律·人命·杀一家三人》
造畜蛊毒杀人	1	0	卷 14《刑律·人命·造畜蛊毒杀人》
斗殴及故杀人	26	6	卷 14《刑律·人命·斗殴及故杀人》
屏去人服食	3	0	卷 15《刑律·人命·屏去人服食》
戏杀误杀过失杀伤人	5	1	卷 15《刑律·人命·戏杀误杀过失杀伤人》

---

① 参见［美］步德茂《过失杀人、市场与道德经济：18 世纪中国财产权的暴力纠纷》，社会科学文献出版社 2008 年版，第 197、231 页。

续表

案件类型	案例总数	属于亲属间杀伤的案例数量	资料来源
夫殴死有罪妻妾	2	2	卷15《刑律·人命·夫殴死有罪妻妾》
杀子孙及奴婢图赖人	10	10	卷15《刑律·人命·杀子孙及奴婢图赖人》
弓箭伤人	10	2	卷15《刑律·人命·弓箭伤人》
庸医杀伤人	6	0	卷15《刑律·人命·庸医杀伤人》
窝弓杀伤人	4	0	卷15《刑律·人命·窝弓杀伤人》
威逼人致死	108	28	卷16、17《刑律·人命·威逼人致死》
尊长为人杀私和	9	9	卷18《刑律·人命·尊长为人杀私和》
同行知有谋害	4	2	卷18《刑律·人命·同行知有谋害》
斗殴	38	3	卷18《刑律·斗殴·斗殴》
保辜限期	12	1	卷19《刑律·斗殴·保辜限期》
宫内忿争	6	0	卷19《刑律·斗殴·宫内忿争》
宗室觉罗以上亲被殴	3	0	卷19《刑律·斗殴·宗室觉罗以上亲被殴》
殴制使及本管长官	19	2	卷19《刑律·斗殴·殴制使及本管长官》
殴受业师	1	0	卷19《刑律·斗殴·殴受业师》
威力制缚人	4	0	卷19《刑律·斗殴·威力制缚人》

续表

案件类型	案例总数	属于亲属间杀伤的案例数量	资料来源
良贱相殴	1	0	卷 19《刑律·斗殴·良贱相殴》
奴婢殴家长	5	1	卷 19《刑律·斗殴·奴婢殴家长》
妻妾殴夫	9	9	卷 20《刑律·斗殴·妻妾殴夫》
同姓亲属相殴	1	1	卷 20《刑律·斗殴·同姓亲属相殴》
殴大功以下尊长	17	17	卷 20《刑律·斗殴·殴大功以下尊长》
殴期亲尊长	26	26	卷 20《刑律·斗殴·殴期亲尊长》
殴祖父母父母	15	15	卷 21《刑律·斗殴·殴祖父母父母》
妻妾与夫亲属相殴	2	2	卷 21《刑律·斗殴·妻妾与夫亲属相殴》
殴妻前夫之子	2	2	卷 21《刑律·斗殴·殴妻前夫之子》
父祖被殴	4	2	卷 21《刑律·斗殴·父祖被殴》
总计	482	220	

　　以上共计案例 482 例，其中属于亲属间杀伤的有 220 例，占到案例总数的 46% 左右，与前表所统计所得 47% 的比例，高度吻合。因此，我们虽然难以从年度犯罪总量中证明亲属相犯的频率较高，但大体上可以认定，亲属相犯的频率并不明显低于常人相犯的频率。

　　亲属相犯的形式多种多样，常见的至少有杀、伤、奸、盗等侵犯行为，但这里只统计杀伤类行为的案发频率。之所以如此选择，是因为奸、盗等其他相犯行为，由于法律规定的特殊性及其他原因，在全面揭示亲属真实关系上，远不如杀伤行为有说服力。如古代法律将通奸也看作犯罪行为，而且亲属间的性禁忌也包括亲属的配偶在内。至于盗窃行为，法律规定同居亲属之间不能产生相盗犯罪，其他亲属之间的财产界限，在同族共财观念的影响下，也不甚清晰，亲属之间的相盗行为，除非造成伤亡，一般也很少诉之官府成为刑事案件，《刑案汇览》卷18《刑律·贼盗·亲属相盗》类下所载29例亲属相盗案件，几乎清一色都是因盗窃而造成的杀伤案件，就充分说明了这一点。故通过亲属相盗、相奸案件来反映亲属关系的真实面貌，不仅说服力不强，而且也不能反映亲属关系的全貌。相比而言，杀伤案件受法律规定特殊性的影响较小，同时，由于奸、盗行为也是引起杀伤的起因之一，所以能够较为全面地反映亲属关系的真实面貌。

亲属杀伤的频率并不明显低于常人杀伤的频率，这一状况多少让人感到有些意外，与我们想象中亲属和睦、亲爱的印象有相当的距离。说明亲属之间并不一定比常人关系融洽，生活矛盾、利益纠纷并没有因亲属关系而得到有效化解，矛盾与纠纷往往升级为刑事相犯案件。

矛盾与纠纷没有得到化解，可能的解释有三个：一是矛盾与纠纷过于尖锐，不易化解；二是缺乏和解的情感基础，不愿化解；三是传统（儒家）伦理的化解机制存在问题，不能化解。从清代亲属相犯实例来看，第一种解释并不能成立。我们还没有发现因价值观念分歧或政治冲突等难以调解的矛盾而引发的相犯案件，所有案件都由生活中的细故、琐事而起，其实不难化解。第二种一般适合于解释常人之间的相犯，而亲属之间，本能感情及"亲亲"伦理都是促进和解的情感基础，虽然也有感情破裂、不愿化解的个例，但总体上还不能以不愿化解来解释。那么，合理的解释只有第三种——儒家伦理的化解机制存在问题，不能有效化解亲属间的矛盾与纠纷。在下一章中，我们将重点探讨儒家伦理为何不能有效化解亲属间矛盾与纠纷的原因。

第四章

秩序与情感

第一节 "亲亲"与"尊尊"

一 儒家亲属伦理的出发点

"亲亲"与"尊尊"是儒家亲属伦理的两大原则。"亲亲"是指爱自己的亲人,"尊尊"是指敬重亲人。《礼记·大传》:"上治祖祢,尊尊也;下治子孙,亲亲也。"孔颖达疏曰:"上治祖祢,尊尊也者,治犹正也,上正治祖,是尊其尊也;下治子孙,亲亲也者,下正于子孙是亲其亲也。上主尊敬,故云尊尊;下主恩爱,故云亲亲。"①

"亲亲"与"尊尊"是可以结合在一起的,如子女对父母,就同时存在着恩爱与尊敬之情。但从性质上说,"亲亲"与"尊尊"是两个不同的概念。

《说文解字·见部》释"亲"为"至",段玉裁注云:"情意恳到曰至"。②《尔雅·释亲》邢昺疏云:"亲,爱也,近也。然则亲者,恩爱狎近不疏远之称也。"③"亲"与"仁"大约意义相当,《说文解字》释"仁":"亲也,从人二。"段玉裁注曰:"按人耦,犹言尔我亲密之词。

---

① 参见(清)阮元校刻《十三经注疏》(下册),中华书局影印本1980年版,第1506页。

② (汉)许慎著,(清)段玉裁注:《说文解字注·见部》,上海古籍出版社1981年版,第409页。

③ (清)阮元校刻《十三经注疏》(下册),第2592页。

独则无耦，耦则相亲，故从人二。"① 而"尊"，原意为酒（礼）器，含有礼、尺度、法度之义，② 与"义"略同。《说文解字》释"义"为"己之威仪也。"段注云："义作仪，度也。"③ 因此，从儒家的道德概念上讲，"亲亲"属于"仁"，而"尊尊"属于"义"的范畴：

> 亲亲，仁也；敬长，义也。（《孟子·尽心上》）
>
> 仁者爱人，义者循理。（《荀子·议兵》）
>
> 仁者，天下之表也，义者，天下之制也……厚于仁者薄于义，亲而不尊；厚于义者薄于仁，尊而不亲。（《礼记·表记》）

儒家虽然既讲"尊尊"又讲"亲亲"，但其亲属伦理的出发点，应该是"亲亲"：

> 王道始起，先本天道以治天下，质而亲亲，及其衰敝，其失也，亲亲而不尊；故后王起，法地道以治天下，文而尊尊，及其衰敝，其失也，尊尊而不亲，故反之于质也。（《公羊传》"桓公十一年"何休注④）

这里的所谓"后王"是指周天子，"王道始起"中的王是泛指夏商两代。故《史记》中也言"殷道亲亲，周道尊尊"。⑤ 司马贞《史记索隐》解释说：

> 殷人尚质，亲亲，谓亲其弟而授之；周人尚文，尊尊，谓尊祖之正体，故立其子，尊其祖也。

按此，"亲亲"属于"质"，而"尊尊"为"文"。"质"通朴或野，

---

① （汉）许慎著，（清）段玉裁注：《说文解字注·人部》，第 365 页。
② （汉）许慎著，（清）段玉裁注：《说文解字注·酉部》，第 752 页。
③ （汉）许慎著，（清）段玉裁注：《说文解字注·我部》，第 633 页。
④ （清）阮元校刻《十三经注疏》（下册），第 2220 页。
⑤ 《史记》卷 58《梁孝王世家》，中华书局 1982 年版，第 2091 页。

"文"当华或雅，也就是说，"亲亲"是人的天性，是人伦的出发点和起始点，而"尊尊"是"亲亲"的发展与升华。

"亲亲"的范围一般以九族①为限，《尚书·尧典》有"以亲九族"的说法，《左传》"桓公六年"条也说"亲其九族"。《礼记·丧服小记》所以言："亲亲，以三为五，以五为九，上杀，下杀，旁杀，而亲毕矣。"

九族之内，对亲等属于缌麻、小功的亲属，大概做到不疏远就算是"亲亲"了，礼制中没有具体的要求。更近范围的大功亲属，则要同居共财，②亲密相处，不分彼此。亲等在大功以上的亲属，则称至亲或期亲，更应亲密无间，与己视为一体：

> 父子一体也，夫妻一体也，昆弟一体也，故父子首足也，夫妻胖合也，昆弟四体也。(《仪礼·丧服》)

"亲亲"原则下，亲属之间的关系以和为贵，因此，道德要求是双向的，要求父慈、子孝、兄爱、弟悌、夫义、妇听、长惠、幼顺。③其中，父慈、兄爱是子孝、弟悌的前提，即孔子所谓"己欲立而立人，己欲达而达人"。④传说舜之弟象多有恶行，以杀舜为事，而舜却是"象忧亦忧，象喜亦喜"，⑤立为天子后，还封象于庳。孟子的弟子万章不

---

①　九族的范围有多大、应该包括哪些人，在汉儒那里就存在着争论。在古文经学派看来，家族是专指宗族而言的，范围只包括同姓亲属，同族即是同宗，故九族是指同宗高祖至玄孙的上下九代亲属；但在今文经学派看来，家族的范围除了同姓亲属外，还应包括异姓有服亲属，即母亲和妻子方面的近亲，故九族是指内、外有服亲属共同组成的亲属集团，其中父族四：五属之内为一族、父女昆弟适人者与其子为一族（也即姑及子）、己女昆弟适人者与其子为一族（也即姊妹及子）、己之女子适人者与其子为一族（也即女儿及外孙）；母族三：母之父姓为一族、母之母姓为一族、母女昆弟适人者与其子为一族（也即姨及子）；妻族二：妻之父姓为一族、妻之母姓为一族。笔者认为，今文经学家关于九族的说法多有谬误之处（具体论述请参见魏道明《始于兵而终于礼——中国古代族刑研究》，第151—154页），故采用古文经学家的说法，认为九族是指同宗高祖至玄孙的上下九代亲属。
②　古礼倡导人们"大功同财"，如郑玄在注《仪礼·丧服》中的"大功之亲"时就说："大功之亲，谓同财者也。"
③　《礼记·礼运》。
④　《论语·雍也》。
⑤　《孟子·万章上》。

解而问，孟子回答道：

> 仁人之于弟也，不藏怒焉，不宿怨焉，亲爱之而已矣。亲之欲其贵也，爱之欲其富也，封之有庳，富贵之也。身为天子，弟为匹夫，可谓亲爱之乎？（《孟子·万章上》）

对卑幼的道德要求也不是绝对的，同样以舜为例。按礼，娶妻应有父母之命，而舜娶妻却不告父母。因为舜之父母，为人恶劣，父顽母嚣，常欲害舜，告则必不听，故不告而娶。孟子认为舜的做法并没有错误："告则不得娶，男女居室，人之大伦也。如告则废人之大伦，以怼父母，是以不告也。"①

为保证亲属之间的和睦，"亲亲"原则还要求"父子之间不责善"，应易子而教。父若亲自教子，必然会导致父子间的不和：

> 子曰："爱亲者不敢恶于人，敬亲者不敢慢于人。"（《孝经·天子章》）②

> 教者必以正，以正不行，继之以怒，继之以怒则反夷矣。夫子教我以正，夫子未出于正也，则是父子相夷也。父子相夷则恶矣。古者易子而教之，父子之间不责善，责善则离，离则不祥莫大焉。（《孟子·离娄上》）

所谓"父子相夷则恶"、"离则不祥莫大焉"的说法，是将亲属之间的和睦相处看作亲属之道的根本，是亲属伦理的基础和出发点。

二 从"亲亲"到"尊尊"

"亲亲"与"尊尊"，有其内在的矛盾之处。"亲亲"有为己的一

---

① 《孟子·万章上》。

② 此语也见于《吕氏春秋·孝行览》，不过表述略有不同："故爱亲不敢恶人，敬其亲不敢慢人。"

面，属于自发的情感；而"尊尊"属于克己，出于自觉的理性。①

"亲亲"是人类朴素的自然情感，它以血缘关系为纽带，发自于本心，近乎于本能。这种朴素的情感，天然地缺乏等级、秩序等观念，在中国古代家族本位的特殊背景下，并不适合作为处理亲属关系的一般规则。

众所周知，中国在步入阶级社会之后，由于氏族血缘体系遗存较多，加上浓厚的祖先崇拜文化，导致了血缘体系与阶级体系的并存；同时因为农业文明的关系，血缘集团占有固定和毗连的土地，并安土重迁，又促成了血缘单位和领土单位的合一。因此，宗族或家族不仅是古代社会重要的政治、经济单元，也是流布最普遍的社会组织、最重要的社会关系网。正如费孝通先生所言，中国古代的"家"或者"族"，并非人类学意义上的生育社群，而是相当于氏族，是一个事业组织，具有政治、经济、宗教等各项功能。②

家具有的复杂功能，使得家族内部的关系由简单趋向于复杂，家族是社会的缩影，政治、经济等各种社会关系浓缩于此；家族成员之间，不仅仅只是亲属关系，也包含有阶级关系。"亲亲"这种人类朴素的自然情感，显然难以适应日益复杂的家族内部关系。

同时，家具有的复杂功能，也使得家族本位成为中国传统文化的一大特色，家族中的父子关系成为社会关系的基本模式，其他各种关系均是父子关系的衍射。

既然亲属关系是整个社会关系的基础，事关秩序与统治，那么亲属关系就不能以恩爱、狎近为特点的"亲亲"作为原则，必须以象征秩序、法度的"尊尊"为原则：

> 天下之道二：仁、义而已。仁者所以爱亲亲为先，义者所以制尊尊为尚。圣人之心未尝不欲两存，不幸时有以害吾之仁义，吾则舍其一存其一。既存，则事之大者必举，而小者有所不恤也。非不

---

① 参见刘家和、何元国、蒋重跃《孝与仁在原理上矛盾吗?》，《中国哲学史》2004 年第 1 期。

② 费孝通：《乡土中国·生育制度》，北京大学出版社 1998 年版，第 40 页。

足恤也，事不能以兼全，在圣人亦不可得而恤也……故周公去亲亲之仁，而存尊尊之义。不忍舍尊尊之义而自顾其小节也，宁在已有自愧之德而措天下之安宁。不忍使王室之危而为天下之害也，此所谓不幸不获于两全，舍其小而存其大者矣。（（宋）黄伦：《尚书精义》卷41《君奭》）

儒家伦理的本原依据是血亲伦理，其社会伦理不过是血亲伦理的推及和延伸，所谓"立爱自亲始"、① "老吾老以及人之老，幼吾幼以及人之幼"② 就是其典型表述。而血亲伦理的基础是"亲亲"，并不适合作为处理社会关系的一般规范。当儒家试图将血亲伦理推及为社会一般伦理时，遇到的最大问题，便是需要重新诠释"亲亲"原则，包括以"亲亲"为核心的"仁"。

一般认为，孔子贵仁，《论语》中讲"仁"的次数达109次之多。③但是，孔子很少主动谈"仁"，所以才有"子罕言利与命与仁"④ 之语。《论语》中的"仁"，多半是被动回答，而且含义模糊，多有歧义，难以捉摸。学者把出现这一问题的原因，通常解释为"仁"作为儒家的基本（普遍）道德规范，其内涵丰富，不易把握。其实，问题的关键可能不在于因为"仁"是基本的道德规范而不易解释——"仁"的内涵之所以丰富恰恰是解释含混的结果，而在于"仁"是否能够作为基本或普遍的社会规范：

子曰：知及之，仁不能守之，虽得之，必失之。知及之，仁能守之，不庄以涖之，则民不敬；知及之，仁能守之，庄以涖之，动之不以礼，未善也。（《论语·卫灵公》）

这一段话，历来虽有不同的解释，但邢昺所谓此章"论居官临民之

① 《礼记·祭义》。
② 《孟子·梁惠王》。
③ 杨伯峻：《试论孔子》，载氏著《论语译注》，中华书局1980年版，第16页。
④ 《论语·子罕》。

法"① 的看法得到了大多数人的认可。翻译成现代汉语，其大意约为：

> 居官临民，并不能依靠仁，（如果依靠仁）即使得到官位，也
> 不能持久。居官临民，如果依靠仁，不以威仪临民，则百姓不敬；
> 但仅以威仪临民，必不能以德正民，也不符合善政之道。

孔子很清楚，以"亲亲"为核心的"仁"，属于人的本能情感，缺乏秩序观念，不足以成为社会的通行规则。维持社会秩序，包括家族内部的秩序，还得靠等级、尊卑制度，也即以"尊尊"为核心的"义"。孔子就曾说过："上好义，则民莫敢不服。"② 但"亲亲"是儒家伦理的本原依据，是人伦关系的基础，无论是家族关系还是社会关系，都应该"亲亲"与"尊尊"并重，在"亲亲"的基础上实现"尊尊"。缺乏"亲亲"基础的"尊尊"，既不符合伦理要求，也缺少可靠性与稳定性。

同时，按照孔子贤人政治的理想，为政者应该"己欲立而立人，己欲达而达人"，这样才能成为民众行为的楷模。如果只讲"义"或"尊尊"，为政者就必然会放松对自己的道德约束，道德要求就由双向转为单向，并非善政之道。所以，孔子一生的主张都在"仁"（亲亲）与"义"（尊尊）之间徘徊，试图将二者结合起来，以仁为本，在仁的基础上实现义。

但"仁"（亲亲）与"义"（尊尊）的矛盾是内在的，难以调和，顾此失彼，诚所谓鱼和熊掌不可兼得。将"亲亲"与"尊尊"结合在一起，在仁的基础上实现义，本身就是可望而不可即的事情。简便的办法是舍"亲亲"而取"尊尊"，孔子也有类似的主张：

> 颜渊问仁。子曰："克己复礼为仁。一日克己复礼，天下归仁
> 焉。为仁由己，而由人乎哉？"颜渊曰："请问其目。"子曰："非
> 礼勿视，非礼勿听，非礼勿言，非礼勿动。"颜渊曰："回虽不敏，
> 请事斯语矣。"（《论语·颜渊》）

---

① 参见《论语》邢昺疏，（清）阮元校刻《十三经注疏》（下册），第 2518 页。
② 《论语·子路》。

"克己复礼为仁"意味着要将"亲亲"这一自发的情感上升为自觉的理性。但这不是孔子所希望的。因此,在亲属关系及社会关系中,到底是遵循"亲亲"还是"尊尊",孔子大概也没有绝对的原则,他的弟子公西华、曾参在处理亲属关系时,就采用了两种截然不同的方式:

> 公西华之养亲,若与朋友处;曾参之养亲,若事敢主烈君。
> (《淮南子·齐俗训》)

如果说孔子一生还在为调和"仁"(亲亲)与"义"(尊尊)的矛盾而努力的话,那么,到了孟子那里,就已经放弃了这种无谓的努力,舍"仁"而取"义"了:

> 仁,人心也;义,人路也。舍其路而弗由,放其心而不知求,哀哉!(《孟子·告子》)
> 爱而不敬,兽畜之也。(《孟子·尽心上》)

孟子重"义"而轻"仁",将"义"看作"仁"的升华,由"仁"到"义",不仅是道德发展的必由之路,也是亲属关系及社会关系的最终归宿。

重"义"(尊尊)的主张,虽符合现实社会的秩序要求,但因此也将"仁"(亲亲)与"义"(尊尊)对立起来,导致两者之间的矛盾极致化。为了消除这一矛盾,儒家做了不少努力,孔子的弟子有若曾试图将"仁"的本质由恩爱而解释为尊敬,他说:"孝弟也者,仁之本欤!"[1] 孟子也把"亲亲"与"尊尊"视为一事:

> 仁之实,事亲是也;义之实,从兄是也;智之实,知斯二者弗去是也;礼之实,节文斯二者是也;乐之实,乐斯二者是也。
> (《孟子·离娄上》)

---

[1] 《论语·学而》。

按此，仁为"事亲"，义为"从兄"，而"事"、"从"在这里都当崇敬
讲，"仁"或"亲亲"的含义由"爱"变为了"敬"。后世之儒家也一
般从"义"的角度来解释"亲亲"：

　　亲亲、尊尊、长长、男女之有别，人道之大者也。孔颖达疏
曰：亲亲，谓父母也；尊尊，谓祖及曾祖高祖也；长长，谓兄及旁
亲也，不言卑幼，举尊长则卑幼可知也。(《礼记·丧服小记》)①

　　三礼中《礼记》成书最晚，大约在汉末才独立成书，至唐代才取得
经典的地位。②书中的论述、孔颖达的注疏及《礼记》地位的提升，均
反映出汉唐之间，将"亲亲"与"尊尊"合二为一的做法，已经得到
了世人较为普遍的认同。到了朱熹那里，不仅认为仁的本质是孝悌，甚
至仁、义、礼、智这"四端"的本质都是孝悌：

　　问：孝弟为仁之本。曰："论仁，则仁是孝弟之本，行仁则当
自孝弟始。"又云：孟子曰："'仁之实，事亲是也；义之实，从兄
是也；智之实，知斯二者弗去是也；礼之实，节文斯二者是也，乐
之实，乐斯二者是也。'以此观之，岂特孝弟为仁之本？四端皆本
于孝弟。"(《朱子语类》卷20《论语二·学而篇上》)

　　在朱熹这里，"亲亲"已经失去了踪影，剩下的只有"尊尊"。将
"亲亲"与"尊尊"视为一体，其理由在于：

　　其为人也孝弟，而好犯上者，鲜也；不好犯上，而好作乱者，
未之有也。(《论语·学而》)
　　自仁率亲，等而上之至于祖，自义率祖顺而下之至于祢，是故

---

① （清）阮元校刻《十三经注疏》（下册），第1496页。
② 王文锦：《礼记》，收入文史知识编辑部编《经书浅谈》，中华书局1984年版，第
61页。

> 人道亲亲也。亲亲故尊祖，尊祖故敬宗，敬宗故收族，收族故宗庙
> 严，宗庙严故重社稷，重社稷故爱百姓，爱百姓故刑罚中，刑罚中
> 故庶民安，庶民安故财用足，财用足故百志成。(《礼记·大传》)

借着这样的解释，儒家构建起一个由家至国、家国一体的社会治理
方式：先在家庭中以父子为轴心，推行等级与权威，然后，视社会为扩
大化的家庭，将家庭内所维护的尊卑等级推广到社会的各个层面。① 治
家与治国由此合二为一，儒家伦理因此从血亲伦理上升为国家伦理，从
"齐家"之术转变为"治国"之策。

三　法律对于"尊尊"秩序的强化

自汉代"独尊儒术"以来，儒家思想便占据了绝对地位，支配各个
领域，法律也不例外。从魏晋开始，法典的编制与修订落入儒生之手，
他们把握机会，尽量将纲常伦理杂糅于法律之中，开始了法律儒家化的
过程。经过魏晋南北朝至唐代，法律儒家化的过程最终完成。《唐律》
把伦理纲常奉为最高的价值评判标准，是一部标准的伦理化法典，经它
确定的原则、制度、篇目，甚至具体的条文，多为宋元明清律所继承。
《四库总目提要》评价《唐律》说：

> 论者谓《唐律》一准乎礼，以为出入得古今之平，故宋世多采
> 用之，元时断狱，亦每引为据。明洪武初，命儒臣四人同刑官进讲
> 《唐律》，后命刘惟谦等详定《大明律》，其篇目一准于唐……本朝
> 折衷往制……要惟《唐律》为善。

所谓《唐律》"一准乎礼"，无非是说《唐律》是一部充满等级、
尊卑观念的法典。礼是一套有差别性的行为规范，地位不同，权利、义
务各不相等，所谓"名位不同，礼亦异数"，② 个人必须按自己的身份、

---

① 参见张德胜《儒家伦理与社会秩序：社会学的诠释》，上海人民出版社 2008 年版，第
52—53 页。
② 《左传·庄公十八年》。

地位去行事，不能逾越。亲属之间也不例外，按照尊卑、长幼关系建立起严格的等级制度，推行尊尊之道，强化家内秩序。

法律对于家内秩序的强化，其宗旨不外乎是建立尊卑、长幼有序的亲属关系，因此，强调尊长对于卑幼的支配权，便是强化家内秩序中最重要的环节。尊长的支配权，以父权最具代表性。

父权首先表现为对子孙的人身支配权。子孙违反父的意志，不遵约束，父亲自然可以行使权威加以惩罚。伦理和法律都认可这种惩罚。责打子孙难免有殴伤、致死的事情发生，殴伤是无所谓的，法律不追究责任；致死则要受到惩罚。唐、宋、明、清的法律也都规定，父祖故杀——毫无理由地杀死子孙，是绝对不可以的，非理殴杀——因违反教令而用残忍的方式（活埋、兵刃等）将子孙杀死，也是不允许的。比如，唐律规定，非理殴杀，徒一年半；兵刃杀，徒二年；故杀，罪加一等。但同时又网开一面，规定过失杀子孙者，不追究责任。如唐律至清律都规定，子孙违反教令，父祖依法责罚，邂逅致死者，无罪。[①] 这一规定，事实上给予了家长杀死子孙的权力。而"违反教令"和"邂逅致死"的含义，抽象含混：前者可以作为责打的理由，后者可以作为致死的借口，法律事实上给予了家长杀死不听教令的子孙的权力。犯有死罪的不肖子孙，父祖即使非理殴杀，官府也不一定追究责任，《刑案汇览》中有不少这样的例子，这里仅举一例：

> 孔梆子与王氏通奸拒捕，刃伤氏父王希贤，并王希贤登时奸所勒死王氏一案。查例载：本夫登时奸所获奸，将奸妇杀死，奸夫当时脱逃，后被拿获到官，审明奸情是实，奸夫供认不讳，将奸夫拟绞监候。又本夫之父母如有捉奸杀死奸夫者，其应拟罪名悉与本夫同科。若止杀奸妇者，不必科以罪名。（《刑案汇览》卷24《刑律·人命·杀伤奸夫》"捉奸杀死奸妇奸夫刃伤氏父"条，第935页）

---

① 参见《大清律例》卷28《刑律·斗殴下》"殴祖父母父母"条，第464页；《唐律疏议》、《宋刑统》、《大明律》同。

父祖对不听教令的子孙的惩罚，既可以自己行使，也可以请官府代为惩治。父母可以以违反教令或不孝的罪名，控告子孙。只要控告，官府即定罪，不会拒绝受理，而且也不要求提供任何证据。清代条例甚至规定"父母控子，即照所控办理，不必审讯"。① 这一规定，我们现在看起来觉得荒唐，但从伦常的角度讲，却是天经地义。因为父母对子女的管教、惩戒是绝对的，伦理要求子孙有顺无逆，天下无不是的父母，只有不是的子孙。父母将子孙告到官府，如果官员怀疑父母控告的伦理是否充足，或是追问子女究竟犯了什么罪，便等于承认父母的不是，从而否认父权的绝对性了。②

官府对于被父母控告的子孙，处置一般是听父母的意见，或者是加重处罚。子孙的一些小过失，由于父母的控告，往往带来极重的惩罚，清代《刑案汇览》中有不少因小过而被父母控告的事例，如懒惰、酗酒、赌博、私擅用财等。这些罪过，若按律文处置，最多至杖刑，但因其父母所控，皆判发遣。当然，对于不听教令的子孙，到底是杖还是发遣，这取决于父母的意旨，官府会完全遵照父母的要求来行事。下例中的朱汪氏先是要求官府发遣不听教令之子朱志洪，复又后悔，恳请免于发遣，官府完全照办：

> 朱汪氏呈送伊子朱志洪发遣，追悔恳请免遣一案。查律载：子孙违犯教令者杖一百。又例载：祖父母、父母呈首子孙恳求发遣者，将被呈之子孙实发烟瘴充军各等语。是子孙一有触犯，经祖父母、父母呈送者，如恳求发遣，即应照实发之例拟军，如不欲发遣，止应照违犯之律拟杖。此案朱志洪平日懒惰游荡，不听伊母教训，经伊母呈请发遣咨部核覆在案。今据该抚咨称，朱汪氏因孀守多年，别无子嗣倚靠，朱志洪向无触犯情事，追悔前情，求免发遣，本部检查朱志洪原案，仅止违犯教令，尚无忤逆重情，既据伊母朱汪氏呈请免其发遣，自应照律科以违犯之罪。该抚将朱志洪比

---

① 《大清律例》卷28《刑律·斗殴下》"殴祖父母父母"条乾隆四十二年例，转引自瞿同祖《中国法律与中国社会》，第15页。

② 瞿同祖：《中国法律与中国社会》，第15页。

照军犯告称父母老疾应侍，家无以次成丁例拟以枷杖，殊未允协，朱志洪应改依子孙违犯教令律拟杖一百，给与伊母朱汪氏领回管束。（《刑案汇览》卷49《刑律·诉讼·子孙违反教令》"送子发遣尚未起解复请免遣"条，第1836页）

综上所述，古代法律虽然对父母杀子的权力有所限制，但法律给予了父祖对子孙的绝对人身支配权，对于违背父母意旨的子孙，父母不仅可以责打、惩罚，也可以交给官府代为处置，在责罚过程中，致死子孙，可以不论；故杀有罪的子孙，法律也会网开一面。父权对于子孙来说，是绝对的，永远不能违抗。

其次是对子女婚姻的决定权。父母的意旨是子女婚姻成立或撤销的先决条件。他可以为子女选择配偶，也可以命令他们离婚，子女个人的意旨是不在考虑之列的，[①] 子女的反抗是无效的，法律也不会支持。父母之命是婚姻成立的要件，卑幼私自娶妻是不被认可的。只有当卑幼仕宦或经商在外，尊长没有为其订婚或订婚在后而卑幼不知者，卑幼若自娶妻，法律才承认其婚姻的合法性。[②] 这是卑幼在婚姻方面唯一可能享有自主权的机会。

最后是对财产的控制权。法律将财产的控制权、管理权、调度权都交付给了家长。而子孙不能拥有个人私产，所有的收入都要上缴父祖，未经家长许可，也不得私擅用财，否则，法律要给予惩罚。而且只要父母在，也绝不允许子孙擅自别籍、异财，否则构成不孝罪。[③]

在强调尊长对于卑幼支配权的同时，法律也要求卑幼对于尊长的绝对服从精神，要求他们善事尊长，孝顺父母。"孝"作为伦理最基本的范畴，有着极其丰富的内涵，《唐律疏议》中说："善事父母曰孝，既有违犯，是名不孝。"[④] 这就使得不孝罪的含义抽象含混，外延无限扩大，对父母意旨的任何违抗，都可能构成不孝罪。清律中虽取消了《唐

---

① 瞿同祖：《中国法律与中国社会》，第17页。
② 参见《大清律例》卷10《户律·婚姻》"男女婚姻"条，第204页。
③ 参见《大清律例》卷8《户律·户役》"别籍异财"条、"卑幼私擅用财"，第186、187页。
④ 《唐律疏议》卷1《名例》"十恶"条疏议，第12页。

律》中这样含混不清的解释，但立法精神并没有改变，绝对禁止以卑犯尊、以幼犯长，卑幼对于尊长的侵犯行为包括辱骂，大多列入十恶罪中的"恶逆"、"不孝"、"不睦"等条，给予严惩。过失杀伤尊长，也不许收赎，要课以重罚。按律条规定，子孙殴祖父母、父母及妻妾殴夫之祖父母、父母者，皆斩；杀者，皆凌迟处死。① 为严格执行这一条款，后又定例："子孙殴祖父母、父母，审无别情，无论伤之轻重，即奏请斩决。"② 嘉庆十八年（1813），白鹏鹤因向嫂白葛氏借取灯油不给，出街嚷骂，白葛氏出门理论，白鹏鹤拾取土坯向白葛氏掷殴，不期母白王氏出劝，以致误伤殒命。刑部引子殴父母杀者凌迟处死律，又引斗殴误杀旁人以斗杀论律，拟以凌迟处死。上报皇帝后，嘉庆帝认为"白鹏鹤遥掷土坯，误杀其母，非其思虑所及，与斗殴误杀者究属有间"，下旨改为斩立决。并要求"嗣后有案情似此者，即照此问拟"。③ 又道光二年（1822），陇阿候与余茂胜口角争殴，误伤祖母阿潮奶致死。地方法司依孙殴祖父母杀者律凌迟处死，道光帝下诏改为斩立决。嘉庆二十一年（1816），樊魁因弟樊沅窃取铜壶而争吵，其母王氏训斥樊沅，樊沅不服嚷闹，樊魁顺用菜刀吓砍，其母用右手将刀夺去，因刀刃向左自行划伤左胳肘。刑部将樊魁依子殴父母律拟斩立决，嘉庆帝下诏改为斩监候。④ 但嘉庆的诏谕中并无后有案情类似者，均照此问拟之语。所以，此类过失殴伤祖父母、父母之案，"因未奉明文，办理未能画一"，不断有地方法司向刑部咨请。在道光二年（1822），就有山东省请示翟小良误伤伊父翟玉阶一案、湖北省咨请赵才鼎误伤伊母张氏一案、广西省咨请葛莫氏误伤伊姑葛邓氏一案。于是刑部在上奏皇帝批准后告示各地法司："嗣后误伤祖父母、父母致死，律应凌迟处死者，援引白鹏鹤案内钦奉谕旨及陇阿候案内现奉谕旨，恭候钦定。其误伤祖父母、父母，律应斩决者，援引樊魁案内钦奉谕旨，恭候钦定。至误杀误伤夫之祖父

---

① 《大清律例》卷28《刑律·斗殴下》"殴祖父母父母"条，第463页。

② （清）祝庆祺、鲍书芸：《刑案汇览》卷44《刑律·斗殴·殴祖父母父母》"误杀伤祖父母父母援案办理"条引例，第1613页。

③ 同上书，第1614页。

④ 同上。

母、父母者亦即照此办理。"①

可以看出，误杀、误伤直系尊亲，按律是不能减罪的，即使有情有可原之处，法司也要按故意律条处以凌迟或斩立决，不能擅自减轻。卑幼没有错误的行为，若尊长心胸狭窄而自尽，卑幼也要被处以重罚：

> 牛高氏煮豆送与伊姑萧氏食用，不虞豆内硬粒未能一律煮烂，致萧氏扛痛摇动牙齿叫骂。经高氏做就面条送食，萧氏因牙痛难吃，复向叫骂。该氏总未回言，萧氏气忿拾棍向殴，因被高氏拦阻，忿激投井身死。严讯高氏并无触忤违犯别情，邻里周知供证可凭。惟萧氏因扛伤牙痛向殴被阻，忿激自尽，究由高氏未及煮烂硬豆所致，固非有心违犯，第法严伦理，应将高氏比照子贫不能养赡致父母自缢例满流。(《刑案汇览》卷34《刑律·人命·威逼人致死》"因媳煮豆不烂致姑气忿自尽"条，第1251页)
>
> 李许氏轮应供膳翁姑之期，因耕作事忙，一时忘记，迫翁姑来家，该犯妇记忆赶回，备办不及，仅炒茄子与姑下饭。伊姑嫌菜不好，向其斥骂，该犯妇自知错误，往找伊子另买荤菜。经伊翁埋怨伊姑贪嘴，致伊姑气忿自尽。将李许氏比照子贫不能养赡致父母自缢例满流。(《刑案汇览》卷34《刑律·人命·威逼人致死》"姑嫌菜寡被翁抱怨致姑自尽"条，第1251页)

以上两例中的子妇，其行为并没有故意之处，尊长自尽，完全是自己心胸狭窄之故，法司也承认"并非有心违犯"，但出于纲常伦理，子妇仍被处以流三千里的重罚。如果说以上两例中子妇毕竟还有过失可言，以下二例中的卑幼，应该没有错误或过失可言，但依旧逃脱不了重责：

> 萧似逵向在四川生理，乾隆十七年五月内折本回家，欲将伊母刘氏赡田卖银前往翻本，刘氏不允……六月初二日，萧似逵又向其

---

① （清）祝庆祺、鲍书芸：《刑案汇览》卷44《刑律·斗殴·殴祖父母父母》"误杀伤祖父母父母援案办理"条，第1615页。

母刘氏称必欲卖田作本，刘氏詈骂，萧似逵逞凶犯上，将母推
跌……萧政万上前救护。萧似逵即向萧政万推殴，萧政万举脚一
踢，冀图踢开，不虞中伤萧似逵肾囊，逾时殒命……将萧政万拟斩
立决。（《清代服制命案》"萧政万踢死胞兄萧似逵案"条，第
103 页）

　　李全信因胞兄李全贵将伊地侵卖，该犯查知阻止。嗣李全贵因
卖地未谐，无钱度岁，情急自缢身死。讯明该犯仅止向伊兄李全贵
理阻，并无吵闹逼迫情事，将李全信依逼迫期亲尊长致死绞候上量
减一等拟流。（《刑案汇览》卷 34《刑律·人命·威逼人致死》
"阻止胞兄侵卖伊地致兄自尽"条，第 1254 页）

　　总之，卑幼对于尊长，只能是绝对服从，任何对尊长权威的侵犯，
哪怕是无心冒犯，都会构成犯罪行为，从而遭到重罚。法律看重和强调
的是秩序而非亲情。

　　法律对于家内秩序的强化，不仅仅体现在强调尊长对于卑幼的支配
权以及卑幼对于尊长的绝对服从，也表现在其他方面，如鼓励亲属间的
捉奸行为，也是将秩序置于亲情之上。

　　清代法条规定："凡妻妾与人通奸，而（本夫）于奸所亲获奸夫、
奸妇，登时杀死者，勿论"；"如本夫登时奸所获奸，将奸妇杀死，奸
夫当时脱逃，后被拿获到官，审明奸情是实，奸夫供认不讳者，将奸夫
拟绞监候，本夫杖八十。其非奸所获奸，或闻奸数日，杀死奸妇，奸夫
到官供认不讳，确有实据者，将本夫照已就拘执而擅杀律拟徒"；只有
在"非奸所获奸，将奸妇逼供而杀，审无奸情确据者，依殴妻至死
论"。①按此，丈夫捉奸当场杀死犯奸的妻妾，是可以免罪的，事后再
杀，最高刑也不过徒刑，实际上是在纵容甚至可以说是鼓励丈夫杀通奸
之妻妾。因此，清代丈夫故杀通奸妻妾的事例极为常见，《刑案汇览·
杀死奸夫》类下载有众多案例，不再赘举。

　　按律文规定，丈夫杀死犯奸妻妾无罪或轻罪的前提是在奸所获奸并
登时杀死，但在司法实践中，所谓奸所获奸、登时杀死，都是可以灵活

---

①　《大清律例》卷 26《刑律·人命》"杀死奸夫"条及附例，第 423—424 页。

掌握的因素，并不绝对。道光十二年（1832），冯吉沅乘韩玉富外出，潜至其家与韩玉富之妻韩李氏在房说笑，韩玉富回家听闻，踢门进入内将冯吉沅扭住，冯吉沅挣脱逃跑，韩玉富尾追不及，转回向韩李氏盘出奸情，气忿莫遏，将韩李氏殴伤身死，投约首验；冯吉沅获案后，对奸情供认不讳。冯吉沅只是与韩李氏在房说笑，并无行奸之事，韩玉富并非是现场获奸，也不是登时杀死韩李氏，但地方法司仍然轻判，在本夫登时奸所获奸、杀死奸妇本夫杖八十例的基础上，加杖二十，对韩玉富拟以杖一百，已是非常宽大的处罚。上报刑部后，刑部却认为判决还是过重：

> 本部查本夫捉奸杀死奸妇之案，奸夫应否拟抵，总以奸妇之被杀是否登时为断，而被杀之是否登时，总以本夫之杀奸有无间断为断。今韩玉富目击伊妻与奸夫冯吉沅在房说笑，当将冯吉沅扭住，冯吉沅挣脱逃走，韩玉富因追赶不及，转回向伊妻盘出奸情，气忿莫遏，殴伤伊妻身死。是韩玉富殴伤伊妻之时，即在盘出奸情之时，而盘出奸情之时，即在追赶奸夫无获之时，并未稍缓须臾，实属奸所获奸，登时而杀。自应将奸夫冯吉沅问拟绞候，本夫韩玉富问拟杖八十，方与例意相符。该督辄因韩玉富追杀奸夫无获，始行杀死奸妇，遽牵引杀非登时之例，将本夫问拟满杖，奸夫仅拟满流，是略本夫义忿之心而转宽奸夫拟抵之罪，殊未允协。（《刑案汇览》卷 25《刑律·人命·杀死奸夫》"追赶奸夫无及回家杀死奸妇"条，第 882—883 页）

又道光四年（1824），刘玉茂之妻刘杨氏与徐阿二通奸，被刘玉茂在奸所撞获，徐阿二挣脱跑逃，刘玉茂追赶不及，回家殴打刘杨氏，欲寻获徐阿二一并送究。刘杨氏畏责，逃至徐阿二家躲避，刘玉茂赶入，将刘杨氏殴死。地方将刘玉茂比照闻奸数日、杀死奸妇例拟以满徒。应该说，地方法司的判决是符合法条规定的，但上报刑部后，刑部认为不妥：

> 详查本夫杀死奸妇，例义宽本夫忿激之情，严奸夫淫邪之罪，

所以维风化也。是奸所获奸，非登时杀死奸妇，本夫之罪自宜较非奸所获奸或闻奸数日杀死者为轻，奸夫之罪亦应于满徒上从严，以示区别。且查本夫本妇有服亲属捉奸，登时杀死奸妇例，应将奸夫拟流，本夫捉奸，自较之亲属尤为忿激，其奸所获奸，非登时将奸妇杀死，即比照亲属登时杀死奸妇之例，将奸夫拟流，揆之情法，较为平允。应将奸夫徐阿二改拟杖一百、流三千里。本夫刘玉茂改拟杖一百。（《刑案汇览》卷25《刑律·人命·杀死奸夫》"奸所获奸非登时杀死奸妇"条，第884—885页）

以上二例，刑部的改判，其实不合法条原意，有意纵容丈夫杀通奸妻妾。道光六年（1826），李魁撞遇妻唐氏与孙成林通奸，孙成林逃走，唐氏跪求悔过，经邻居陈帼扬等在旁劝解，李魁隐忍息事。后李魁见唐氏与孙成林在路旁树下坐地嬉笑，赶往捉拿，孙成林不服，李魁拾石掷伤孙成林囟门倒地，孙成林称欲杀害报复，李魁忿起杀机，拔刀割伤孙成林咽喉，唐氏拢护，李魁亦用刀割伤其咽喉，孙成林唐氏先后身死。地方原依本夫奸所获奸、非登时而杀例，判李魁杖一百、徒三年。上报中央，法司认为孙成林与唐氏同在树下共坐仅止嬉笑，并非行奸，不得谓之奸所，驳令照本夫捉奸已离奸所、非登时杀死例拟绞监候。这是中央法司改判中少见的从重之例，但当地方再次咨询时，刑部法司的态度又变了：

查李魁先见伊妻唐氏与孙成林在房行奸，当时追拿无获，因唐氏自认悔过，隐忍息事。嗣复见唐氏与孙成林在路旁树下嬉笑，捉拿不服，用刀将孙成林、唐氏一并杀死。是该犯前次在家获奸，追捕奸夫未得，嗣复在途见伊妻与奸夫共聚嬉笑，虽此时唐氏与孙成林并未行奸，揆诸本夫，目睹忿激之情，实与奸所获奸无异，且为知非唐氏与孙成林因不能在家续奸，遂为田野草露之约，是唐氏等此时虽未行奸，亦犹之奸夫在奸妇家饮酒嬉乐，虽未行奸，被本夫撞获杀死，不得不以奸所论也。该省将李魁拟徒系属衡情酌断，似可照覆，所有该司议请驳令拟绞之处，应毋庸议。（《刑案汇览》卷25《刑律·人命·杀死奸夫》"获奸逃走别处撞遇复行杀死"

条，第 887—888 页）

总之，清代法律出于伦常的考虑，对于丈夫杀通奸妻妾，处置已非常宽大，司法实践中的处置则更为宽大，说明法律看重的是秩序而非亲情。

当然，最能体现秩序重于亲情特点的是允许亲属捉奸的法律规定。清代条例规定："本夫、本妇之伯叔兄弟及有服亲属，皆许捉奸。如有登时杀死奸夫、奸妇者，并依夜无故入人家已就拘执而擅杀律科罪，伤者勿论；若非登时，以斗杀论。但卑幼不得杀尊长，杀则依殴、故杀尊长本律定拟，法司核拟时按其情节，夹签请旨；尊长杀卑幼，照服制轻重科罪。"[①]

按此，尊长在捉奸时殴伤卑幼，勿论，杀死通奸的卑幼，则按服制轻重来决定是否科罪。如果直系尊长杀死通奸的卑幼，可以免罪。嘉庆二年（1797），李世楷之女李二姐与奸夫周俸滩私奔出逃，被李世楷拿获，登时殴死李二姐。法司将李世楷比照本夫捉奸杖八十例来判处。上报嘉庆皇帝后，嘉庆下旨曰：

> 父母殴毙无罪子女予以杖罪，尚为慎重人命起见，今李二姐既系犯奸，即属有罪之人，李世楷将伊女殴毙系出于义忿，尚有何罪？虽所拟杖罪声明遇赦援免，但究不应以杖罪科断。嗣后遇有似此情节者，其父母竟不必科以罪名，并着刑部将此例删除，以昭明允。（《刑案汇览》卷 25《刑律·人命·杀死奸夫》"父母捉奸仅杀奸妇毋庸科罪"条，第 916—917 页）

有了父母杀通奸子女，不必科以罪名的圣旨，父母杀通奸子女，一定意义上就成了合法、合理的事情，故清代父母杀通奸子女的事例较多，以下略举二例：

> 高文泰因女改子与王西林通奸，被王西林拐逃至冀吕氏家，经

---

① 《大清律例》卷 26《刑律·人命》"杀死奸夫"条附例。

冀吕氏认系高文泰之女，虑恐拐逃，往向高文泰查问，高文泰找至其家，一并捉获送官，因王西林不肯前行，用棍将王西林殴毙，并将伊女勒死。（《刑案汇览》卷25《刑律·人命·杀死奸夫》"拐所杀奸与奸所杀奸同"条，第914—915页）

陶幅与王荣之女王二妞通奸，拐带至家，经王荣寻获，时陶幅正在家中与王二妞同坐谈笑，虽未行奸，即与奸所无异，王荣一经查见，气忿莫遏，将女勒死。（《刑案汇览》卷25《刑律·人命·杀死奸夫》"至拐犯家将被奸拐之女杀死"条，第916页）

帮助直系尊长杀死通奸卑幼，虽不能免罪，但处罚很轻：

杨尚贵与无服族妹杨慎慎子通奸败露，被氏母杨史氏逼令伊子杨存真将杨慎慎子勒死，杨尚青照亲属捉奸，非登时杀死奸妇，奸夫拟徒例拟徒。杨史氏照本妇之母捉奸，止杀奸妇者不必科以罪名。杨存真听从伊母帮同将伊妹勒死，应照杀奸案内听从加功之亲属照余人杖一百。（《刑案汇览》卷24《刑律·人命·杀死奸夫》"听从母命帮同勒死犯奸胞妹"条，第871—872页）

除去直系尊长，其他尊长杀死通奸卑幼，本应照服制轻重来科罪，如期亲尊长故杀卑幼，按律应处杖一百、流三千里，[①] 但因卑幼犯奸而故杀，可以减等治罪：

陈元先之妹陈氏先与邓献桃通奸，经伊母掩饰奸情，将陈氏许配奸夫为妻。嗣陈氏不待迎娶，私奔邓献桃家，该犯屡唤不回，虑人耻笑，将陈氏殴伤致毙。是该犯殴死犯奸私奔有罪胞妹，应于流三千里例上减等满徒。（《刑案汇览》卷24《刑律·人命·杀死奸夫》"殴死犯奸私奔胞妹按例减徒"条，第880页）

即使用兵刃、活埋等残忍方式杀通奸卑幼，照样可以减罪：

---

① 《大清律例》卷28《刑律·斗殴下》"殴期亲尊长"条，第462页。

王起贵因缌麻服侄王友江贪利纵妻胡氏与王世信通奸，气忿邀族人王庆先等捉奸，王世信当时逃逸，该犯王起贵令王庆先等将胡氏并本夫王友江一并活埋身死。查有服尊长杀死犯奸卑幼，无论奸夫奸妇均应按服制减殴死卑幼本罪一等，今王友江虽非自行犯奸，第其贪利纵妻与人通奸，实属无耻伤化，与身自犯奸无异。该犯王起贵系王友江缌麻尊属，因其玷辱祖宗并伤阖族颜面，将其夫妇一并致死，委系激于义忿，先据该省咨请部示，业经本部行令，照尊长杀死犯奸卑幼例问拟。至死虽二命，惟例内不应拟抵命案至三命者始照例加等，二命仍从一科断，今该省将王起贵依有服亲属杀死犯奸卑幼，如非登时而杀，无论谋故，各按服制于殴死卑幼本律上减一等例拟杖一百、流三千里，年逾七十，照律收赎。（《刑案汇览》卷24《刑律·人命·杀死奸夫》"捉奸活埋纵妻卖奸卑幼夫妻"条，第879—880页）

因捉奸而杀伤亲属，若为尊长杀伤卑幼，则亲等（服制）越近，责任越轻。究其理由，不外乎亲属皆有义忿之情，亲等越近，义忿之情更甚，故亲等越近，罪责越轻。按此逻辑，卑幼因捉奸而杀伤尊长，也应是亲等越近，责任越轻。嘉庆四年（1799），崔文娃见期亲服婶崔陈氏与曹添恩奸宿，告知胞伯崔之才捉奸，崔之才起意致死，崔文娃听从加功，二人共同将崔陈氏勒死。山西省地方将崔之才照例拟徒，至于如何处置听从加功的崔文娃，法司认为卑幼杀通奸尊长，也适用服制越近、责任越轻之理，故从轻处罚。上报刑部后，刑部认为断无此理：

侄殴伯叔父母死者斩，故杀者不分首从凌迟处死。又本条言皆者罪无首从，不言皆者依首从法，从无因奸殴故杀尊长，服愈近则罪愈轻之例。若如该司所议，服愈近则罪愈轻，设遇子捉母奸，将伊母杀死，竟可置之勿论乎？恐必无此情理。（《刑案汇览》卷24《刑律·人命·杀死奸夫》"随同胞伯捉奸勒死犯奸胞婶"条，第866—867页）

地方法司与中央刑部对于崔文娃应从轻还是从重处罚，虽意见不一，但他们都是把秩序置于亲情之上，只是考虑问题的角度有所不同而已。地方法司之所以轻判，理由在于亲属之间应以秩序为重，无论尊卑，都有义务维护秩序，亲等越近，义务越重，为维护秩序而杀伤亲属，当然应给予一定的免责，亲等越近，免责的尺度应该越大。中央刑部之所以重判，考虑的则是尊卑秩序是亲属关系的基础，在各种秩序关系中，首先应该维护尊卑秩序。

当然，上引刑部法司所论，只是针对卑幼因捉奸而杀死尊长的行为，若卑幼捉奸时因义忿而殴伤尊长，则可以不论。乾隆二十年（1755），蔡奕凡与胞侄蔡通之妻卢氏通奸，被蔡通用刀砍伤，地方将蔡奕凡依奸兄弟子妻律拟绞立决，蔡通依刃伤胞叔律也拟绞立决。上报中央后，刑部法司认为蔡通殴伤胞叔属于正当行为，应予勿论：

> 杀奸例载：本夫本妇有服亲属皆许捉奸，但卑幼不得杀尊长，犯则依故杀伯叔母姑兄姊科断。此则专言应许捉奸之两家卑幼服属，不得干犯尊长，亦止言杀而不言伤，而本夫之捉奸致伤尊长者则尤可无论也……是因奸而杀尊长，尚在矜疑之列，若致伤未死，自应照律勿论……此案蔡通因胞叔蔡奕凡与伊妻卢氏白日行奸撞获，登时互殴致伤，并未致死，该抚遽将蔡通援照刃伤胞叔律拟以绞决，殊未允协。臣等详绎案情，折衷成例，蔡通既无科罪之条，自应予以勿论。应将该抚拟以绞决之处毋庸议等因。乾隆二十年九月初五日题初十日奉旨：蔡奕凡着即处绞，余依议。钦此。（《刑案汇览》卷24《刑律·人命·杀死奸夫》"捉奸致伤尊长照律应予勿论"条，第873页）

卑幼捉奸殴伤尊长不治罪，当然是鼓励卑幼捉奸，因此，清代亲属捉奸的行为极为常见，甚至不乏子女捉父母奸情之例。① 在申张保捉母

---

① 如申张保捉母奸情、杀死母之奸夫；余诗捉母奸情、杀死母之奸夫；李青凤捉母奸情、殴死母之奸夫，等等。参见《刑案汇览》卷26《刑律·人命·杀死奸夫》"殴死母之奸夫以致父母自尽"条、"子捉母奸案内奸妇毋庸官卖"条、"殴伤占娶伊母之小功叔成笃"条，第952—953、959、959—960页。

奸情、杀死母之奸夫从而导致父母自尽一案中，法司虽判申张保有罪，但判词中却极力肯定子捉母奸行为的正当性：

> 至若母犯奸淫，经伊子非奸所将奸夫登时杀死，父母因奸情败露忿愧自尽，似此案情，在为子者，杀死奸夫实系情切天伦，事关义忿。推其身罹重辟，皆缘伊母之败名丧节相激而成，并非自作罪恶，则其父母之羞忿轻生，亦由自取，以视子犯应死，致累其亲自尽者，情节自属不同，若将此等案犯一例拟以绞决，则是与累亲致死者无所区别，于情理实不得其平。（《刑案汇览》卷26《刑律·人命·杀死奸夫》"殴死母之奸夫以致父母自尽"条，第953页）

在执法者看来，申张保捉母奸情，"实系情切天伦，事关义忿"，本应是褒奖的行为，只是父母因此而自尽，申张保才"身罹重辟"，实在是可叹可悲。法官对于申张保的同情及对其行为的肯定，实际上就是用秩序否定亲情。

出于伦常秩序的考虑，一些原本基于"亲亲"原理、不带伦常特色的法律条文也被改造成为维护尊卑伦常的工具，容隐就是其中的一例。

容隐，又称"亲亲相隐"，是允许一定范围内亲属间互相隐匿犯罪行为的法律制度，其手段包括藏匿人犯、湮灭证据、帮助逃亡等。容隐，本是伦理学说，至汉代成为法律制度，其后各代法律皆继承，清代也不例外：

> 凡同居，若大功以上亲，及外祖父母、外孙、妻之父母、女婿，若孙之妇、夫之兄弟及兄弟妻，有罪相为容隐；奴婢、雇工人，为家长隐，皆勿论。若漏泄其事及通报消息，致令罪人隐匿逃避者，亦不坐。其小功以下相容隐及漏泄其事者，减凡人三等，无服之亲减一等。若犯谋叛以上者，不用此律。（《大清律例》卷五《名例律》"亲属相为容隐"条，第120—121页）

按照上引律文的规定，除去谋反、谋大逆、谋叛等"不忠"罪行，其余各罪皆可以容隐，亲属间的侵犯行为，即便是卑幼侵犯尊长的行为，也适用容隐制。亲属间的侵犯行为，也适用容隐，有其不合理的一面：规定容隐制度的本意，在于贯彻"亲亲"原则，是对亲情的认可和尊重，而亲属间的侵犯，属于背叛亲情的行为，允许容隐，有违于容隐维护亲情的立法精神。但这只是问题的一个方面，换个角度来看，亲属相犯，本身就是悲剧，加害之人也是亲人，也应该庇护；若不许容隐，无疑是雪上加霜，有可能使他们面临再度失去亲人的境地。所以，亲属间的侵犯，允许容隐，有其合理性。然而，不加限制地允许容隐各类亲属相犯，对法律刻意维护的尊卑秩序构成了挑战，假如发生子杀父、母杀父的行为，若允许容隐，岂不是纵容此类以下犯上的行为吗？

乾隆五十三年（1788），冯克应父亲冯青被母亲冯龚氏殴死，冯克应容隐母亲的罪行，不仅随母潜逃，到官后也不主动供述。四川地方官在判决时，对于冯克应的处置意见是"请免置议"。地方法司的判决，并没有错误，卑杀尊的行为，按律本来就是可以容隐的。但允许容隐卑杀尊的行为，的确有悖于尊卑伦理，故此案上报中央后，迟迟得不到刑部的批覆意见。直到乾隆六十年（1795），刑部才奉旨批覆认为，律虽准子容隐父母，但父母尊卑有别，母被父杀，可以容隐；而父被母杀，如迫于母命，当时未敢声张，到官后也应立即供述，方为人子折中之道。而冯克应到官后仍不主动供述，至破案后才供明实情，不得免议。遂制定新例云："父为母所杀，其子隐忍，于破案后始行供明者，照不应重律，杖八十；如经官审讯，犹复隐忍不言者，照违制律杖一百；若母为父所杀，其子仍听依律容隐免科。"① 这一条例，虽只是专门针对母杀父这一行为的，但在司法实践中，容隐弟杀兄的行为，比照此条例处置。② 其后，又有"子妇殴毙翁姑，如犯夫有匿报赇和情事，拟绞立决"的条例，容隐子孙杀父祖的行为，也比照容隐子妇殴毙翁姑例处绞立决。③ 以后，逐渐扩展到所有卑幼侵犯尊长的行为，皆不许容隐。而

---

① 《大清律纂修条例（乾隆六十年）·名例下》"亲属相为容隐"条续纂条例，收入刘海年、杨一凡总主编《中国珍稀法律典籍集成》丙编第一册，第810—811页。

② 道光四年（1824），唐受羔失手殴死胞兄唐边方，唐受羔弟唐礼云容隐，比照"父为母所杀，其子容隐例"杖八十。参见（清）许槤《刑部比照加减成案》（续编）卷1《名例》"亲属相为容隐"条所附案例，第367—368页。

③ 参见（清）祝庆祺、鲍书芸《刑案汇览》卷44《刑律·斗殴·殴祖父母父母》"孙殴死祖犯父听任弃尸匿报"条引例及所载案例，第1620页。

尊长侵犯卑幼，仍适用容隐。

我们注意到，清代司法实践中，对于容隐卑犯尊者的处罚，大体上是按照被容隐者所犯罪行的轻重来决定。子孙杀父母、祖父母的行为，属于"十恶"中的"恶逆"行为，故容隐此类罪行，处罚最重，最轻处徒刑，最重判斩决：

> 袁我松于伊子袁涌照砍伤伊父时，该犯并不在场，迨伊父因伤毙命，该犯因子跪求免报，虑恐伊子获罪，许为隐匿，并任听弃尸河内，经邻人报验获案。查子孙毁弃父母死尸，即系病毙，尸身亦应照律斩候，至孙殴毙祖父母，犯父听从容隐匿报，虽例无明文，有犯即应照子妇殴毙翁姑，犯夫匿报例绞决。今该犯忘父之仇袒护逆子，隐匿不报，复容令弃尸，实属伦理蔑绝，不惟与子妇殴毙翁姑，犯夫匿报者有别，即较之寻常弃父尸者，情罪尤重，该抚仅将该犯照子弃父母死尸本律拟以斩候，尚属情浮于法，似应请旨即行正法，以昭炯戒。（《刑案汇览》卷 44《刑律·斗殴·殴祖父母父母》"孙殴死祖犯父任听弃尸匿报"条，第 1619—1620 页）
>
> 胡觐尧强奸子媳黄氏未成，被伊子胡成琳殴伤身死，将胡成琳凌迟正法，尸妻胡姜氏于伊子身犯蔑伦重罪，辄虑无人养赡，扶同徇隐，实属昧于大义。胡姜氏应比照夫为人所杀，妻私和律，拟杖一百，徒三年。（《刑案汇览》卷 36《刑律·人命·尊长为人杀私和》"子杀父而母容隐"条，第 1341 页）

容隐妻妾致死舅姑，处罚也基本相同，轻者满流，重者绞决：

> 李绍燮素知伊妻秉性强悍，不能管教，致伊母常被触忤，已属有亏子道。迨伊母被周氏咬伤手背，忿激自尽，该犯复希图隐瞒，竟将母棺殓，并于邻人传明乡约莫士汉等查知后，贿银累累，求为寝息，其昵爱忘仇尤为罪无可逭。李绍燮著即行处绞。（《驳案汇编续编》卷 7"子媳殴毙翁姑犯夫匿报及贿和分别拟罪"条，第 754 页）
>
> 赵氏之夫李磹平日不能管教其妻，事后又听从伊克匿报，固未

便仅拟枷责，惟尚无贿和情事，且伊母究因伊妻违犯教令自行轻生，亦与子妇殴毙翁姑之案情节不同，未便遽拟绞决。惟该府尹将李碌于李赵氏绞罪上减一等拟以满流，是以妻为首而夫为从，所拟究未允当，应将李碌改照子妇殴毙翁姑，犯夫贿和匿报拟绞立决例量减一等，拟以满流。（《刑案汇览》卷44《刑律·斗殴·殴祖父母父母》"妻违反母自尽其夫听从匿报"条，第1620页）

容隐杀期亲尊长或妻杀夫的行为，处罚一般为徒，如林洸上容隐殴死胞叔林文连之胞兄林洸生，被判杖七十、徒一年半。[①] 如容隐因奸而杀夫者，则要加重对容隐者的处罚，如孙癸娃容隐因通奸而杀夫之嫂，由徒加等为流。[②] 容隐弟杀兄，处罚减等为杖，如唐礼云容隐误毙长兄唐边方之次兄唐受羔，被判杖八十。[③]

这样一来，容隐的条款就从维护"亲亲"原则转向了维护"尊尊"原则，充分体现出法律重视伦常秩序而忽略亲情的特征。

综上所述，重视伦常秩序是中国古代法律的一般特征，亲属之间也不例外，法律按照尊卑、长幼关系建立起严格的等级制度，推行"尊尊"之道，强化家内秩序，建立尊卑、长幼有序的亲属关系。

尊卑、长幼秩序，在帝制时代，向来被视为立国的基础与根本，绝不容改易。清代末年，由于受西方法律文化的影响，官方曾两次修订刑律，分别颁布了《大清现行刑律》和《大清新刑律》。两次修律，虽体例、原则、罪名、刑名等均有所改动，但尊卑长幼等伦理纲常秩序并无改易。沈家本在主持清末修律时，曾议删去干名犯义、犯罪存留养亲、子孙违反教令等旧律条款，却遭到守旧派的激烈反对。结果新修订的《大清新刑律》中，维护伦理纲常的内容一如《大清律例》，亲属的范

---

① （清）祝庆祺、鲍书芸：《刑案汇览》卷36《刑律·人命·尊长为人杀私和》"胞叔被兄殴死听从埋尸匿报"条，第1338—1339页。

② （清）祝庆祺、鲍书芸：《刑案汇览》卷21《刑律·贼盗·发冢》"胞兄被嫂谋杀听从埋尸灭迹"条，第745页。

③ （清）祝庆祺、鲍书芸：《续增刑案汇览》卷10《刑律·人命·尊长为人杀私和》"因次兄误毙长兄听从匿报"条，第307页。

围仍沿用旧律，对告发尊亲、杀伤尊亲属仍然采用加重处罚原则；[①] 尤其是附则部分的《暂行章程》五条，在干名犯义、存留养亲、无夫奸及亲属相奸、子孙违反教令、子孙能否对尊长行使正当防卫权等问题上，全盘保留了旧律的精神与原则，极力维护伦常秩序。

四 亲属间秩序为上的理由

如上所述，儒家的亲属伦理由"亲亲"转变为"尊尊"，从追求恩爱转变为讲求秩序。在儒家思想成为社会主流意识形态后，法律也深受影响，极力强化亲属间的秩序。在礼法两方面的共同促进下，亲属间的关系全部被构建成尊卑或上下的纵向关系，秩序取代了亲情，成为调整亲属关系的主要手段。

礼法要求亲属间秩序为上，显然与亲属组织的高度事业化有关。中国古代的家族，事业化的特征非常显著，其社会功能涉及政治、经济、文化的各个领域，功能十分全面。在一个高度事业化的家族组织中，仅靠亲情来维系正常关系，面临一定的困难。

在高度事业化的家族组织中，成员之间各方面的联系尤其是经济方面的联系，十分紧密，容易产生利益纠纷。而利益往往蒙蔽亲情。在清代的案例汇编中，我们经常可以见到亲属间经济利益蒙蔽亲情的事例：

> 王均连系王均进同父异母之弟，王均进因母董氏欲将故夫余产与夫妾张氏均分，张氏因生有两子，欲作三股分派，该犯听闻不甘，适见张氏四岁幼子王均连在凳睡卧，起意将王均连致死，以便均分产业，随取菜刀连砍致毙。（《刑案汇览》卷43《刑律·斗殴·殴期亲尊长》"欲图多分家产谋杀四岁幼弟"条，第1587—1588页）

> 叶绍山因胞侄叶兆魁、叶超扬占耕祖遗公田，经该犯投众理处，始行退出轮耕，嗣叶兆魁等工人窃挖该田芋子，该犯疑其复图霸占，使令行窃，随纠众前往，勒令将工人交出送究，致相争殴，

---

① 参见张晋藩总主编《中国法制通史》第九卷《清末·中华民国》（朱勇主编），法律出版社1999年版，第287页。

该犯当场主令胞侄叶惟一、叶轻一帮殴，致将叶兆魁、叶超扬殴伤身死。（《续增刑案汇览》卷8《刑律·人命·杀一家三人》"主令共殴致殴死胞侄二命"条，第237页）

王全泗因缌麻叔祖王子林嗔伊检取竹笋，屡向辱骂，忿恨莫遏，起意将王子林叠戳致毙，王子林之子王在先赶至，该犯亦起意致死，用刀将其戳伤身死，适缌麻服兄王全贵闻声趋拿，该犯持刀吓戳，致伤其肚腹殒命。（《续增刑案汇览》卷8《刑律·人命·杀一家三人》"杀缌尊父子二命又殴死缌兄"条，第240页）

张怀玉同弟张怀柱向姊夫王仁秀借贷，王仁秀以伊姊已死，亲戚断绝，不允借给。张怀玉商同张怀柱将王仁秀致死，取其包谷衣物，并将其女王寅女、王二女致死灭口。（《续增刑案汇览》卷8《刑律·人命·杀一家三人》"图财杀死姊夫又杀甥女二命"条，第241页）

以上数例都是因经济利益而残杀亲属。说明在家族组织高度事业化的状态下，经济利益往往取代亲情，亲属关系变得现实和实在，世俗化的特征较为明显。在这样一个世俗化的亲属团体内，讲亲情，有时是一种很"奢侈"的行为：

张文忠火烧胞弟张文珍身死一案。缘文忠素性强暴，文珍时为规劝成仇。乾隆十五年十二月内，文忠为子张罗完婚，借住文珍瓦房一间。迨乾隆十七年二月初七日，文忠执意将子分出另居，文珍因文忠不听理劝，遂令腾房，又相争闹，文忠怀恨，顿思杀害。于是月二十八日夜，窥文珍夫妇、幼子就寝，遂用高粱秆塞入文珍窗内燃烧，又恐文珍逸出，将门反锁。院邻张文顺出救，用斧砍开房门，将火救息，并将文珍夫妇并幼子先后救出。其妻张氏并幼子熏晕未死，文珍烧伤深重，移时殒命。（《清代"服制"命案：刑科题本档案选编》"张文忠烧死胞弟张文珍案"，第95页）

李二妮系李文学共祖堂弟，分居无嫌。李二妮只身游荡，乾隆四十五年十月，李文学收留同居。四十六年五月底，李二妮租敖永太地亩欲种红薯……向李文学借牛犁地，李文学未给……李二妮责其薄情，李文学詈其无良。李二妮气忿，随手用镰从李文学背后横砍……讵李文学伤重，延至二十六日殒命。（《清代"服制"命案：刑科题本档案选编》"李二妮砍伤堂兄李文学身死案"，第 267 页）

石二与胞兄石美含分居各度，石美含卖面生理，石二并无妻子，向做木匠手艺，懒怠工作，难于过度，向石美含索钱帮助，石美含先曾给与，后石二时向索钱不给，石二即行吵闹，石美含恶其缠扰，石二遂心怀怨恨。嘉庆元年九月十三日午后，石二因天气寒冷，向石美含索钱做棉衣，石美含仍不肯给，并向村斥……（石二）起意将石美含致死。（《清代"服制"命案：刑科题本档案选编》"石二砍死胞兄石美含、砍伤胞侄石得陇侄媳石张氏案"，第 408—409 页）

以上三例中，张文珍规劝兄长与子同居而遭兄杀，李文学收留大功弟李二妮反遭其杀，石美含时常资助胞弟而遭杀害，都为讲亲情而付出了生命的代价。

同时，我们还应该看到，个人品行良莠不齐，亲属中也不乏奸恶之徒。浏览《刑案汇览》等清代案例汇编，经常可以见到奸恶之徒为非作歹、祸害亲人的事例：

胡约一犯先经赵芳与伊母赵氏通奸，因利其资助，并未阻止，已属丧心蔑理。迨赵芳见伊妻向氏少艾，欲图奸宿，嘱令劝诱，向氏坚执不从，正为胡约谨守闺门。乃该犯辄令赵芳至房乘向氏睡卧在床，自行按住，令赵芳强奸，无耻已极。嗣该犯又因向赵芳取钱应用，遂听从主使殴逼向氏与赵芳奸宿，向氏仍不依允，该犯顺拾木桌腿殴伤其左右胳肘，复经赵芳喝令殴伤其左耳根，以致殒命。（《刑案汇览》卷 35《刑律·人命·威逼人致死》"强奸不从主使本夫殴死其妻"条，第 1272—1273 页）

荣恒山始则调奸长媳，致子媳逃散躲避，继因调奸次媳刘氏，不从吵闹。（妻）吴氏正言斥责，该犯辄用刀柄叠殴成伤，以致吴氏投河毙命。（《刑案汇览》卷 40《刑律·斗殴·妻妾殴夫》"调奸子媳被妻斥责殴妻自尽"条，第 1451 页）

对于这些品行低劣的奸恶之徒，亲情感化一般难以奏效，反而会助长其嚣张气焰：

> 郝申华因自幼出继，与本生胞兄郝会子降服大功，郝生裕系郝会子、郝申华大功服兄。郝会子贫不务正，人极凶横，屡向郝生裕郝申华告助，郝生裕等各帮给钱米不记次数。嗣郝会子复向郝生裕索钱，郝生裕无钱回覆，郝会子不依嚷骂，经人劝散。后郝生裕祭扫回归，邀郝申华至家饮酒，郝会子见未邀伊同饮，心怀忿恨，走至门首嚷骂。郝生裕因屡被欺辱，起意殴打泄忿。虑其力大凶横，当令郝申华帮殴……郝生裕上前揪其发辫，郝申华用棒殴伤其左胯、左臁秸倒地，郝生裕乘势揿按，喝令郝申华先后殴伤其右膝等处，郝会子辱骂，郝申华复殴伤其右脚踝殒命。（《刑案汇览》卷41《刑律·斗殴·殴大功以下尊长》"听从大功兄殴死降服胞兄"条，第1489—1490页）
>
> 邵朴系邵在志降服小功堂侄，邵朴素性游荡，乾隆五十四年，邵朴行窃邵在葵家衣物，邵在志将赃偿还。五十五年十二月初五日，邵朴在符璜家借宿，复窃取白布而逸，符璜向邵在志告知，邵在志亦即赔赃，均未呈报。初九日傍晚，邵在志同兄邵在恭将邵朴寻回，搜出原赃，邵朴祖母唐氏见而向责，邵朴将唐氏推跌倒地，唐氏生气，令邵在志等将邵朴捆缚柱上，待明日送官。唐氏进房寝息，邵在恭亦出门挑水，邵在志劝其改过，邵朴声言送官并无死罪，回家后当须放火杀人，邵在志因其行窃玷辱祖宗，复不知改悔，出言强横，一时气忿，起意杀死。（《刑案汇览》卷43《刑律·斗殴·殴期亲尊长》"尊长杀死为匪卑幼分别科罪"条，第1590页）

总之，由于家族事业化的特征过于显著，加之个人品行良莠不齐，仅靠亲情来维系亲属关系，面临一定的困难，家族内部也需要秩序。但需要秩序并不意味着秩序为上，亲属毕竟是一个特殊群体，与常人不同，在重视亲情的基础上适当照顾秩序，应该是一个合理的选择。儒家亲属伦理的缺陷在于过分强调伦常尊卑秩序而忽视亲情，把亲属关系等同于常人关系，试图通过强化秩序来化解亲属间的矛盾与纠纷。这一化解方式，由于忽略了亲属之间情感需求，注定是行不通的。

第二节 秩序能否化解亲属间的矛盾与纠纷

一 亲属间矛盾、纠纷的特殊性

如上所述，儒家的"亲亲"伦理源自血缘亲情，本为亲属伦理，旨在促进亲属间的恩爱，以亲属互爱的方式增强亲情观念，避免纠纷升级，其原理是通过情感来化解矛盾。然而，随着儒家思想占据正统地位，同时因为家国一体的社会结构，"亲亲"由亲属伦理升格为政治伦理。由于是政治伦理，事关秩序与统治，所以"亲亲"的含义由亲属互爱转变为爱尊亲，与孝悌同义，宗旨由追求恩爱转变为讲求秩序。与之相应，化解矛盾的机制也发生了重大变化：以构建伦常等级的方式强化秩序观念，防止纠纷升级，其原理是通过秩序来化解矛盾。这一化解机制，应用于常人之间，或许不失为良方，但应用于亲属之间，却不啻是灾难。

在亲属间，矛盾、纠纷的产生，不同于常人，有其特殊性。这主要体现在两个方面：首先，亲属间的矛盾、纠纷，并非单纯的利益之争，多掺杂有情感因素：

> 王现漳胞叔王庭彦买地安葬父母，王庭彦出名向人借银三百两。时该犯外出生理，回家后经王庭彦告知前情，欲令分认归还。该犯查看账目系王庭彦一人出名借取，不允认还，王庭彦与妻陈氏不依。经人调处，该犯认还银五十两，无银未给。后该犯到王庭彦家闲坐，适王庭彦外出，陈氏催索银两，并斥该犯不应止认银五十两。该犯分辩，陈氏嚷骂，该犯回晋，经阎太倡等劝散。王庭彦回归，陈氏诉述前情，忿不欲生，王庭彦劝慰，讵陈氏气忿莫遏，自投水缸殒命。（《刑案汇览》卷34《刑律·人命·威逼人致死》"被骂回晋致婶母气忿自尽"条，第1256—1257页）

这是道光六年（1826）发生于山西省的一起叔侄之间因丧葬费用而引起的杀伤案例。王现漳认为叔父王庭彦为买地安葬祖父母而借银三百两，实在难以接受，当叔父让他按比例承担时，故"不允认还"。王现漳的怀疑是有道理的。按照案件发生时山西省的土地平均价格，约为每市亩 11.74 两，[①] 一市亩约合 667 平方米，安葬祖父母已绰绰有余，剩余的银两尚有 288 两，用来置办丧事，对于一般人家来说，数额显然过于巨大，难以置信。但从王庭彦夫妇的举动来看，花三百两安葬父母，似是实情，否则，王陈氏也不会"气忿莫遏，自投水缸殒命"。这起叔侄利益纠纷虽涉及的钱财数额较大，但并没有太影响叔侄关系，互相之间还有来往，如王现漳到叔父"王庭彦家闲坐"。最终导致叔母死亡的原因，不是王现漳认领的丧葬费用过少，而是叔母指责其认领费用过少时，王现漳的"分辩"和"回晋"。可见，利益纠纷只是这一起亲属相犯的诱因，根本的原因还在于情感因素。实际上，亲属之间的利益之争，多带有情感因素：

> 蓝庭芳因在逃之缌麻服兄蓝庭林以青黄不接，向该犯借取谷石未允，蓝庭林斥其刻薄，争论而散。蓝庭林怀忿，纠同蓝宣及蓝亚六等五人偕往谷仓，抢谷三石。蓝宣落后，被该犯蓝庭芳等赶上，殴伤身死。（《刑案汇览》卷 18《刑律·贼盗·亲属相盗》"诬告死窃于提审别具呈首断"条，第 641 页）
>
> 孙汶芳因向胞兄孙汶彬借钱不允，孙汶芳斥其并无亲谊，孙汶彬不依扭住，孙汶芳欲殴，同跌倒地，孙汶芳膝盖跪伤孙汶彬脐肚，挣起欲走，孙汶彬起身拾棒，殴伤孙汶芳偏左，孙汶芳夺棒回殴孙汶彬囟门连偏右，倒地殒命。（《续增刑案汇览》卷 11《刑律·斗殴·殴期亲尊长》"夺棒殴死胞兄驳审是否有心"条，第 351—352 页）

以上二例都是因亲属不肯借贷而发生的相犯案件，情感因素从中起

---

① 参见王倩《清代至民国时期晋中南地区土地价格的变化趋势及其原因分析》，《华北水利水电学院学报》（社科版）2006 年第 2 期。

了重要的作用。亲属之间本来就有相互周济的义务，周济不仅是无偿的，而且还应该是主动的行为，知道亲属生活困难，就应主动进行无偿帮扶。按照亲属伦理，不主动帮扶而让亲属上门求贷，已失亲属之道，若再不肯借贷，当然会被视为不顾亲情的举动。同样的道理，帮助亲属应该是无偿的，故要求偿还债务的行为，在常人间看似正常，但发生在亲属间时，很容易被看作不顾亲情的逼债行为，从而引起对方的强烈不满。嘉庆二十年（1815），"朱华年手执瓦茶壶出外冲茶，顺向大功兄朱昌年索欠，朱昌年嗔斥不依，揪住该犯衣领殴打并用头向撞，被在该犯所执瓦壶底上碰伤额颅连右额角，越二十一日因风身死。"① 朱华年出外碰见大功兄朱昌年，顺便索要欠款，差不多是属于开玩笑的举动，但在朱昌年看来，朱华年时时刻刻不忘欠款，随时随地索要欠款，实在是不顾亲谊，可恨可恶。又嘉庆二十四年（1819），"许宋氏向夫伯许元臣之妻魏氏索讨所借棉花争闹，被许元臣斥骂，并以宋氏不出陪礼往投乡约理论，至宋氏忿恨自缢。"② 是许宋氏向伯母索讨所借棉花而争闹的行为，也被看作不顾亲情且不顺长辈的举动，所以伯父才会威胁"投乡约理论"。清代案例汇编中，因索要欠款而引发的亲属杀伤案例极为常见，以下略举二例：

> 丁守安因向小功堂叔丁从索欠，丁从斥伊逼索，掌批伊颊，丁守安不甘，起意殴打泄忿，即往向素好之晏三、唐安告知，央恳帮殴。晏三因与唐安常被丁从索诈欺陵，起意将丁从搿死，丁守安允从。乘夜偕抵丁从住船，唐安将丁从诱至田内，晏三赶拢，与唐安将丁从拖按倒地，将其搿毙。（《刑案汇览》卷23《刑律·人命·谋杀祖父母父母》"听从外人谋杀功叔并未加功"条，第833页）

> 米文新于嘉庆八年十二月初九日向期亲服叔米宽索欠，被米宽揪辫被地掌殴腮颊，该犯负痛张口喊叫求饶，米宽复用掌向殴，自将手指打入该犯口内，以致误行咬伤，至九年三月初六日因伤溃烂

---

① （清）祝庆祺、鲍书芸：《刑案汇览》卷41《刑律·斗殴·殴大功以下尊长》"碰伤功兄正限外因风身死"条，第1500页。

② （清）祝庆祺、鲍书芸：《刑案汇览》卷46《刑律·诉讼·诬告》"图财图诈诬告与挟仇诬告同"条，第1691页。

殒命。(《刑案汇览》卷41《刑律·斗殴·殴大功以下尊长》"刃伤期功尊长并余限外身死"条，第1495—1496页)

以上案例中，索要欠款的人都遭到了欠款者的殴打，债务人似乎比债权人更有理。欠钱的殴打要钱的，这种情形，在常人之间可能很少发生，频繁发生在亲属间，说明了亲属间矛盾、纠纷不同于常人之间，看似利益之争的矛盾、纠纷，实际上是情感之争，所以才会出现矛盾、纠纷中是非曲直"倒置"的现象。

这种是非"倒置"现象，不仅仅出现在借贷关系中，在亲属交往的各个方面都有所表现：

聂谱堂将己业屋基一间卖与王世才抵欠，王世才雇人砌筑土墙，聂谱堂亦在彼帮工，聂谱堂之小功堂弟聂金瓯因聂谱堂卖地并不邀伊作中，心怀不平，往向理论。聂谱堂分辩，聂金瓯不服，取锄欲将土墙爬毁，聂谱堂将锄夺过丢弃地上，聂金瓯赶向扑殴，聂谱堂身往右闪，聂金瓯扑空，站立不稳失跌倒地，在锄口上磕伤左耳窍，越十日殒命。(《刑案汇览》卷41《刑律·斗殴·殴大功以下尊长》"小功堂弟欲向赶殴扑空跌毙"条，第1508页)

孙亮因小功兄孙梓邀伊陪客，该犯因事回覆，孙梓气忿，旋往斥骂，该犯分辩，被其掌责，并揪住发辫乱殴，该犯挣脱逃走，孙梓拾取枪头赶扎，该犯接夺过手枪尖向外，因孙梓回夺，恐被夺去扎伤，情急用力拉夺，失手往前一送，适伤其左肋殒命。(《刑案汇览》卷41《刑律·斗殴·殴大功以下尊长》"情可矜悯亲老丁单一并夹签"条，第1511页)

殷世泰系殷世华分居胞弟，殷世华曾借殷世泰银三两将牛作押，嗣因无牛耕田，复向借用，及殷世华耕种事毕，殷世泰自欲翻犁往向索牛，适殷世华外出，向其媳左氏说明拉回，殷世华闻知往索，赶至向斥，并将殷世泰揪住欲殴，殷世泰挣脱逃走，讵殷世华立脚不稳侧跌倒地，被石扛伤右肋等处，次日殒命。(《刑案汇览》卷43《刑律·斗殴·殴期亲尊长》"被殴挣脱跌毙胞兄签商夹签"条，第1561—1562页)

以上三案都不无蹊跷之处。聂谱堂一案中，聂金瓯系聂谱堂小功堂弟，原有尊长卑幼之分，聂谱堂出售自己房屋，请谁作中，可自行主张。聂金瓯却为何"心怀不平，往向理论"？而且不理会聂谱堂的分辩竟然"赶向扑殴"？而聂谱堂对于聂金瓯理曲犯尊的行为，似乎并不理直气壮，只是分辩，聂金瓯扑殴时，也不还手，而是一再退让。让人感到有理的似乎是聂金瓯而非聂谱堂。这里可能的两种解释是：一是聂谱堂欠有聂金瓯的人情一直未还；二是聂金瓯以前在售卖自己产业时，曾请聂谱堂作中，而作中是要付给一定费用的；现在聂谱堂出售房屋时却不请自己作中，所以聂金瓯才有"心怀不平，往向理论"的举动。孙亮案中，孙亮因有事而婉拒小功兄孙梓提出的陪客要求，本无不当之处，孙梓却异常气愤，立即前往斥骂并乱殴。孙梓之所以如此，可能是因为他曾不讲条件地为孙亮办事，孙亮却根本不把自己的事放在心上。殷世泰案内，殷世华既然因借银三两将牛作押于其弟，其弟将牛牵回，并无不当，殷世华却前往索讨，并斥骂欲殴，看似不讲理，其实是不满胞弟出借银两居然要求以牛作抵押的做法，痛恨其弟缺少敦睦之风、友爱之道。

亲属之间看似利益之争的矛盾、纠纷，实际上是情感之争的现象，也表现在房屋、土地交易行为中。由于聚族而居的关系，如果一个人想要出卖房屋、土地，承买方往往是亲属。房屋、土地作为生活、生产的必需品，出卖属于迫不得已，单纯从亲属伦理的角度来说，漠视亲属出卖生活、生产必需品而不进行救济，已失亲属之道，如果再趁机购买亲属的房屋、土地，则更不应该。因此，发生在亲属间的房屋、土地交易，比起常人间的房屋、土地交易，更容易导致纠纷：

> 艾荣芳因向小功堂兄艾廷芳欲找地价不允，被其拔刀向砍，该犯夺刀致划伤其左肋、肚腹、右耳，将刀夺获，艾廷芳拾起柴块赶殴，该犯用刀抵格，戳伤其左腴肘，穿透殒命。（《刑案汇览》卷41《刑律·斗殴·殴大功以下尊长》"戳毙功尊情系互斗不准夹签"条，第1520页）
>
> 傅万章因向傅友泷索讨地价无偿，反被辱骂，随纠允傅寅章、

屈金科等帮殴，傅万章先用棒殴伤傅友泷右胳肘，屈金科亦刀戳其右臁秸，最后傅寅章用棒殴伤其左臁秸骨断，越六十日殒命。（《刑案汇览》卷41《刑律·斗殴·殴大功以下尊长》"同谋共殴缌麻尊属限内身死"条，第1497—1498页）

侯景先先因将房屋二间卖与小功堂叔侯玉林为业，契价钱十千文当即交清，并无短少。嗣侯景先贫难度日，屡向侯玉林索诈钱米不记确数，侯景先复向侯玉林索找房钱，侯玉林不允，侯景先即自取瓦片划伤额颅，声言赴县喊告，侯玉林霸产殴伤之言吓逼，侯玉林被逼气忿，投缳殒命。（《续增刑案汇览》卷10《刑律·人命·威逼人致死》"索找房价自戕吓诈功叔自尽"条，第299—300页）

上列三案，前两起都是因卖方索找地价而引起的亲属相杀案件。首先索找地价，又称"找贴"、"找价"、"找补"、"加找"等，是民间交易中活卖习惯的一种副产品。① 所谓"活卖"，相对于"绝卖"而言，是指预留赎回余地的交易行为，因此，活卖的价格一般低于绝卖，卖主到期不能赎回产业者，就要卖断，这就产生找地价的行为，也即补足"活卖"与"绝卖"之间的差价。找价，属于活业变为绝业的中间环节，在清代属于惯常行为，找价的次数也往往不止一次。② 法律对于"找贴"行为也是认可的："卖产立有'绝卖'文契，并未注有'找贴'字样者，概不准贴赎。如契未载'绝卖'字样或注定年限回赎者并听回赎。若卖主无力回赎，许凭中公估'找贴'一次，另立绝卖契纸。若买主不愿'找贴'，听其别卖，归还原价。倘已经卖绝，契载确凿，复行告找、告赎及执产动归原先尽亲邻之说，借端挟勒，希图短价者，俱照不应重律治罪。"③ 常人之间因为"找贴"而引起的斗殴、杀伤案件，虽也有发生，但亲属间因为"找贴"而引起的斗殴、杀伤案件，则更为普遍。其中的原因还在于情感因素。亲属之间的不动产交易一般避免买卖字样，而用"推约"、"过接"、"归并约"、"并约"等，

---

① 参见梁治平《清代习惯法：社会与国家》，中国政法大学出版社1996年版，第107页。

② 参见梁治平《清代习惯法：社会与国家》，第107—108页。

③ 《大清律例》卷9《户律·田宅》"典卖田宅"条附例，第199—200页。

目的就是出于感情和道义上的考虑。① 售卖者对于收买己产的亲属，多少有些心怀不满，故索找地价时，理直气壮，买方不答应就动武。对于买方而言，不救济亲属而趁机购买亲属被迫出售的不动产，在道义上，已属亏欠，故上举第三例中的买方，面对勒索，只能一忍再忍。

其次，中国古代盛行同居共财制度，同居共财制下，共有人之财产权利与义务混同连带并平等地享有所有权，不像按份共有那样是按比例来划分。不到这种共有关系结束并进行共有财产的分割时，不可能明确每一主体应享有的份额。因此，如前所述，共财团体内部因产权纠纷而导致的相犯案件，较为常见。② 即使分家析产之后，受共财观念的影响，亲属之间尤其是近亲之间的财产界限也并不十分清晰，许多矛盾、纠纷的产生，都与产权模糊、权利与义务不甚明晰有关：

> 李迎灿与胞兄李迎彩分居无嫌，其母李董氏有养赡田一分，系李迎灿与伊兄李迎彩、李迎晖三人轮流值年耕种。道光七年十二月间，李迎彩因负欠紧迫，私将李董氏养赡田典卖还债，李董氏随后查知，曾经训斥。八年二月十三日李迎灿自外回归，闻知李迎彩私将母田典卖还债，不由心生埋怨，李迎彩强辩，李迎灿扑殴，李迎彩避开，李迎灿用拳搪抵，致伤其胸膛。李迎灿往外逃跑，李迎彩追至村外，揪住李迎灿发辫，用拳在李迎灿胸前乱殴，李迎灿挣不脱身，举拳抵格，复伤其胸膛，并手指抓伤其左腋肱。李迎彩仍不松手，举脚乱踢，李迎灿用脚回抵，踢伤其左右腿。李迎彩将李迎灿仰推倒地，弯身殴打，李迎灿用拳向抵，又伤其左肋，李迎彩用手紧搯肘李迎灿咽喉，李迎灿气闭，情急希其松放，两脚向上乱蹬，适伤李迎彩左右胳膊肚腹，滚跌下沟，被石擦伤左太阳垫伤，胸膛左并左臂膊、左右胳肘、左后肋，至十八日殒命。（《刑案汇览》卷41《刑律·斗殴·殴大功以下尊长》"殴死期功尊长不得遽请夹签"条，第1522—1523页）

---

① 参见梁治平《清代习惯法：社会与国家》，第64页。
② 相关论述参见本书第三章第一节第二部分。

此案中，兄弟虽已分家，结束了同居共财关系，但因母亲仍留有一份养老田，事实上共有关系并未完全终止。按清代法律规定，在有子时，父母的财产必然由子辈来继承，只有无子（户绝）时，方可将遗产留于女儿或其他亲属。[①] 换言之，中国古代并不存在一般意义上的遗嘱权，[②] 这份田产在母亲百年之后，仍将由兄弟均分。李迎彩与李迎灿的纠纷，归根结底，还是共有财产的处分权不清晰造成的。

当然，产权不清晰不仅仅发生于亲兄弟之间，家族之内由于存在一些公共财产或因分割财产不清等原因，较为疏远的亲属之间，也有可能因产权不清晰而发生纠纷：

> 于凤亭因缌麻服兄于凤舞将已故堂伯于淮遗地十七亩自行承种，于凤亭知系绝产，向于凤舞讹诈，分地三亩卖钱花用，于凤舞旋即赎回，于凤亭因贫难度，复欲找于凤舞分地卖钱，适于凤舞携带屠刀赴村宰猪，途遇于凤亭，仍向分地，于凤舞以前已分过不允再分，于凤亭即以如不分给定欲告官，不得安静之言吓逼。于凤舞气忿莫遏，用刀自将心坎戳伤殒命。（《续增刑案汇览》卷10《刑律·人命·威逼人致死》"重复索分绝产缌麻尊长自尽"条，第300页）

> 张保因大功服兄张悦将公共牛圈用石堵筑圈门，不容取粪，致相争吵。嗣张保饮醉往向张悦理说，张悦因母郭氏性躁，虑恐听闻，出与分辩。张保叫嚷不休，张悦将张保揪至河边，互相斗殴。郭氏闻闹，走至门首吆喝。张保等俱未听闻，郭氏疑系有心不理，欲与张保拼命，即往张保家投缸身死。（《刑案汇览》卷34《刑律·人命·威逼人致死》"与大功兄互殴不期伯母自尽"条，第1262—1263页）

总之，亲属间的矛盾、纠纷，或因情感因素而起，或与产权模糊有关，不同于常人之间的单纯利益之争，有其特殊性。

---

① 参见《大清律例》卷8《户律·户役》"卑幼私擅用财"条及附例，第187页。

② 参见魏道明《中国古代遗嘱继承制度质疑》，《历史研究》2000年第6期。

二 无效的秩序化解

中国古代社会是一种宗法社会，宗法学说不仅是历代王朝正统法律的理论基础，是帝制王朝法律运行的实践，也主导了纠纷解决机制。在解决亲属之间的纠纷时，习惯于将争议看作是宗法秩序紊乱的表现，从行为人的态度和道德属性上来解决纠纷。[①] 因此，强化秩序，被看作防范争议的根本之道。然而，亲属间的矛盾、纠纷有其特殊性，试图通过强化秩序来化解矛盾，效率比通过情感化解要低得多。在常人之间，对秩序的要求大于对情感的要求，且矛盾、纠纷的产生，多由不履行义务或不遵守规范而引起，秩序化解一般能够奏效。而亲属之间，对情感的渴求大于对秩序的渴求，且矛盾、纠纷的产生，多因情感因素而导致，情感化解才能避免纠纷升级。

如果不顾亲情而只讲秩序，不仅不能化解矛盾，有时还会起到相反的作用。一些微不足道的纠纷，因纠纷一方的当事人试图告官来解决矛盾，结果矛盾越来越尖锐。嘉庆二十一年（1816），倪呈祥之妻倪马氏与夫弟倪添祥口角互殴，双方互相告官；嘉庆二十三年（1818），倪马氏又与倪添祥因小故控官，双方关系越来越紧张。同年五月，倪呈祥之妹宋倪氏被夫休弃，其母倪张氏未通知倪呈祥，即商同倪添祥改嫁与乔觉教为妻。倪呈祥得知此事，以继母与弟倪添祥擅自将妹改嫁为由，赴县府控告。倪张氏闻知不依，往向吵闹，被倪马氏推倒，又抓伤额颅致伤，倪张氏与倪添祥也报县控。官府将倪马氏收监看管，倪马氏畏罪自杀身死，倪呈祥照子告父母得实律处以徒刑。倪呈祥之子倪宪章时在外打理生意，道光元年（1821）回归，惊悉家中巨变，至父倪呈祥服刑处查询情由。倪呈祥谎称宋倪氏仅与夫口角被送回，并非被休弃，倪添祥与堂弟倪幅祥及邻人同谋串通，将宋倪氏嫁卖，其母倪马氏控告，却被官府仵作张耀先等人毒死。倪宪章误听父言，起意翻控，赴京控告，结果又被拟以杖刑并加枷示众。[②] 就这样，亲兄弟之间因为互相告

---

① 毛国权：《宗法结构与中国古代的民事争议解决机制》，法律出版社 2007 年版，第170—171 页。

② 参见（清）祝庆祺、鲍书芸《刑案汇览》卷 47《刑律·诉讼·诬告》"京控重情拟罪过轻驳案"条，第 1734—1736 页。

官，变成了仇敌。

亲属之间的纠纷，若一方试图用告官的方式解决矛盾，往往会引起另一方的反感，不仅没有解决纠纷，反而演变成为亲属间的相杀案件。如道光八年（1828），孙振基之胞侄孙小闺女与缌麻服弟孙振南之子孙小腊偷摘麻忻地中高粱穗，被麻忻抓获并欲控告，经孙振基赔赃、道歉而寝息。不料孙振基之缌麻兄孙振西因孙小闺女在自家佣工，孙小腊又系自己胞侄，二人行窃为匪，恐被连累，欲行告官并嘱咐麻忻控告。孙振基得知，认为孙振西唆控伤残亲属，邀堂叔孙广财前往拦阻，又"虑恐孙振西不依，起意纠殴泄忿，纠允孙小老婆、孙振南，同子孙小腊、孙小五并孙了等帮殴，孙小闺女、孙大安亦前往查看"。孙广财唤出孙振西，斥其不应唆控，孙振西不服詈骂，并持禾叉殴打，众人遂将孙振西殴死。[1] 在清代的亲属相犯案件中，这样的案件绝非个别：

> 胡腾奉将胞伯胡灿殴伤，胡灿欲控，该犯之母胡杨氏闻知往前吵闹，借端逼索胡灿从前私用公用银两，以致胡灿被逼自尽，杨氏亦畏罪轻生。（《刑案汇览》卷 34《刑律·人命·威逼人致死》"殴伤胞伯之后胞伯被母逼毙"条，第 1262 页）

> 郑能孙因与大功服兄郑于垱涉讼，郑于垱挟伊控告之嫌，携带矛枪前往寻殴，适郑能孙外出，郑能孙之母童氏向劝，郑于垱即用枪柄殴伤童氏倒地，童氏喊救。郑能孙回归，看见赶救，用扁担殴伤郑于垱左臁秔，郑于垱用枪柄殴伤郑能孙右胳肘等处。郑能孙用扁担架格带伤郑于垱右肩甲、上唇吻、右手腕，郑于垱将担格落，用枪向戳，郑能孙夺枪划伤其右臁秔，因其脚踢，郑能孙复用枪吓抵，适伤其左臁秔倒地殒命。（《刑案汇览》卷 41《刑律·斗殴·殴大功以下尊长》"救母殴死功兄并无急情可原"条，第 1518—1519 页）

> 刘庭桥因贫，私取伊母周氏秣秕卖钱花用，经伊胞兄刘庭柳查知，向周氏告述，周氏令刘庭柳将该犯送官，该犯畏惧，在外躲

---

[1] （清）祝庆祺、鲍书芸：《刑案汇览》卷 42《刑律·斗殴·殴期亲尊长》"听从缌麻卑幼共殴胞兄身死"条，第 1555 页。

避，刘庭柳夤夜找获该犯，揪住发辫揿按，声言送官处死。该犯弯腰挣扎求饶，刘庭柳不允，该犯意欲割辫逃走，即拔身带小刀，尚未举起，刘庭柳黑暗中未经看出，用脚乱踢，误碰刀尖，致伤左右腿、左膝，刘庭柳右手往下夺刀，自将手指招伤，该犯举刀向上往后割辫，急忙时复误划刘庭柳手腕、手指，随割落发辫脱逃。刘庭柳伤旋平复。（《刑案汇览》卷42《刑律·斗殴·殴期亲尊长》"被揪图脱用刀割辫误伤胞兄"条，第1550页）

亲属间的矛盾、纠纷，多掺杂有情感因素，在解决纠纷时，单纯讲道理、讲是非，实际上难以化解矛盾。清代的亲属相犯案件中，有不少这样的实例，纠纷本不难化解，却因一方过于讲道理、讲是非而引起对方的愤怒，从而上升为相犯案件：

何泳详因幼子何广沅伙窃伊胞弟何泳相家银钱衣服，何泳相向该犯索赔不允，打毁门壁，复欲进城捏控该犯持刀行凶。与该犯途遇，该犯斥其不应拆毁门壁，欲拉投人论理，何泳相不依，持刀砍伤该犯右手并划伤二三四指。该犯夺刀回砍其左额角，何泳相将该犯推倒扑压行殴，经该犯长子何长寿拢救，用木扁担殴伤何泳相左胳膊等处松手。该犯挣起翻压何泳相身上，何泳相嫚骂，并称定将该犯父子杀害报仇。该犯忿起杀机，用刀乱砍何泳相顶心等处毙命。（《刑案汇览》卷43《刑律·斗殴·殴期亲尊长》"已故杀犯尊弟侄救父殴伤叔"条，第1583页）

在上例中，纠纷的一方欲"投人论理"而引起对方的愤怒，最终酿成亲属相犯。在这里，愤怒还不能完全以理屈来解释，更多的是对对方不顾亲情的愤慨。用讲道理、讲是非的方法来解决纠纷，前提是纠纷、矛盾的是非曲直容易判断。而亲属间的纠纷，很多都是积怨，恩恩怨怨相互交织在一起，头绪繁多，是非曲直不易判断：

刘恩因大功堂兄刘聚之父刘太绳强卖地亩，吵闹索价甚急，逼迫伊母刘张氏自缢身死，伊幼弟亦因失乳饿毙。嗣该犯刘恩割草回

归，见伊妹念母啼哭，炉火已熄，尚未做饭，伤心含泪，持柴赴刘
聚家借火。刘聚询问，该犯以刘聚家害得伊家如此，还管哭甚之言
回答，刘聚生气，揪住该犯发辫按殴，该犯情急，顺拔割草镰刀向
上抵格，致钩划伤刘聚脊背、脊臂、左后胁，刘聚松放发辫，捻住
该犯之刀争夺，该犯恐被夺砍，彼此扭夺，刘聚狠力拉夺，致伤左
腮颊连左耳轮耳垂殒命。（《刑案汇览》卷41《刑律·斗殴·殴大
功以下尊长》"母死悲怨被殴抵格刃毙功尊"条，第1513页）

　　于作林因无子息，欲继胞弟于作利长子为嗣。于作利因先向借
钱未给不允承继，彼此挟有嫌隙。嗣于作利因乏柴薪刨掘于作林槐
树，该犯向阻，于作利以其现无后嗣出言刻薄，该犯气忿向殴，于
作利即用镰迎敌，该犯夺过殴其耳轮、额颅倒地，时于作利之妻王
氏带同三岁幼子于牛往看，该犯触起前嫌，起意致死其子泄忿，即
将于牛摔掷身死。于作利旋亦因伤殒命。（《刑案汇览》卷43《刑
律·斗殴·殴期亲尊长》"挟嫌殴死胞弟并故杀其幼子"条，第
1588页）

　　解决类似的矛盾与纠纷，单纯讲道理、讲是非，实际上没有多少功
效，动之以情，可能才是最有效的方法。

三　秩序破坏亲情

　　亲属毕竟是不同于常人的特殊群体，对情感的渴求大于对秩序的追
求，防止亲属相犯的根本之道，在于加强亲情。古代礼法正是忽略亲属
关系的这一特殊性，试图在亲属之间也推行尊卑等级秩序，并通过强化
等级观念来建立一个秩序井然的亲属关系，以此来杜绝亲属相犯案件的
发生。事实上，用强化秩序的方法来杜绝和防范亲属相犯，根本是行不
通的。清代礼法对于秩序的强化，可谓登峰造极，但清代的亲属相犯案
件却层出不穷，就说明强化秩序并不能防范亲属相犯。退一步讲，如果
说秩序也能高效化解亲属纠纷，那也一定是尊重亲情的秩序。而儒家的
秩序是伦常等级，与亲情完全背道而驰。亲属间的情感以血缘为纽带，
以信任为基础，发自于本心，近乎于本能，以恩爱、狎近为特点，天然
缺乏等级秩序观念。而伦常观念与恩爱本属两极，是通过尊卑等级来构

建亲属关系，最讲等级名分，要求的是秩序而非亲爱。这种完全颠覆亲情的秩序观念，不仅不能有效化解矛盾与纠纷，反而严重破坏了亲属之间的信任、互爱关系。

伦常秩序强调的是等级、名分，与亲情完全背道而驰，出于亲情的行为，在伦常秩序观念中，却被视为应该制裁的犯罪行为：

> 王于告之母周氏因患疯迷病证赤身乱跑，经伊夫王潮书喊阻不住，用吹火竹筒相殴，王于告上前解劝，并取衣给穿，周氏不理，只顾往外跑走，王于告用手一拦，冀其进内，不期周氏站立不稳，致误碰跌地，垫伤右后肋等处，忙将周氏扶起穿好衣服，劝入房内看守，周氏伤渐平复，疯亦痊愈，饮食行动如常。后因周氏染患痢疾，医治无效因病身死，究无触忤殴伤情事。将王于告依子殴母律拟斩立决，第伤由于误，核与樊魁之案①情事相同，应援例声明，恭候钦定。（《续增刑案汇览》卷 11《刑律·斗殴·殴祖父母父母》"母因疯乱跑子拦阻误伤其母"条，第 356—357 页）

> 邓光维因戚兴将伊父邓逢达扑按在地，用膝抵住两腿，拾石欲殴，该犯用刀将戚兴戳伤，戚兴仍抵跪不放，该犯情急用刀向戳，不意戚兴将右膝挪开，该犯收手不及，误将邓逢达右腿肚戳伤毙命。核其情节，刀在该犯手内，既与白鹏鹤掷石②不同，伊父近在身前，亦不能诿为不知，与白鹏鹤之案固不相符。惟该犯因父被殴

---

① 樊魁案发生于嘉庆二十一年（1816），为与人斗殴而误伤父母："樊魁因伊弟樊沅窃取铜壶争吵，经伊母王氏向樊沅训斥不服，该犯听闻斥骂，樊沅赶出嚷闹，该犯顺用菜刀吓砍，其母用右手将刀夺去，因刀刃向左自行划伤左胳肘。据伊母供称，樊魁平日孝顺，其伤由自划，该犯并无忤逆情形，樊魁着改为斩监候。余依议。钦此。"参见（清）祝庆祺、鲍书芸《刑案汇览》卷 44《刑律·斗殴·殴祖父母父母》"误杀伤祖父母父母援案办理"条，第 1614 页。

② 白鹏鹤案发生于嘉庆十八年（1813），为与人斗殴而误杀父："白鹏鹤因向伊嫂白葛氏借取灯油不给，出街嚷闹，白葛氏赶出门首理论，白鹏鹤拾取土坯向白葛氏掷殴，不期伊母白王氏出劝，以致误伤殒命。刑部引子殴父母杀者凌迟处死律，又引斗殴误杀旁人以斗杀论律比拟问以凌迟处死。核其情节，白鹏鹤遥掷土坯，误杀其母，非其思虑所及，与斗殴误杀者究属有间，白鹏鹤着改为斩立决，嗣后有案情似此者，即照此问拟。余依议。钦此。当经通行各省遵照办理"（《刑案汇览》卷 44《刑律·斗殴·殴祖父母父母》"误杀伤祖父母父母援案办理"条，第 1613 页）。此案因晓谕各省，类似案情，均照此问拟，故本案及下案在判案时均引用此案。

势在危急，因救父而误伤伊父身死，实非意料所及，若竟处以极刑，似属情可矜悯。邓光维应照子殴杀父律拟以凌迟处死，可否量减为斩立决之处，恭候钦定。奉旨改为斩立决。（《刑案汇览》卷44《刑律·斗殴·殴祖父母父母》"救父戳毙父命与白鹏鹤不同"条，第1615页）

　　谭亚九因母陈氏与董学试争殴并拉夺竹挑，该犯喊令董学试放手不理，虑母受亏，拾石吓掷，董学试闪避，以致误伤陈氏身死。将谭亚九伊子殴杀母律拟以凌迟处死，援引白鹏鹤之案，恭候钦定。奉旨：谭亚九因见伊母与人争殴，情切救护，以致诬毙母命，较之白鹏鹤一案情节又轻，谭亚九着改为斩监候。钦此。（《刑案汇览》卷44《刑律·斗殴·殴祖父母父母》"救母掷毙母命较白鹏鹤情轻"条，第1615页）

　　以上三案均为救护父母而不幸造成父母死亡，三人的行为虽出于亲情，但皆遭到重惩，谭亚九处斩监候，邓光维处斩立决，王于告原判斩立决，因与樊魁之案情形类似，故夹签声明，就是比照樊魁之案判决，最多减至斩监候。这样的判决看似极力维护父母的尊严与地位，其实未必合父母之心。像樊魁案中，樊魁因胞弟樊沅窃取铜壶争吵，其母王氏向樊沅训斥，樊沅不服，樊魁听闻斥骂，樊沅赶出嚷闹，樊魁顺用菜刀吓砍，其母用右手将刀夺去，因刀刃向左自行划伤左胳肘。尽管樊魁之母一再强调，樊魁平日孝顺，并无忤逆情形，其伤由自划，但樊魁还是被判斩监候。[①]

　　而背离亲情的行为，在伦常秩序观念中，却被视为合理和正当的行为，如父祖杀死犯奸子孙，皆可以免罪。嘉庆二年（1797），李世楷之女李二姐与奸夫周俸滩私奔出逃，李世楷登时殴死李二姐。法司将李世楷比照本夫捉奸杖八十例来判处，已属轻判。但上报嘉庆皇帝后，嘉庆下旨曰："父母殴毙无罪子女予以杖罪，尚为慎重人命起见，今李二姐既系犯奸，即属有罪之人，李世楷将伊女殴毙系出于义忿，尚有何罪？

---

　　① 参见（清）祝庆祺、鲍书芸《刑案汇览》卷44《刑律·斗殴·殴祖父母父母》"误伤祖父母父母援案办理"条，第1614页。

虽所拟杖罪声明遇赦援免，但究不应以杖罪科断。嗣后遇有似此情节者，其父母竟不必科以罪名，并着刑部将此例删除，以昭明允。"① 有了以上的圣旨，父母杀通奸子女，一定意义上就成了合法、合理的事情，故清代父祖杀通奸子孙的案例，皆以免罪结案：

> 检查嘉庆二十五年河南省咨：刘玉林勒死犯奸之女，声明因女无耻，忿激致毙，应毋庸议。又赵中元勒死犯奸之女，声明免议。各在案。此案孔传礼因女孔氏与周广通奸，乘间同逃，经伊子孔继昌找获，因丑隐忍。嗣孔氏因夫家贫苦逃出，央人找主改嫁，孔传礼闻知，因孔氏玷辱祖宗气忿，逼令伊子孔继昌将孔氏砍毙。该省将周广依和诱拟军，孔继昌依下手之尊长拟杖，均属照例办理。惟孔传礼因女淫荡玷辱祖宗，忿激起意逼令伊子将女杀死，与父母非理殴杀子女者不同，该省将孔传礼依尊长因玷辱祖宗忿激致毙卑幼例减等拟杖，系属错误，应即更正。（《刑案汇览》卷44《刑律·斗殴·殴祖父母父母》"父令长子杀死犯奸被拐之女"条，第1599—1600页）

在伦常秩序的观念下，亲属之间的关系被构建为尊卑或上下的纵向关系，亲属间的交往，带有浓厚的命令——服从模式：

> 唐租照令子媳向氏炊爨，该犯之父唐淙胜以向氏未满三朝，不应令其煮饭训斥，该犯明知伊父钟爱其媳，辄敢迁怒嚷骂，将伊媳砍伤身死，并致其父追捕，触伤手指，情近不孝，乃照非理殴杀子妇律拟徒，未免轻纵，例无明文，应照非理殴杀子妇拟徒律酌加一等，杖一百、流二千里。（《续增刑案汇览》卷11《刑律·斗殴·殴祖父母父母》"将媳殴死致父追捕自行触伤"条，第357页）

在此案中，祖父唐淙胜、父唐租照、孙媳向唐氏三代之间，就是一

---

① （清）祝庆祺、鲍书芸：《刑案汇览》卷25《刑律·人命·杀死奸夫》"父母捉奸仅杀奸妇毋庸科罪"条，第916—917页。

种命令—服从关系，唐租照命令媳向唐氏做饭，被其父唐淙胜训斥，唐租照遭到训斥后，又把怒火发泄到儿媳身上。这大概是中国古代家庭关系中的一般情形。

卑幼对于尊长，以服从为天职，即使尊长命令卑幼做伤害亲情的事情，如杀害亲属，按照伦常秩序的要求，卑幼也得服从。故《刑案汇览》中尊长逼令卑幼杀伤亲属的事例较多：

> 南抚题吴开幅听从伊母勒死胞兄吴开庆一案，又安抚题黄开武听从伊父勒死胞兄黄开文一案，又陕抚题李三元等听从伊父活埋胞兄李梦元身死一案……兹查黄开武、李三元等二案，死者将父推跌，俱系罪犯应死，该犯等听从致死，系迫于父命勉从下手，各该司将该犯等比例夹签，核与办过成案相符。至吴开幅一案，查已死吴开庆向母索讨膳谷卖钱使用，伊母不允向殴，吴开庆将母推跌倒地，亦属罪犯应死。该犯吴开幅按住伊兄两脚，系听从母命被逼无奈，与黄开武等案事无二致，亦应比例夹签，以昭画一。今湖广司援照道光二年湖北省郑得华之案，只于稿内声明。查郑得华听从父命谋杀胞兄郑万才，死者并无忤逆，罪犯应死，故止于稿内声明，与现案情节不同，应将吴开幅一案亦改拟夹签，并传知各司存记，庶不致办理两歧。（《刑案汇览》卷43《刑律·斗殴·殴期亲尊长》"听从父母谋杀胞兄分别夹签"条，第1571—1572页）

> 任得让因胞兄任得恭平日不顾父母养赡，并屡次触犯，复帮护外人寻衅。伊父任灿气忿莫遏，令该犯等代殴使知畏惧，经该犯等劝慰而息。次日任得恭饮醉复行混骂，任灿忿极，又令该犯寻殴，该犯未允，并向劝慰，任灿称欲撞死，该犯方始允从。任灿以如不力殴任得恭，总不知畏惧，伊仍撞死之言叮嘱。该犯往向任得恭村斥，任得恭即携柴刀赶砍，该犯夺获柴刀，彼此揪殴砍划，致伤任得恭，次日殒命……嘉庆六年……马幅因胞兄马叶奸拐人妻，被胞叔马显荣训斥，马叶顶撞，马显荣因其玷辱祖宗，唤令马幅帮同下手，将马叶用绳勒毙……又（嘉庆）十五年四川省题任作才听从殴死胞兄任作栋一案。查任作才因胞兄任作栋顶撞胞叔任逢举，经任逢举殴打，并令该犯拾石帮殴，该犯拾石殴伤其左右臁胠、右腿殒

命。(《刑案汇览》卷43《刑律·斗殴·殴期亲尊长》"勉从叠殴期尊至死应准夹签"条，第1572—1573页)

以上两段引文中，共记录了七例尊长命令卑幼杀亲的案例，这一类的案例在《刑案汇览》等案例汇编中还有很多，可以看作秩序破坏了亲情的典型事例。

事实上，破坏亲情而建立起来的尊卑、长幼秩序，因为缺乏情感因素的支持，很难得到真正的认同。尽管在官方意识形态及国家权力不遗余力地推广下，公然对抗伦常秩序的行为由于代价过高而较为罕见，甚至为了某些利益而表现出一种认同和追求，但消极反抗始终存在，伦常秩序观念仅仅停留在程式化或仪式化的层面上，徒具形式，难以深入人心，真正成为亲属交往的准则。在清代，卑幼不听尊长管教、与尊长争利、与尊长互殴的事例比比皆是，就说明了这一点。甚至尊长正当的管教，卑幼也不服从：

> 李绍江贪利纵妻邓氏与巫井生仔通奸，经伊同居小功堂叔李淙芳撞遇，嘱李绍江拒绝。嗣巫井生仔与邓氏李绍江在房饮酒，李淙芳见而将巫井生仔撵逐，斥责李绍江纵奸无耻，称欲一并控究。李绍江因李淙芳多管阻挠，起意殴打出气，并使畏惧不敢再阻，邀允巫井生仔帮殴，李绍江拾刀砍伤李淙芳顶心带伤偏右并划伤脑后。巫井生仔用铁尺戳伤李淙芳咽喉倒地，旋即殒命。(《刑案汇览》卷42《刑律·斗殴·殴大功以下尊长》"纵妻卖奸被辱殴死小功叔"条，第1537页)

伦常秩序的形式化，受损的不仅仅是伦常关系本身，亲情、道德观念及道德情感等也一并受损。于是，伦常秩序和亲情都不能起到有效的防范作用，亲属相犯因此而处于失控的状态。

第三节　缺失的德性

在伦常等级观念下，亲属间的关系全部被构建为尊卑或上下的纵向关系，儒家希望以此来强化秩序，杜绝亲属相犯人，但结果却适得其反。因为，纵向关系不利于德性的培养。纵向关系下，对尊长几乎不设定义务，只是一味保障其地位与权益，而卑幼的权利被严重忽略，只有义务，这些都不利于德性的培养。伦理学的研究表明，德性与权利的平衡，才有利于德性的成长：过度肯定权利，自然缺乏对道德义务的敬重心，难以养成高尚的道德情操；无视权利则可能丧失道德动力，也会导致德性的缺失。德性本是防范亲属相犯的重要屏障，正是它的缺失，才造成了亲属相犯案件的频繁发生。

一 尊长缺乏对道德义务的敬重

古代礼法赋予尊长管教卑幼的权力，要求卑幼无条件地服从尊长的管教，其中一个重要的逻辑前提是尊长的道德水准与修养要高于卑幼。其实，过度肯定尊长权利而不设定义务，恰恰使得尊长产生"自负"的心理，认为自己具有制定规则的权力，而把自身看作是无须受制约的完美化身；由"自负"进而产生"自私"心理，对自己过度钟爱，缺乏对道德义务的敬重心，[①] 从而弱化了尊长的道德水准。因此，在清代的亲属相犯案件中，我们看到的却是另一番情景，尊长为一己私利破坏规则的事例比比皆是，其道德水准与修养令人难堪。这首先表现在尊长多无赖行为：

> 朱荣因胞叔朱满瑚自幼过继堂叔为子，降服大功。朱满瑚向该犯借钱，该犯乏钱回覆，朱满瑚负气嚷骂，互相揪扭，经人劝释，朱满瑚自拔发辫，诬赖该犯拔落，称欲告究，经人劝令帮给钱文，该犯应许。后经翻悔不给，朱满瑚往向该犯骂闹索钱，该犯见其势凶，闭门躲避。讵朱满瑚因索钱不遂，气忿自缢殒命。（《刑案汇览》卷34《刑律·人命·威逼人致死》"许帮钱文翻悔不给功叔自尽"条，第1252页）

> 鬲元太因小功服叔鬲金滩向伊讹索银两未遂，用刀种伤图赖。

---

① 以上有关"自负"、"自私"的论述，参考了何怀宏先生的论述。参见何怀宏《伦理学是什么》，北京大学出版社2002年版，第108页。

该犯鬲元太走出理论，被鬲金滩拾取木棍扑殴肩甲，该犯负痛夺
棍，指甲抓伤鬲金滩右手背，棍头戳伤其右胯。鬲金滩举脚向踢，
该犯用棍格伤其左脚面跑避，被鬲金滩赶上揪住发辫，该犯转身用
棍吓殴，致伤其右腿，后棍梢致伤其右腢肘。鬲金滩揪住伊衣领举
拳乱殴，并撞头拼命，该犯挣不脱身，又用棍格殴，致伤其脊背，
鬲金滩抓住该犯肾囊，该犯负痛情急，又用棍吓殴，适伤其偏右跌
地磕伤两膝等处，逾时殒命。（《刑案汇览》卷41《刑律·斗殴·
殴大功以下尊长》"抵格伤多情近互斗似难夹签"条，第1516页）

其次是故杀卑幼。尊长因卑幼有过失而故杀者，事例极多，本书多
处已有论述，[①] 不再赘述。这里所谓的故杀卑幼是指在子孙完全没有过
失的情形下，无辜被尊长杀死。其中，可以分为三种情形：一是尊长因
己私利而残杀卑幼，在《刑案汇览》卷33 "杀子孙及奴婢图赖人" 类
下载有不少这样的案例，以下略举二例：

> 刘六系正定县民人，因占种坟地经族人刘第控县责惩，交与张
> 士选佃种。刘大心怀不甘，起意将胞侄刘二小致死，图赖张士选。
> （《刑案汇览》卷33《刑律·人命·杀子孙及奴婢图赖人》"意欲
> 图赖谋杀胞侄伤而未死" 条，第1204页）
>
> 林存照于林增弟甫生一月即抱养为子，乳哺恩养已至七年，林
> 存照因向庄德泰批佃不遂，又被拔毁麦子，一时气忿将林增弟故杀
> 图赖。（《刑案汇览》卷33《刑律·人命·杀子孙及奴婢图赖人》
> "故杀恩养年久抱养子图赖人" 条，第1205页）

二是尊长为掩盖自身罪过，故杀知情卑幼：

> 李陈氏因与张世贵通奸，被养媳宋氏窥破奸情，将宋氏勒
> 毙……（嘉庆）十二年许氏一案，缘许氏与伍泳元通奸，经伊媳张
> 氏撞见，将伍泳元詈骂，许氏向斥不服，用火钳连烙张氏右腮颊倒

---

① 　参见本书第一章第二节、第四章第五节等。

地，复举脚踢伤其肚腹，并取剪刀划伤其阴户，张氏喊称许氏偏护
奸夫，定将通奸之事向人告知，许氏虑其说破，起意致死灭口，将
张氏擒住搦伤殒命。（《刑案汇览》卷23《刑律·人命·谋杀祖父
母父母》"姑因养媳窥破奸情将媳勒死"条，第813页）

　　李乔氏系李贾氏长子李行常自幼聘定之妻，嗣李乔氏父故母
嫁，经其祖母乔彭氏送交李贾氏童养。李贾氏之夫李盛伦与贾汰恒
素好往来，李贾氏见面不避……贾汰恒至李贾氏家，与李贾氏调戏
成奸，迨后乘便宣淫，并送给钱物，李贾氏之姑李王氏等并未知
情，李乔氏早经窥破……遂起意将李乔氏致死灭口。当用铁通条连
殴伤李乔氏左胯、左膝、左右臂膊、左右胳肘、左腿肚，李乔氏滚
喊致擦伤右眼胞、左膝，李贾氏将李乔氏衣裤扯下，抓伤其左右
腿，又将铁通条在炕炉烧红，连烙伤李乔氏右肩甲、右腋肢、右胳
膊、右腜脉、胸膛、左右乳、心坎、右胯、阴户，至二十六日五更
时殒命。（《刑案汇览》卷23《刑律·人命·谋杀祖父母父母》
"因奸致死子媳分别斩绞通行"条，第814—815页）

三是因卑幼不肯听从错误教令而杀死卑幼：

　　韩租泰系韩日荣、韩日开小功堂叔，韩租泰因贫央令韩日开捏
写假契，向杨金贵诈钱使用，韩日荣村斥其非，韩租泰混骂，被韩
日荣用刀戳伤，该犯夺刀回戳韩日荣右肋倒地，韩日开帮护，用棒
将伊殴伤，该犯用刀格落木棒，戳伤韩日开胸膛倒地，韩日荣、韩
日开俱各殒命。（《刑案汇览》卷28《刑律·人命·杀一家三人》
"殴死小功堂侄二命"条，第1018页）
　　张周氏逼令伊媳冯氏卖奸图利，因冯氏坚执不从，时加磨折，
并殴伤左右胳肘，致冯氏被逼情急投缳自尽。（《刑案汇览》卷33
《刑律·人命·威逼人致死》"令媳卖奸不从殴逼折磨自尽"条，
第1224页）

　　最后是尊长威逼卑幼参与犯罪活动或是教唆卑幼犯罪。尊长进行犯
罪活动时，往往逼迫或诱骗卑幼参与：

邓恒茂之父邓嵌因殴伤董老四身死，复起意致死义子邓恒谨图赖，密向该犯告知，令其帮同下手，该犯畏惧阻止，邓嵌以如不依从先行杀死之言吓逼，该犯无奈应允。邓嵌先用刀砍伤邓恒谨倒地，喝令该犯殴打，该犯用扁挑殴伤其左后肋一下，不肯复殴，邓嵌接过扁挑叠殴邓恒谨致毙。（《刑案汇览》卷22《刑律·人命·谋杀人》"被父吓逼加功下手伤轻"条，第793页）

朱闵氏先与汤元灉通奸，伊子朱吉成并不知情，后汤元灉将女汤氏嫁与朱吉成为妻，闵氏复与汤元灉在房行奸，被朱吉成撞见，时与闵氏吵闹，并声言必将汤元灉殴死。闵氏虑及必有后患，起意将朱吉成致死除害，潜与汤元灉密商，嘱为帮助。汤元灉应允，因自揣年老力衰，转嘱伊子汤阿二、汤阿四相帮，汤阿二等不允，汤元灉以朱吉成意图害己，若不将其致死，将来性命不保。闵氏亦言伊系朱吉成亲母，致死不孝之子，有事惟伊一人承当。汤阿二等乡愚无知，亦各勉为应允。闵氏约期令汤阿二、汤阿四至家，将朱吉成捆勒立毙。（《刑案汇览》卷23《刑律·人命·谋杀祖父母父母》"奸妇谋杀子奸夫嘱子代加功"条，第816页）

至于教唆卑幼犯罪，案例比比皆是，以下仅从《刑案汇览》卷49、《续增刑案汇览》卷13"子孙违反教令"类下所载父母教唆子孙犯罪的案件中，选举三例：

万景奎因赵汝英等行窃赵首先家牛只，托该犯代为销售，经该犯之母图利劝令销赃，旋因发觉，该犯之母欲行图赖，服卤自尽，比照母教令子犯盗，后因发觉畏罪自尽例满徒。（《刑案汇览》卷49《刑律·诉讼·子孙违反教令》"教子代贼销赃事发其母自尽"条，第1816页）

刘学礼听从伊母窝留何克富行窃被获，致伊母畏罪自尽，将刘学礼比照母教令子犯盗，后因发觉畏罪自尽例拟徒。（《刑案汇览》卷49《刑律·诉讼·子孙违反教令》"教子窝贼事发其母自尽"条，第1816页）

栗三教令义女吴栗氏与赵祥通奸，后因败露，致栗三愧迫自尽，将吴栗氏比照父教令子犯奸，后因发觉畏罪自尽例满徒。（《刑案汇览》卷49《刑律·诉讼·子孙违反教令》"教令义女犯奸败露义父自尽"条，第1817页）

以上三例中，父母因教唆子孙犯罪而皆畏罪自尽，但子孙却还要为教唆者的死亡负刑事责任。这里值得注意的是，法司在追究子孙的责任时，判词中并没有提及子孙在父母教唆下所犯的窝赃、抢夺、犯奸等罪行，而是依据"教令子犯盗（奸），后因发觉畏罪自尽例拟徒"。这就意味着，子孙是为父母的死亡负刑事责任，而不是为父母教唆下所犯的罪行负刑事责任，说明法律着重维护的是伦常秩序，强调的是尊长权威。正是这种不遗余力的维护，使得尊长产生"自负"和"自私"的心理，缺乏对道德义务的敬重心。

二 卑幼缺乏道德动力

古代礼法通过对尊卑秩序的强调，试图营造出一个"名位不同，礼亦异数"① 的等级社会，在这个等级社会中，个人的权利、义务取决于"名位"，也即身份和地位不同，个人所享有的权利与应遵守的义务各不相同。通过正名定分，希望每个人都清楚自己应守的职分，恪守本分而不逾越，最终达到秩序井然的目的。但是希望人人恪守本分、遵守秩序，前提是制度的相对公正与合理，保障个人的正当权利和利益不受侵犯，每个人都能各得其所、各尽其责，个人才会认同制度并自觉遵守规则，秩序才能井然。而古代礼法所要求的秩序，过于保障尊长的权益，卑幼的权益被严重忽略，卑幼缺乏遵守秩序的动力。因此，卑幼习惯于服从尊长命令，缺乏道德主动性，实际成为道德被动者。这表现在两个方面：

一是屈从于尊长的非道德要求，甚至助纣为虐。在尊长面前，卑幼习惯于服从，即使尊长的命令有违道德和法律，卑幼也盲目服从。如上节所举卑幼听从尊长教唆而进行犯罪活动，就是很好的例证，除此之

① 《左传·庄公十八年》。

外，再如卑幼听从尊长之命而杀伤他人：

> 王月与子王大雨在地看守棉花，齐复兴经过顺手将棉花拾看，王月喝骂，齐复兴不依，拳殴王月左腮颊。王月喝令王大雨帮殴，王大雨扎伤齐复兴身死。（《刑案汇览》卷29《刑律·人命·斗殴及故杀人》"父令子帮殴父自尽子准减等"条，第1049—1050页）
>
> 刘文宗起意纠殴张顺泄忿，令伊子刘清水、刘清海、刘清湖往约张和等帮殴，致刘清水等共殴张顺身死。（《刑案汇览》卷29《刑律·人命·斗殴及故杀人》"父子谋殴死虽奸匪衅起别故"条，第1060页）

其中听从尊长之命杀伤亲属最能说明卑幼盲目服从，此类事例在清代的案例汇编中数量不少，以下仅选择《刑案汇览》卷42《刑律·斗殴》"殴大功以下尊长"类下所载尊长强迫卑幼杀伤亲属的案例，略举三例：

> 黄守万因小功服弟黄守明将伊妻推跌，查知生气，往向理论，喝令伊子黄玉早等将黄守明殴伤身死。（《刑案汇览》卷41《刑律·斗殴·殴大功以下尊长》"殴死缌尊为从刃伤分别军流"条，第1482页）
>
> 杨才因小功服兄杨佐雇工阎小娃赶驴饮水，驴群跑入该犯地内践食禾苗，经该犯等将驴撵逐落河淹毙。杨佐生气邀同伊弟杨仁等理论，向该犯之父杨栖伦斥骂，举棍扑殴。伊父喝令该犯殴打，该犯用锹打伤杨佐囟门身死。（《刑案汇览》卷41《刑律·斗殴·殴大功以下尊长》"听从父命殴死功兄骨损一伤"条，第1487页）
>
> 黄忝松因大功堂兄黄忝才向伊父黄政美索钱不给，用腰刀戳破黄政美衣服，黄政美喝令黄忝松殴打，黄忝松将黄忝才扳倒，用斧背殴伤其左右肩甲、左右臂膊并脊背、左右脚腕等处。黄政美携取绳索，令黄忝松将黄忝才两手捆缚，称欲送官究治，因其滚骂，起意割断脚筋，喝令黄忝松取刀向割，黄忝松被逼勉从，用刀将黄忝才两腿腘肘筋割断，次日殒命。道光三年……（王太仓）因出嫁胞

姊朱王氏两次随同奸夫逃走，经伊母夏氏遇见斥骂，王氏不服顶撞吵闹，夏氏忿极，喝令王太仓殴打，王太仓不敢动手，夏氏声言若不殴打，即投河自尽，王太仓情急用拳殴其左右后肋各三下，王氏在船舱乱滚辱骂撒泼，夏氏愈加忿恨，逼令复殴，王太仓又拳殴其左后肋四下，至夜殒命。（《刑案汇览》卷41《刑律·斗殴·殴大功以下尊长》"叠殴伤多情无可原未便拟流"条，第1488页）

二是欺凌孤弱尊长。卑幼服从尊长，并非尊长指令正确，多半是因尊长强势，被迫服从。尊长一旦老病，失去强势力量，就可能是另一番情形。《刑案汇览》中记载有不少卑幼以老病尊长图赖人的案例：

张橘古因小功堂叔张惠周私放田水，彼此争扭，伊父张宏佳前向理论，又被张惠周推跌，迫后张橘古见父病垂危，希图张惠周出钱埋葬，将父背至张惠周家内，旋即病故。（《刑案汇览》卷33《刑律·人命·杀子孙及奴婢图赖人》"父病垂危背往讹诈父即病故"条，第1208页）

外结徒犯万希文因见伊父尸棺拴盖秫秸均已朽烂，棺木显露，忆及万河家承买伊祖遗庄基，起意邀同万顺德，将伊父尸棺抬至万河家讹诈。（《刑案汇览》卷33《刑律·人命·杀子孙及奴婢图赖人》"将父未埋尸棺抬往人家讹诈"条，第1208页）

老病尊长在以上案例中，完全成为了任卑幼摆布的工具，卑幼哪里还有一点尊长强势时唯命是从的样子。以老病尊长图赖，这样的事例可能在清代极为常见，以至于乾隆元年（1736）云南按察使专门为此事上奏：

窃思亲长不可不知爱敬，闾党不可不务敦庞。我皇上孝思锡类，凡所以厚民成俗之道，固已训谕频颁，群黎遍德矣。惟是小民无知刁风未息，或因一时角口，或因细事分争，或索找产价而不从，取讨欠项而不得，辄将家有老病之人，不论父母尊长，老者扶之而行，病者抬之以往，一至彼家，坐卧其室，附从之卑幼凶恶欺陵，官长不及遽问，乡邻不能劝解，被害之家恐惧不测之祸，有力者或杜门而不容其人，无力者或潜匿以避其锋，甚而冻死饿毙，酿成人命，因而毁室抄家，行凶挟诈，无所不至，俗兢浇漓，所关匪细。请嗣后如有子孙将老病之人扛扶他往，未致死故，及因而致死者，其余尊长卑幼及亲属互相图赖，并诈取及抢去财物者，作何治罪，请敕部分别定议。（《刑案汇览》卷33《刑律·人命·杀子孙及奴婢图赖人》"将老病父母扛抬索诈"条，第1208—1209页）

一定意义上讲，女性尊长也属于孤弱尊长，对于她们的指令，卑幼就未必服从，即使她的指令符合道德要求：

（程尚仪）因图奸侄妇钱氏未成，被伊婶程刘氏詈骂，反生气忿，顿起杀机，砍伤致死。（《刑案汇览》卷42《刑律·斗殴·殴大功以下尊长》"图奸杀死尊长应添因奸字样"条，第1539页）

柳位成与柳位升寻殴，被期亲服婶柳柴氏喝阻，辄敢逞忿故杀柳柴氏身死，并因黄柳氏趋护，吓戳黄柳氏致伤毙命。（《新增刑案汇览》卷11《刑律·斗殴·殴期亲尊长》"杀死期亲婶母女一家二命仍按本律问拟"条，第666页）

在《刑案汇览》中，卑幼侵夺尊长财产或威逼尊长致死，也大多是针对女性尊长，以下四例属于较为典型的案例：

陈志爽因路遇降服缌麻服婶陈氏手牵牛只，起意抢夺，随纠同无服族弟陈守帼上前，将牛抢夺而逸。陈氏追捕无及，回家声言欲与陈志爽等拼命，即用刀自行划伤额颅，经人夺刀劝慰，讵陈氏忧忿莫释，投缳殒命。（《刑案汇览》卷18《刑律·贼盗·亲属相盗》"抢夺服婶牛只致令窘迫自尽"条，第634页）

刘义陇因小功兄妻刘李氏孀居无子，觊觎遗产，欲将己子过继未允，起意谎取地契挟制。李氏向索，该犯答以承继议定再还。李氏复向索取，该犯霸留不给，并称控官候断，以致李氏愁急难堪，携带幼女存姐投井殒命。（《刑案汇览》卷34《刑律·人命·威逼

人致死》"威逼致死卑幼一家二命"条，第 1265 页）

　　胡正尤系胡家祥缌麻服侄，胡家祥因妻曹氏无出，自幼抱抚刘
正宇为义子，娶媳刘氏。嗣胡正尤因挟刘氏将其掌责之嫌，屡次寻
衅登门嚷骂，声言刘正宇系抱养异姓，欲将其夫妻撵逐。讵曹氏、
刘氏被逼难堪，投塘殒命。（《刑案汇览》卷 34《刑律·人命·威
逼人致死》"威逼缌麻尊长姑媳一家二命"条，第 1265—1266 页）

　　杨亮与已故大功服弟杨书之妻匡氏通奸败露，经氏姑杨潘氏将
匡氏逐回母家，令其另嫁，该犯希图续旧，逼令杨潘氏接回，潘氏
不允，将其用棍殴伤，致潘氏气忿自尽。（《续增刑案汇览》卷 10
《刑律·人命·威逼人致死》"续奸不遂殴逼期亲服婶自尽"条，
第 297 页）

　　无论是服从强势尊长，还是欺凌孤弱尊长，反映出的都是卑幼缺失
道德自觉性。我们知道，行为之所以有道德和非道德之分，在于人有自
由意志，能够在一定范围内对自己的行为进行选择，若不能自主选择或
没有能力进行自主选择，其行为也就没有道德与不道德之分。中国古代
的伦理对卑幼多义务规定，对其行为进行多重限制，要求以服从为天
职。法律也将卑幼看作无行为能力者，要求他们完全服从尊长，如《大
清律例》的规定，一家人共犯罪，卑幼无罪，止坐尊长。① 这样规定的
理由在于，尊长对外代表一家，对内又有专制之责，一家共犯即是尊长
失督察、教诲之职，理应重责；而卑幼无专制之道，以服从尊长为天
职，一家共犯时，卑幼属于遵从尊长之意而为，是对尊长有顺无逆的表
现，理应免罪。所以，卑幼缺乏道德自觉，缺乏从本人意志出发进行选
择的自主行为，犹如不具备行为能力的儿童，成为道德被动者，约束其
行为的是外在的规范而非内心的道德自觉，是否遵守秩序，往往取决于
尊长是否强势，一旦尊长失去强势力量，欺凌之事便不可避免。

　　总之，纵向关系不利于德性的培养，尊长与卑幼，一方缺乏对道德
义务的敬重，一方缺乏道德动力，难以养成高尚的道德情操，从而导致
亲属相犯案件的频频发生。

---

　　① 参见《大清律例》卷 5《名例律》"共犯罪分首从"条，第 118 页。

第四节　暴力解决纠纷的倾向

在伦常等级观念下，出于强化秩序的考虑，亲属之间的关系全部被构建成尊卑或上下的纵向关系。在纵向关系下，由于过度强调尊长的地位以及对卑幼的控制权，故尊卑、长幼处在极度的不平等关系之下，缺乏平等交流，习惯用暴力解决问题，导致亲属相犯案件频频发生。

一　纵容尊长的暴力行为

清代法律中，对于暴力行为是严格禁止的。按《大清律例》的规定，凡骂人者即被处以笞十的惩罚；[①] 殴打者，不成伤，也要笞二十，成伤，则根据伤情，分别给予笞四十至杖一百、流三千里的处罚；[②] 斗殴致死人者，绞，[③] 谋杀人则斩。对于亲属间的暴力行为，若是卑幼对尊长，还要加重处罚。如子孙骂詈父母、祖父母，妻妾骂夫及夫之父母、祖父母，并绞；[④] 骂缌麻尊长，笞五十；小功尊长，笞六十；大功尊长，笞七十；期亲尊长，杖一百。[⑤] 至于骂以上的行为，则更不能容忍，殴打尊长，不成伤，若为缌麻兄姊，杖一百；小功兄姊，杖六十，徒一年；大功兄姊，杖七十，徒一年半；尊属，再加一等。[⑥] 殴期亲兄姊，不成伤，杖九十，徒二年半，尊属，再加一等。[⑦] 子孙殴父母、祖父母，妻妾殴夫之父母、祖父母，并斩。[⑧] 如卑幼谋杀尊长或殴打成伤，处罚更重，直至戮尸、凌迟等酷刑，法律根据亲等关系规定得非常细致，不再逐一列举。

但清代法律对于暴力行为的严格禁止，仅仅是限于常人之间或卑幼对于尊长，对于尊长的暴力行为，法律采取的却是纵容态度，处罚极轻

---

① 参见《大清律例》卷29《刑律·骂詈》"骂人"条，第469页。
② 参见《大清律例》卷27《刑律·斗殴上》"斗殴"条，第443—444页。
③ 参见《大清律例》卷26《刑律·人命》"斗殴及故杀人"条，第430页。
④ 参见《大清律例》卷29《刑律·骂詈》"骂祖父母父母"条，第471页。
⑤ 参见《大清律例》卷29《刑律·骂詈》"骂尊长"条，第471页。
⑥ 参见《大清律例》卷28《刑律·斗殴下》"殴大功以下尊长"条，第461—462页。
⑦ 参见《大清律例》卷28《刑律·斗殴下》"殴期亲尊长"条，第462页。
⑧ 参见《大清律例》卷28《刑律·斗殴下》"殴祖父母父母"条，第463页。

或不处罚。按律条的规定，直系尊长殴伤子孙，哪怕是笃疾（折一肢、瞎一目之类）、废疾（折二肢、瞎双目之类），皆不治罪；若是子孙违反教令，父母依法责罚，邂逅致死，过失杀者，也无罪；只有非理殴杀子孙——因违子孙反教令而用残忍的方式（活埋、兵刃等）将子孙杀死或故杀子孙——无违反教令之罪为故杀才处罚。①

而故杀罪在司法实践中是难以成立的，因为父母总可以以"违反教令"作为致死的理由。一旦有违反教令之举，就是父母有心故意致死，也不能以故杀论。道光十年（1830）刑部的"说帖"云："子孙违犯教令，祖父母父母不依法决罚而横加殴打，非理殴杀者杖一百。故杀者杖六十，徒一年。注云：'无违犯教令之罪为故杀'等语。详绎律内横加殴打非理殴杀等字，已兼有心致死而言。因其子孙违犯教令而杀杖一百，故杀条下注明：无违犯教令之罪为故杀。可见违犯教令之子孙，即祖父母父母有心致死，亦不能科以故杀拟徒之罪。盖祖父子孙伦纪至重，非比凡人以有心无心致死为殴故之分，律意详明，不容牵混。"②

至于非理殴杀，由于"邂逅致死"可以作为致死的借口，故也是一个不易成立的罪名。父母非理殴杀不听教令之子，司法实践中多不治罪：

> 今直隶司核题韩张氏等活埋韩添太案内韩添勇一犯，该督声称该犯听从母命帮拉伊兄胳膊，止知捆缚送官，初不知活埋情事，迫一同拉至坟旁，伊母将韩添太推入坑内，韩添烈用土掩埋，该犯并无帮埋情事，即果案情属实，该犯虽未预谋，其帮拉胳膊，究属在场下手之人，即不照故杀期亲尊长，预殴卑幼不分首从凌迟例问拟，而伊兄韩添太究已身死，自不得仅科殴罪。该督将韩添勇照殴死胞兄律定拟斩决，声请夹签，似属酌量办理。且伊母既令长子韩添烈预先挖坑，又令叫回韩添勇帮同拉缚，其所称嘱令捏称送官，勿告知活埋情由之语已难凭信，而韩添勇帮同拉缚，一同拉至坟

①　参见《大清律例》卷28《刑律·斗殴下》"殴祖父母父母"条，第463—464页。
②　（清）祝庆祺、鲍书芸：《刑案汇览》卷44《刑律·斗殴·殴祖父母父母》"殴故杀子以有无违犯分杖徒"条，第1601页。

旁，若谓不知活埋，岂有拉向坟旁送官之理？此不过事后捏供希图轻减，韩添勇罪名似难遽以从轻。（《刑案汇览》卷 42《刑律·斗殴·殴期亲尊长》"捆缚胞兄并不知母欲行谋杀"条，第 1553—1554 页）

　　胡达系胡明胞弟，伊母李氏因胡明屡次为匪，复被推跌，意欲殴打出气，冀其改悔，令该犯相帮揿按，胡明出言混骂，李氏忿极顺取菜刀将胡明叠砍致毙。是已死胡明平日屡次为匪，虽推跌其母，罪犯应死，并无淫恶蔑伦情事，正与例载殴毙罪犯应死，兄姊仍照殴死尊长情轻夹签之语符合，该抚牵引王仲贵之案随本声请减流，殊属错误，自应驳令拟斩，夹签声请。（《刑案汇览》卷 42《刑律·斗殴·殴期亲尊长》"帮按胞兄并不知母临时故杀"条，第 1554 页）

　　以上二例，皆为父母非理殴杀不听教令之子，父母皆免罪，而被迫或不知情而进行协助的卑幼却全部获罪，而且是严惩不贷。禁止卑幼对尊长的暴力行为和纵容尊长对卑幼的暴力行为，成为法律一体之两面。清代中央法司，对于尊长暴力行为的纵容，尤甚于地方法司，如王起活埋不听教会之子王潮栋、孔传礼砍死犯奸之女两案，地方官原判有罪，但到了中央刑部，却改判无罪。[①] 其中王起活埋子王潮栋一案中，刑部在"说帖"中专门解释了改判无罪的法理依据："子孙违犯教令而父母非理殴杀者杖一百，故杀者无违犯教令之罪为故杀杖六十，徒一年。其子孙殴骂祖父母父母而父母因其有罪殴杀之勿论等语。笺释谓：'殴骂祖父母父母，子孙先有应死之罪，故勿论。'至父故杀子，虽律应拟徒，而注内专以无违犯教令之罪为故杀。则凡有违犯教令之罪者，虽故杀亦止应照非理殴杀律科以满杖，若殴死詈骂父母之子，自未便照违犯教令之子转为加重。此案……虽系故杀，惟王潮栋系詈骂伊父，罪犯应死之人，与故杀并未违犯教令之子不同，亦与非理殴杀违犯教令之子有间。"按此，父母杀死有罪子女，是可以免责的。当然，在《刑案汇览》中，

---

　　① 参见（清）祝庆祺、鲍书芸《刑案汇览》卷 44《刑律·斗殴·殴祖父母父母》"父令子活埋詈骂父母之长子"条、"父令长子杀死犯奸被拐之女"条，第 1599—1600 页。

也有父母非理殴杀不听教令之子而治罪的案例：

> 陈十子因令子陈存根同往地内和粪，陈存根托故不往，迫陈十
> 子训骂，陈存根无奈同往，至地仍不工作，怒形于色，陈十子嚷
> 骂，陈存根哭泣不止，陈十子忿极顿起杀机，用带将其勒毙。虽系
> 有心致死，惟陈存根不听教令，实属违犯，未便科陈十子以故杀之
> 条。该抚因陈十子系有心勒毙伊子，照故杀子律拟徒，殊属错误，
> 应即更正。陈十子应改依子违犯教令，而父非理殴杀者杖一百律，
> 拟杖一百。（《刑案汇览》卷 44《刑律·斗殴·殴祖父母父母》
> "殴故杀子以有无违犯分杖徒"条，第 1601—1602 页）
>
> 胡进三因子胡奎违犯教令，纠约何二将胡奎殴伤身死。胡进三
> 应依子孙违犯教令，父母非理殴杀律，拟杖一百。何二用铁手套帮
> 殴有伤，应以凶器论。第死系违犯教令罪人，该犯经其父纠令帮
> 殴，与凶徒执持凶器伤人者有别，将何二于凶器伤人军罪上量减一
> 等，拟以满徒。《刑案汇览》卷 44《刑律·斗殴·殴祖父母父母》
> "因子违犯纠同外人将子殴死"条，第 1604—1605 页）

对比父祖杀死子孙受到制裁和未受制裁的事例，我们发现法官在决
定父祖是否受罚时，是依照伦理及子孙违反教令的程度综合判定的。父
祖受到制裁的都是子孙违反教令的程度极为轻微，如不下地劳作一类，
或纠同外人杀子。而父祖未受制裁的两例中，都是严重违反教令、已犯
死罪之子孙，如詈骂父母、犯奸等。由此或不妨认为，法律实际上授权
父祖可以处死犯有死罪的子孙，对于违反教令的子孙，父祖实际上也可
以责罚致死，只是不能用活埋、兵刃等残忍的方式杀死子孙。

直系尊长之下，期亲尊长最尊，他们殴伤卑幼，无论笃疾、废疾，
皆勿论，过失杀死，也无罪；只有擅杀和故杀才有罪。[①] 若是故杀有罪
卑幼，期亲尊长一般可以减罪：

> 张玉恭因胞弟张玉明屡次行窃邻村鸡鸭，人所共知，该犯向其

村斥，不服顶撞，该犯因其为匪行窃玷辱祖宗，起意致死，诱至村外用石砸伤毙命。死系行窃卑幼，例准减等科断。惟殴死胞弟例应拟流，该抚依殴杀胞弟拟徒律于满徒上减一等问拟，系属误会，应改依殴期亲弟死者照本律加一等拟流例，仍按致毙为匪卑幼减殴杀罪一等，减为杖一百，徒三年。（《刑案汇览》卷 42《刑律·斗殴·殴期亲尊长》"故杀为匪卑幼应照例文减罪"条，第 1591 页）

若卑幼犯死罪，故杀之期亲尊长减罪的幅度更大：

> 案缪慕勋系缪云孙期亲服叔，缪慎保系缪云孙缌麻服侄，缪谅孙系缪云孙缌麻服弟。缪云孙因母老缪邵氏不欲食饼，向其吵闹，缪云孙辄用绳将母老缪邵氏勒死。缪慕勋因缪云孙凶逆，忿激起意处死，令妻缪李氏并缪慎保、缪谅孙帮按手脚，亦将缪云孙勒毙。该抚以缪云孙罪犯凌迟，缪慕勋等将其勒毙例无专条，咨部示覆等因。查期亲尊长杀死罪犯应死卑幼拟杖一条，例内浑言应死卑幼，所包者广，即凌迟、斩、绞同一，应死逆伦为匪同一。犯法不得于死罪之内复为区分。是缪慕勋杀死罪犯凌迟之胞侄，自应按例拟杖。（《刑案汇览》卷 42《刑律·斗殴·殴期亲尊长》"谋杀逆伦卑幼从犯亦属卑幼"条，第 1594 页）

期亲以下，分别为大功、小功、缌麻尊长，因关系已较疏远，他们杀死卑幼，无论故杀、擅杀还是过失杀，都不能免责；殴伤卑幼，非折伤，勿论，折伤以上才治罪，但可以分别减常人殴伤一至三等。[①] 在《刑案汇览》"殴大功以下尊长"类下所载的案例中，尊长因殴伤卑幼而治罪的，仅有一例：道光二年（1822），谭三因与小功堂兄谭维翰争殴，为报复起见，将谭维翰子、侄谭凤仪等三人诱出殴打，用刀砍伤三人，"谭三依殴卑幼至折伤以上缌麻减凡人一等律，于刃伤人杖八十、

---

① 参见《大清律例》卷 28《刑律·斗殴下》"殴大功以下尊长"条，第 461—462 页。

徒二年上减一等；系刃伤三人，酌加一等，仍杖八十、徒二年。"① 谭三之所以被判罪，是因为行为恶劣、手段残忍，一次砍伤三人之故。我们有理由相信，尊长殴卑幼至折伤以上的事例并不罕见，而制裁者仅此一例，反映出法律对于此类行为的纵容。

夫殴妻妾，非折伤，勿论，过失致死者，也勿论；折伤以上减常人殴伤二等。② 殴死妻，按律应为绞监候，但司法实践中，有时法官会想方设法为之减等：

> 刘正鼎因杨芳会诬指伊妻王氏与刘德祥通奸，戳死王氏……刘正鼎之杀死伊妻实因误信奸情，激于义忿，而王氏之死，究因杨芳会污蔑所致。既已罪坐所由，科杨芳会以污蔑致死之罪，又将忿激杀妻之刘正鼎与寻常故杀妻者一律问拟绞候，不惟情轻法重，且一命两抵殊与律义未符。惟例内并无作何轻减专条，而王氏究未犯奸，又不便将刘正鼎竟照闻奸杀死奸妇例拟徒，详查各司并无办过此等成案。职等悉心参酌，刘正鼎一犯似应于故杀妻绞罪上量减一等拟以满流，庶不致一命两抵，而情法亦较平允。奉谕衡情定罪，拟以满流尚觉过重，令查徒罪例援引酌定等因遵复，详加参核，王氏虽并未犯奸，而刘正鼎之杀妻实因听信诬奸所致，例内惟本夫闻奸数日杀死奸妇拟徒一条似可援引比附，但王氏之死由于杨芳会诬捏奸情，今将本夫刘正鼎照杀奸例定拟，是又加该氏以奸妇之名，于义似有未协，职等悉心商酌，应将刘正鼎于杀妻绞罪上量减拟流，仍援赦累减拟以满徒。（《刑案汇览》卷 40《刑律·斗殴·妻妾殴夫》"误信奸徒捏奸杀死无辜之妻"条，第 1463 页）

刘正鼎杀死无辜之妻，按律应处绞候，本无从轻之情。但从上引刑部的"说帖"中可以看出，法官从一开始就对刘正鼎抱有同情之心，想尽办法为之减罪，实在从法条、成案中找不到依据时，经过"悉心商

---

① （清）祝庆祺、鲍书芸：《刑案汇览》卷 41《刑律·斗殴·殴大功以下尊长》"刃伤缌麻卑幼三人酌加一等"条，第 1507—1508 页。

② 参见《大清律例》卷 28《刑律·斗殴下》"妻妾殴夫"条，第 460 页。

酌"，竟然以"一命两抵殊与律义未符"为由，将刘正鼎之罪从绞候减至徒刑。

如果杀死有罪妻妾，则更要从宽处理。清律规定，妻妾殴骂夫之祖父母、父母，夫不告官而擅杀，仅仅处以杖一百的处罚。[①] 这一规定过于危险，因为殴骂祖父母、父母往往难以查实，完全可以作为借口，近似于授予丈夫杀妻的权力。所以，清律对此又作出了限制，夫杀死殴骂夫之祖父母、父母的妻妾杖一百仅限于祖父母、父母亲告。换言之，祖父母、父母需到官府先证实妻妾有殴骂行为，在此前提下，夫杀死妻，才杖一百；若未亲告，则以故杀妻处绞候。但乾隆四十六年（1781），王瑞因妻詈骂其母并推跌倒地，其母并未亲告，但因有邻人王智目击作证，与亲告无异，故判王瑞"于擅杀杖一百罪上加一等，杖六十、徒一年"。[②] 至嘉庆年间，满仓因妻牛氏"在伊母跟前不时顶撞泼骂，仍出外各处游荡，该犯告知伊母并同伊妻母唤令回归，牛氏仍向伊母子混骂，该犯即将牛氏殴伤，并扔弃冰窖，水淹殒命"。满仓之母虽未亲告，但有骂詈确证，原审法官引王瑞案邻人作证与亲告无异之例，判处满仓杖一百。上报刑部后，刑部认为所引成案与律义不符：

> 详绎律义，诚以子妇之于翁姑与父母等，其有不孝殴詈，则罪犯应死，是以其夫忿激致毙，止惩其擅杀之罪，予以满杖。惟是伦纪綦严，人命至重，如使伊妻并无殴詈干犯重情，其夫因别故将妻殴毙，父母溺爱其子，恐其拟抵，于到案之后代为捏饰，以图脱子罪，亦不可不预杜其渐。是以律注云："亲告乃坐"，正以明事前未经呈告，逮伊妻被杀之后，始经供有詈骂翁姑情事，伊父母随同供证者不得概行引用，即使案情确实，亦须俟秋审时核办。其是殴是故分别减等发落，若詈骂毫无证据，虽审无起衅别情，仍应照例入缓，向来办理章程较若列眉，不容淆混。（《刑案汇览》卷33《刑律·人命·夫殴死有罪妻妾》"妻詈骂姑供证虽确但未亲告"

---

① 参见《大清律例》卷26《刑律·人命》"夫殴死有罪妻妾"条，第435页。
② （清）祝庆祺、鲍书芸：《刑案汇览》卷33《刑律·人命·夫殴死有罪妻妾》"妻詈骂姑供证虽确但未亲告"条，第1199页。

条，第 1199 页）

诚如刑部"说帖"所言，若采取有人作证即与亲告无异的做法，必然会出现"父母溺爱其子，恐其拟抵，于到案之后代为捏饰，以图脱子罪"的情形，故规定"妻被杀之后，始经供有詈骂翁姑情事，伊父母随同供证者不得概行引用，即使案情确实，亦须俟秋审时核办"。因此，只要祖父母、父母未亲告，即使证据确凿，也拟绞候，但秋审一般会减等，"例载秋审可矜人犯内如子妇不孝詈殴翁姑，其夫忿激致毙，案情既确，照免死减等例再减一等发落。"① 免死减等为流，再减一等为徒，也就是说，夫擅杀詈骂祖父母、父母之妻妾，最多判徒刑，其纵容尊长暴力的倾向仍十分明显。

夫杀死犯奸妻妾，若在奸所获奸，登时与奸夫一并杀死，因通奸事实清楚，证据确凿，且杀死通奸之人出于义忿，故勿论；奸所获奸，登时将奸妇杀死，奸夫当时脱逃，后被拿获，审明奸情属实，本夫拟杖八十。② 道光四年（1824），"徐阿二与刘杨氏通奸，被本夫刘玉茂在奸所撞获，挣脱跑逃，刘玉茂追拿不获，回家将刘杨氏殴打，欲俟寻获徐阿二一并送究。刘杨氏畏责，逃赴徐阿二家躲避，刘玉茂赶入，将刘杨氏殴死。"这属于奸所获奸而非登时杀死犯奸之妻，如何处置，律条无明文，原判法司比照非奸所获奸或闻奸数日杀死奸妇而确有实据例，拟杖一百、徒三年。上报刑部后，刑部认为不妥，"奸所获奸，非登时杀死奸妇，本夫之罪自宜较非奸所获奸或闻奸数日杀死者为轻"，改判刘玉茂杖一百。③ 可见，只要本夫在奸所获奸，登时或非登时杀死通奸之妻，处罚皆很轻，最多杖一百，实际上赋予了丈夫杀死通奸妻子的权力。

按法律规定，夫殴妻，折伤以上是要处罚的，但在《刑案汇览》"夫殴死有罪妻妾"、"妻妾殴夫"类下所载的案例中，找不出一例单纯

---

① （清）祝庆祺、鲍书芸：《刑案汇览》卷 33《刑律·人命·夫殴死有罪妻妾》"妻詈骂姑供证虽确但未亲告"条引例，第 1198—1199 页。

② 参见《大清律例》卷 26《刑律·人命》"杀死奸夫"条及所附条例，第 423—424 页。

③ （清）祝庆祺、鲍书芸：《刑案汇览》卷 33《刑律·人命·杀死奸夫》"奸所获奸非登时杀死奸妇"条，第 884—885 页。

因殴伤妻妾而治罪的例子，只有两例殴伤妻在保辜限内死亡、一例谋杀妻伤而未死治罪的案例。① 说明法律纵容这一类的行为，丈夫可任意殴妻。

二　暴力解决矛盾、纠纷的习惯思维

由于法律纵容尊长的暴力行为，尊长对卑幼的暴力行为，被视为正常行为，施暴者感觉不到压力，故尊长对卑幼使用暴力的情形极为常见。卑幼稍有过失或不听管教，便立即使用暴力：

> 陈自廊之父陈汶选令该犯取茶给饮，因茶不热，倾泼在地，当向斥骂，并用棍向殴。陈自廊畏惧跑出房外，陈汶选持棍赶殴，因地上被茶泼湿，滑跌倒地，磕伤脑后殒命。（《刑案汇览》卷34《刑律·人命·威逼人致死》"因茶不热致父倾泼滑跌身死"条，第1240页）

> 唐本华因雇人烧取石灰肥田，嗣工价无措，将灰卖去两担，向伊父唐幅礼告知。唐幅礼以田内需灰正多，因何先不说明即行卖去之言向斥。该犯声称止卖两担，余灰尚多，可以敷用。唐幅礼斥其强辩，顺取烟袋，立起欲殴。因病久头晕，站立不稳，侧跌倒地，致竹壁擦伤囟门，越十七日因风殒命。（《刑案汇览》卷34《刑律·人命·威逼人致死》"父因赶殴失跌擦伤抽风身死"条，第1240—1241页）

以上二例都是直系尊长暴力管教卑幼之例，类似的事例在《刑案汇览》中还有很多，不再赘举。由于夫妻关系在法律上也按尊卑等级设立，故丈夫对妻子也多行暴力管教：

> 裴秉若先后娶妻五人，元配陈氏，继妻张氏、卢氏、汪氏、汪

---

① 参见（清）祝庆祺、鲍书芸《刑案汇览》卷40《刑律·斗殴·妻妾殴夫》"殴伤不孝有据之妻抽风身死"条、"殴伤妻余限内因风身死"条、"夫谋杀妻伤而未死"条，第1460—1461页。

氏。于乾隆八年，裴秉若将陈氏骂逼缢死。九年，将张氏刀伤嘴唇，自行跳水淹死。十三年，卢氏因与该犯不睦缢死。惟第四继妻汪氏病故，第五继妻汪氏现存，时被殴打。该犯先后娶妾四人，李氏、王氏、黎氏、顾氏。十五年，因李氏不善持家用，鞭棍打伤越日身死，用芦席卷裹，令工人赵有庆、家人裴咸抬埋，乱葬岗内。十六年，将王氏殴打逃回母家。二十五年，因黎氏办菜不佳，先用鞭棍殴打，嗣用烧红火叉烙其下体致毙。令裴晚、裴崇抬埋屋后地内。惟顾氏现存。该犯平日屡因顾氏房事不遂其欲，辄于酒后用小刀割其背肉，每岁三两次，率以为常。十八年冬间，因氏不善办菜，用刀割其右耳轮，又因不听说话，用刀割其背肉，炙食下酒，又用火叉烙其手腕。二十五年，该犯自城中回唤氏同宿，怒其来迟，该犯用绳绷开顾氏手脚，用火烧红火叉烙其下体，婢女曾氏拉劝，亦被烙伤腮颊。查验顾氏曾氏各伤痕俱属相符，又该犯于二十六年正月内打死使女婢子，二月内又打死仆人随子，俱用蒲包装裹，令裴晚、裴崇抬埋，乱葬坑内，以致尸首无存，无凭检验。（《刑案汇览》卷40《刑律·斗殴·妻妾殴夫》"逼毙及殴死妻妾奴婢七命"条，第1468—1469页）

上举裴秉若之例，属于极端之例，不能代表一般的夫妻关系，我们相信，绝大多数的丈夫不可能对妻子如此残忍。但丈夫对妻子暴力管教的情形，的确常见，《刑案汇览》等案例汇编中载有相当数量的此类案例，以下略举两例：

> 孔玉成因伊母田氏嘱伊妻孙氏挑水，孙氏未即往挑，田氏斥其懒惰，孙氏不服顶撞，田氏令孔玉成殴责，孙氏逃跑，田氏喝令孔玉成管教赶殴。孔玉成追至村外，因孙氏辱骂，拾石殴伤孙氏耳轮连耳窍及耳根发际殒命。（《刑案汇览》卷40《刑律·斗殴·妻妾殴夫》"母仅令殴责子将妻叠殴致毙"条，第1456页）
> 汤凤池因母刘氏令伊妻巩氏帮同簸麦不允，该犯向斥，巩氏顶撞，该犯顺取木棍殴伤其两腿右膝，因其扑撞，该犯复用棍戳伤其谷道，殴伤其两腿、两臁粘连腿面，溃烂殒命。（《续增刑案汇览》

卷 11《刑律·斗殴·妻妾殴夫》"殴妻限外身死死系不孝之妻"条，第 332 页）

若尊长与卑幼之间发生纠纷，尊长即使无理，也往往恃尊动用暴力：

> 吕学正因引灌己田，适大功堂兄吕学义趋至，嘱令堵塞沟口，让其先浇，该犯央其稍迟灌足再行堵闭。吕学义斥骂扑，该犯畏惧跑走，吕学义尾追，以致自行被石绊跌倒地内损殒命。（《刑案汇览》卷 41《刑律·斗殴·殴大功以下尊长》"并未争抗功兄赶殴自行跌毙"条，第 1509 页）

> 黄老猫与小功堂叔黄定理田亩上下毗连，该犯因黄定理田禾成熟，照向例挖𬬮放水灌溉己田。黄定理不依辱骂，即用柴刀向砍，该犯拾取柴枝抵格，致伤其左额角，黄定理扑拢，用刀扎伤该犯左肋，该犯畏惧跑走，黄定理举刀赶戳。该犯情急，顺取墙边木杵回身向格，适伤黄定理囟门殒命。（《刑案汇览》卷 41《刑律·斗殴·殴大功以下尊长》"功尊理曲先殴抵格二伤适毙"条，第 1512 页）

我们有理由认为，尊长使用暴力解决纠纷，已是习惯思维。从《刑案汇览》卷 41、卷 42《刑律·斗殴》"殴大功以下尊长"类下所载由纠纷而引起的杀伤案件来看，绝大多数都是因为尊长试图用暴力解决纠纷，从而酿成杀伤悲剧。

表 4—1　《刑案汇览·殴大功以下尊长》所见暴力解决纠纷的事例

序号	亲属关系	案情概述	资料出处
1	小功兄弟	黄守万主使子侄殴死与伊妻发生冲突的小功弟黄守明	"殴死缌尊为从刃伤分别军流"条

序号	亲属关系	案情概述	资料出处
2	缌麻叔侄	曹润幅以缌麻侄曹五长无端猜忌他人，令其置酒赔礼，不允，遂抢钱九千，称置酒赔礼后归还。曹五长往索，曹润幅用刀背击伤曹五长，回殴致死	"殴死抢钱勒罚之缌麻叔"条
3	小功兄弟	杨才因小功兄杨佐之驴践食禾苗，撵驴落河淹死，杨佐与弟持棍上门向其父杨栖伦斥骂扑殴，杨栖伦责令殴打，殴伤杨佐囟门而死	"听从父命殴死功兄骨损一伤"条
4	大功兄弟	黄政美主使其子黄忝松殴死向其索钱并用腰刀戳破衣服的大功堂侄黄忝才	"叠殴伤多情无可原未便拟流"条
5	大功兄弟	郝生裕等同殴上门嚷骂闹事的大功弟郝会子致死	"听从大功兄殴死降服胞兄"条
6	大功兄弟	陈焕魁逼令子陈选艮等殴打与己争租田地的期亲侄陈长青致死	"听从伊父主使叠殴功兄致死"条
7	小功叔侄	贾希曾向小功堂叔贾嵩秀借贷不成，心怀忿恨，遂同胞弟贾望曾共殴贾嵩秀成笃疾	"共殴尊长成笃首从俱系卑幼"条
8	小功兄弟	杜得桂因小功兄杜得宗将伊母棺椁压葬在公共祖坟之上，遂邀杜八得起迁，杜得宗拦阻，杜得桂与杜八得殴杜得宗身死	"听从帮殴缌麻服兄成笃身死"条
9	期亲叔侄	米宽掌殴向伊索要欠款的期亲侄米文新，自行将手指打入米文新口中，被咬伤，三月后身死	"刃伤期功尊长并余限外身死"条
10	缌麻兄弟	刘振江取棍向殴与己口角争闹的缌麻弟刘磨儿，刘磨儿夺棍回殴，伤重而死	"殴缌麻尊长成笃余限内身死"条
11	缌麻叔侄	傅万章向缌麻叔傅友泷索讨地价不成，反被辱骂，遂纠集他人殴伤傅友泷，余限内身死	"同谋共殴缌麻尊属限内死亡"条

续表

序号	亲属关系	案情概述	资料出处
12	小功叔侄	侯殿华持棍乱殴向己索要欠款的小功侄侯抢升，侯抢升逃跑，侯殿华追殴，侯抢升虑被追及，拾砖回掷，伤侯殿华脸颊，余限内身死	"殴小功叔越十六日抽风而死"条
13	大功兄弟	朱昌年用头相撞向己索要欠款的大功弟朱华年，自己碰伤，余限内身死	"碰伤功兄正限外因风身死"条
14	小功兄弟	董兴让误打小功弟董魁清地内树枣，董魁清拦阻，董兴让持棍殴打，遂用刀抵格划伤董兴让，余限内身死	"殴伤小功兄正限外因风身死"条
15	缌麻叔侄	丁焕先违禁放鸭，其缌麻侄丁添乐恐伤田禾，向其理论，丁焕先令子推倒丁添乐，取粪便塞入丁添乐口中，丁添乐情急咬伤丁焕先手指，余限内身死	"咬伤缌叔因渗水溃烂身死"条
16	小功叔侄	王五子因向小功叔王其耀借贷不成而争殴，用刀砍伤王其耀	"刃伤功尊限内平复不准减等"条
17	小功兄弟	詹贵远与小功服弟詹敬同行山路，詹敬被石块绊倒，将詹贵远撞落山涧，詹贵远斥责，詹敬恃强向殴，詹贵远惧奔回。至晚，詹贵远酒后持镰刀又去斥骂，詹敬回詈，遂用镰刀扎伤詹敬致死	"尊长向斥被詈殴死小功服弟"条
18	缌麻叔侄	阎泳成因缌麻侄阎普清恃凶扰害族人，纠众前往理论，踢伤其右肋，伤重而死	"尊长殴死扰害他人之缌麻侄"条
19	小功兄妹	张添受因其十二岁小功堂妹张丙英在房中玩耍，令其出外看门，不允，殴打，张丙英谩骂，遂搭死	"搭死小功堂妹恐系谋故驳审"条
20	缌麻叔侄	谭三因与小功兄谭维翰结怨，遂将谭维翰子、侄三人诱出，刃伤三人	"刃伤缌麻卑幼三人酌加一等"条

序号	亲属关系	案情概述	资料出处
21	小功兄弟	聂金瓯因小功堂兄聂谱堂卖地没有请自己作中，不平，前往争闹扑殴，自行跌毙身死	"小功堂弟欲向赶殴扑空跌毙"条
22	大功兄弟	吕学义令正在引灌己田的大功弟吕学正堵塞水道让其先灌，吕学正不肯，吕学义扑殴，吕学正逃走，追殴而自行跌毙	"并未争抗功兄赶殴自行跌毙"条
23	小功兄弟	孙梓邀小功弟孙亮陪客，孙亮以有事回绝，遂持枪而殴，孙亮夺枪伤孙梓右肋，余限内死亡	"情可矜悯亲老丁单一并夹签"条
24	小功兄弟	张承照偷放小功弟张承鹤家田水灌溉己田，张承鹤阻拦，张承照骂詈并持铁锹殴打，张承鹤回殴致伤张承照身死	"功尊偷放田水回戳二伤适毙"条
25	小功叔侄	黄定理持刀向砍因灌溉田地与己争持的小功侄黄老猫，黄老猫回格致伤而死	"功尊理曲先殴抵格二伤适毙"条
26	大功兄弟	刘聚殴打与己说理的大功弟刘恩，刘恩用镰刀抵格致死刘聚	"母死悲怨被殴抵格刀毙功尊"条
27	小功叔侄	况照美强迁小功侄况仕诰之母坟，况仕诰阻拦，况照美持刀向砍，被况仕诰夺刀戳伤，伤重而死	"祖坟被刨殴死功尊准其夹签"条
28	小功叔侄	胡成智欲将小功侄胡应碌祖母之坟挖毁变卖坟地，胡应碌阻拦遭殴，持刀砍死胡成智	"故杀挖毁祖坟之小功叔"条
29	大功兄弟	王湧方黉夜至大功弟王湧沅家寻衅，王湧沅被殴，用顶门铁锄抵格，适伤王湧方囟门而死	"被殴吓抵致毙犯功尊应准夹签"条
30	小功叔侄	夏之绚酒醉，猜疑小功侄夏必琇撕扯会簿名单，夏必琇分辩，夏之绚扑殴，站立不稳，磕伤脑后，越日殒命	"被殴挣夺跌毙犯功尊应准夹签"条

续表

序号	亲属关系	案情概述	资料出处
31	小功兄弟	程荣斌斥责小功弟程楚波欠钱不还，程楚波分辩，程荣斌揪住持烟袋殴打，程楚波抵格致程荣斌倒地，戳伤眼角，至夜殒命	"被殴挣夺跌毙犯功尊应准夹签"条
32	小功叔侄	王洪开以有碍风水为名，不准小功侄王文祥在己地内砍伐树木，王文祥不听，王洪开持棍殴打，王文祥回殴致死王洪开	"搪抵致毙理曲尊长应准夹签"条
33	小功叔侄	鬲金滩向小功侄鬲元太讹索银两未遂，用刀种伤图赖。鬲元太理论，鬲金滩持棍殴打，鬲元太回殴致死鬲金滩	"抵格伤多情近互斗似难夹签"条
34	大功兄弟	黄裕章持棍扑殴劝架之大功弟黄宗章，黄宗章拔刀格砍，致伤黄裕章囟门而死	"抵格加于砍戳之上难以夹签"条
35	大功兄弟	郑于垲因大功弟郑能孙控告涉讼，携枪寻殴，适郑能孙外出，殴伤其母郑童氏，郑能孙回见赶救，夺枪殴死	"救母殴死功兄并无急情可原"条
36	小功叔侄	官谷橦殴伤因抵押田地钱文小功叔官文柏，官文柏之子官谷凝为救父，殴官谷橦致死	"救父殴死功尊系互斗不准减"条
37	小功兄弟	艾廷芳拔刀向砍欲找地价的小功弟艾荣芳，艾荣芳夺刀抵格，戳伤艾廷芳殒命	"戳毙功尊情系互斗不准夹签"条
38	小功叔侄	徐文智诱小功侄徐春先赌博，徐春先赢钱，徐文智命再赌，不从，气忿殴打，徐春先以手中修削烟杆之尖刀抵格，戳伤徐文智而死	"戳死功尊致命伤重不准夹签"条
39	大功叔侄	刘熙喝令捆绑与小功叔刘沛争闹的大功侄刘起标，刘起标逃跑，刘熙追殴，刘起标用木棍回身殴打，适伤刘熙身死	"吓殴功尊误毙功尊不准夹签"条
40	小功兄弟	吴洸英骂詈并持刀向殴斥其无情的小功弟吴洸茂，吴洸茂用铁凿抵格，致伤吴洸英身死	"抵戳功尊毙命应分有心无心"条

序号	亲属关系	案情概述	资料出处
41	小功兄弟	汪太芳赊欠小功弟汪敬承烟钱未偿，汪敬承欲将所卖公共树钱扣还，汪太芳骂詈并殴，汪敬承回殴致死汪太芳	"吓抵致毙功尊分别有心无心"条
42	同胞兄弟	李迎彩私卖母之养赡田，其胞弟李迎灿埋怨，李迎彩骂詈扑殴，回殴致死其兄	"殴死期功尊长不得遽请改签"条
43	小功兄弟	刘仁沛捆绑无端怀疑自己偷割谷物的小功叔刘大谟，刘大谟之子刘仁源为救父向空中点放铁铳，铁砂弥漫，误中刘仁沛身死	"救父情切铳毙犯尊之小功兄"条
44	小功叔侄	唐广贤与小功弟唐先添口角争殴，唐广贤之子唐训谷救护而殴伤唐先添，伤重而死	"救父情切殴伤小功叔身死"条
45	大功兄弟	黄义将已故胞兄黄日盛之妻改嫁收受财礼自己化用，而未将黄日盛生前债务偿还，先经伯母斥责，黄义不服，后又有大功兄僧人觉名等至其家理斥，遭骂詈，殴伤而死	"僧人殴死大功弟照凡论拟绞"条
46	小功兄弟	丁豹因小功叔丁顿不退还地价，起意谋毙丁顿父子，毒伤小功弟丁恭、丁红	"欲毒功叔误毙功弟毒伤弟妻"条
47	缌麻叔侄	田义因久借小功兄田林铁锉被骂殴，又念及往日官司时田林为他人作证，遂起意将其九岁幼子、缌麻侄田甲辰殴死泄忿	"挟小功兄之嫌杀其九岁幼子"条
48	大功兄弟	杨伏禄因大功弟杨伏祥从伊瓜地经过，杨伏禄恐瓜破损，喝阻，杨伏祥气忿，故意踏伤瓜十余枚，伏禄承其熟睡，以刀棍殴死	"挟嫌乘睡杀死大功弟"条

　　以上 48 个因以暴力解决纠纷而导致亲属杀伤的案例中，第 16、36、44 三例，尊长与卑幼在纠纷中谁先使用暴力，记载不清，双方都有互殴的现象。其余 45 例中，属于卑幼先使用暴力解决纠纷而导致杀伤的案件共 7 例，分别为第 3、5、7、8、11、21、46 例；其他 38 例杀伤案件，皆由尊长先使用暴力解决纠纷而引起，比例高达 84%。

尊长先使用暴力，并不是因为卑幼无理，在上表由尊长先使用暴力而引起的 38 例杀伤案件中，多数是尊长无理。较为典型者，如个案 9 中的米宽、个案 12 中的侯殿华、个案 15 中的丁焕先、个案 22 中的吕学义、个案 23 中的孙梓、个案 24 中的张承照、个案 32 中的王洪开、个案 33 中的鬲金滩、个案 42 中的李迎彩，等等。

尊长暴力解决纠纷的习惯，无异于教唆行为，卑幼受其影响，也习惯于使用暴力。前表"《刑案汇览·殴大功以下尊长》所见暴力解决纠纷的事例"中，卑幼先使用暴力的情形并不鲜见，就说明了这一点。卑幼因小故而残杀尊长的事例，也不乏见：

> 明汝阳因妻父何存先借欠银谷，向索。经妻母杨氏以现食用不能偿还，该犯不顾亲谊，即牵猪作抵。杨氏拦阻斥骂。明汝阳辄生气忿，刀戳杨氏倒地，并将其子何老五、何其相连戳多伤，以致母子三人同时殒命。迨归家后，何氏见其神色慌张，问明情由，向其哭骂。明汝阳即取刀欲将何氏一并杀害。何氏跑出门外，适遇伊父兄赶到，幸而未死。（《刑案汇览》卷 28《刑律·人命·杀一家三人》"杀妻母等三命犯妻援免发遣"条，第 1023—1024 页）

> 孔耀先与胞兄孔得先、嫂杜氏同居各爨，素不和睦。嘉庆五年五月十八日，孔耀先从外回家，向嫂杜氏索茶，杜氏答以无人伺候。孔耀先理论，杜氏启口即骂。孔耀先忆及杜氏平日刻薄，被骂气忿，起意杀害，即取菜刀砍伤杜氏偏左恩门、右太阳、右肩胛、右手背，倒地。值兄孔得先回家，孔耀先虑及被拿，举刀砍伤孔得先左胳膊，逸出。邻妇孔赵氏夺刀，孔耀先划伤其手指，并砍伤额颅、脊背。自知杀伤人多，无罪可逭，触起孔有继、孔陈言不允借钱之嫌，起意一并杀害，即往。见孔有继在门外乘凉，用刀砍伤其咽喉，孔有继避入家内，孔耀先尾追，经孔有继之妻孔贝氏出阻，孔耀先也砍伤其唇吻。孔耀先又找见孔陈言，用刀连砍其额颅、鼻梁连唇吻、咽喉、右手心，孔陈言立时殒命。孔陈言之父孔太和、母孔董氏、妻孔蒋氏出救时，孔耀先心已昏迷，逢人即砍，先后砍伤孔太和右太阳、右肩胛，孔董氏项颈、右腮颊、右手腕，孔蒋氏咽喉。适堂兄孔盛先、族嫂孔李氏上前喝劝，族侄孔章五闻声往

看，孔耀先又将孔盛先顶心、恖门、额颅、脊背，孔李氏咽喉、肩胛、手腕砍伤，孔章五右胳膊、右后肋划伤。孔陈言妻父蒋国周、妻兄蒋纯一趋至捉拏孔耀先，又砍伤蒋纯一顶颈，并蒋国周左血盆骨、左手心。蒋国周受伤奔逃，孔耀先尾追至塘边，蒋国周失足落塘淹毙。孔耀先将刀撩弃欲逃，经差拿获解县。（《清代"服制"命案：刑科题本档案选编》"孔耀先杀死孔成言等三人并砍伤胞兄孔得先及孔太和等十一人案"条，第472—473页）

暴力解决纠纷之所以成为习惯思维，除去上述原因，我们认为，也与亲属间缺乏情绪宣泄渠道有关。纵向关系下，由于过度强调伦常秩序，情感不易满足，缺乏正常的情绪宣泄渠道，一旦出现纠纷，情绪往往失控，容易导致相犯案件的发生。在清代的亲属相犯案件中，蓄谋已久的相犯行为，较为罕见，大多属于情绪性犯罪，《刑案汇览》所载当事人一时情绪失控而铸成大错，事后追悔莫及的事例甚多，如杀伤亲属后立即自首者：

> （敖茂文）因伊嫂李氏平日挑唆伊兄，不时将伊训责，怀恨于心，乘其患病独自吃粥，是以趁便下毒。敖茂顺回家同吃时，该犯业已出门，迨该犯回家见敖茂顺业经身死，始知伊兄误被毒毙，痛恨无及，当将缘由向伊次兄敖茂泰哭泣跪诉，据实承认不讳。（《刑案汇览》卷42《刑律·斗殴·殴期亲尊长》"谋毒兄妻误毙兄命痛悔泣诉"条，第1546页）
>
> 张广信因向胞兄张广义借贷，屡被兄妾吴氏唆阻辱詈，该犯心怀忿恨，起意将其毒毙，即可望兄周济。嗣张广义出外，该犯乘吴氏蒸煮粉肉，乘间下毒，即潜往邻村躲避，不期张广义回家同食，致与吴氏一并受毒身死。该犯潜往探知，痛悔无及，据实向兄妻哭诉，嘱令赴县禀报，该犯亦自行投首。（《续增刑案汇览》卷11《刑律·斗殴·殴期亲尊长》"谋毒兄妾误毙兄命痛悔首告"条，第352页）

有杀伤亲属后悔立即自尽者：

金世重因向其弟金世成强借不遂，互相殴打，嗣见金世成伤重，畏惧自尽。（《刑案汇览》卷34《刑律·人命·威逼人致死》"将弟殴打伤重胞兄畏罪自尽"条，第1253页）

赵转因胞兄赵六三见伊借钱买备祭物祭扫祖坟，当以活人尚没饭吃，何能顾及死鬼之言詈骂。该犯答以轻祖重钱，赵六三即拳殴该犯左太阳，揪住发辫揿按，拾柴殴伤左肩甲。该犯情急夺柴吓打，适伤赵六三偏左。赵六三以自先理曲，声言吃亏不能向人投诉，该犯见兄气忿，向其磕头服礼。赵六三悔忿交迫，投缳殒命。（《刑案汇览》卷34《刑律·人命·威逼人致死》"无故被打回殴胞兄悔忿自尽"条，第1261页）

有杀亲后自知罪孽深重，绝食而死者：

韩淳青砍伤伊母韩冯氏身死一案，均经验明尸伤，获犯不讳……韩淳青于取供后自知罪重，拒绝饮食……嘉庆二十二年四月内陕西省民人李仁美、李仁潮商同勒毙伊母一案……李仁美既已绝食殒命。（《刑案汇览》卷44《刑律·斗殴·殴祖父母父母》"逆伦凶犯病危不得率行杖毙"条，第1618—1619页）

暴力解决纠纷的习惯思维使得亲情在矛盾、纠纷中失去了作用，亲属之间一旦发生纠纷，总是倾向于暴力解决。因此，在清代遗留的案例汇编中，我们经常可以看到三言两语不合，就使用暴力的情形，在此仅举一例：

丁添乐因缌麻叔丁焕先违禁放鸭，恐伤田禾，向理被詈，欲投族理论，丁焕先即令伊丁花生、丁农生将丁添乐两手执住，自取肥田之粪塞入口内，丁添乐情急咬伤丁焕先左手中指。丁焕先因天热洗浴，以致伤处肿胀溃烂，越十六日身死。（《刑案汇览》卷41《刑律·斗殴·殴大功以下尊长》"咬伤缌叔因渗水溃烂身死"条，第1501—1502页）

一些极其细微的矛盾、纠纷，因习惯于暴力解决纠纷，往往也会造成亲属间的重大伤亡：

> 阎茂因伊母秦氏谋毒该犯兄妻李氏，并误毙李氏之女希婆则引哥则二命。该犯虽未帮同下手，惟李氏之被毒毙命，究由该犯听从伊母买给砒信所致，即属同谋加功……李氏仅止用言顶撞，秦氏辄蓄意谋杀，核其情节，实属凶残。（《刑案汇览》卷23《刑律·人命·谋杀祖父母父母》"母谋杀兄妻子听从买给砒礶"条，第817页）

> 罗河文因向伊嫂罗王氏索分树价互骂，罗王氏手抱幼子罗二蛮扑拢向殴，该犯情急，取刀吓砍，罗王氏将身闪侧，该犯收手不及，误伤伊侄罗二蛮胸膛，罗王氏将罗二蛮弃地，抓住该犯撞头拼命，该犯用刀将其砍伤倒地，被胞侄罗潮胜赶拢扭住哭骂，该犯气忿起意致死，用刀砍伤罗潮胜右膝，罗二蛮、罗潮胜先后殒命，王氏伤经平复。（《刑案汇览》卷28《刑律·人命·杀一家三人》"故杀胞侄一命误杀胞侄一命"条，第1011—1012页）

> 谢柱孜因私将菉豆卖钱花用，被姑母朱谢氏向伊父告知责打，该犯怀忿，起意将朱谢氏谋害，潜用土信放入磨眼，朱谢氏前往磨面，做成面饭同子朱尚仁等先后食毕毒发，以致朱谢氏之女绕女、二丫头及童养媳被毒殒命，朱谢氏、朱尚仁伤而未死。（《刑案汇览》卷28《刑律·人命·杀一家三人》"欲毒一人误杀缌卑一家三命"条，第1017页）

笔者在浏览清代各种案例汇编时发现，亲属之间类似于上举的杀一家三人案件并不少见，其中有相当数量都是因为小故而引发。为说明问题，以下就以《刑部比照加减成案》、《刑部比照加减成案续编》卷14《刑律·人命·杀一家三人》所收此类案件为例，来看看亲属间杀一家三人案件的起因。

表4—2　《刑部比照加减成案》所载亲属间"杀一家三人"类案件的起因

序号	亲等	起因及案情简介	资料出处
1	大功	李六因大功堂嫂李马氏屡次欺压，故杀致死。又砍伤欲与之拼命的李马氏之媳李张氏，并故杀李张氏仅八月之幼子套儿	"贵州司"条（嘉庆二十五年），第151页
2	袒免	徐会庭因无服族叔祖徐千里并妻徐魏氏与伊父争吵并将其推倒，遂持棍殴死徐千里并妻徐魏氏	"湖广司"条（道光元年），第151页
3	小功	潘士和因向小功兄潘士杰索分故祖遗产未遂，挟嫌迁怒，故杀潘士杰年未满十岁的幼子潘银受孜、潘拴住孜二命	"安徽司"条（道光元年），第152页
4	大功	吕潮湘因口角争闹，致死大功堂弟吕潮周、吕潮成兄弟二命	"贵州司"条（道光元年），第152页
5	小功	康贵安因小功叔康济阳向其索欠赌债争闹，起意致死，康济阳二子欲捉拿，均被康贵安砍死	"四川司"条（道光二年），第152页
6	小功	萧沆周因索欠争闹，故杀小功弟萧沆湘及妻	"四川司"条（道光元年），第152页
7	小功	韦阿留听从父命，故杀小功堂伯韦石氏及缌麻妹唐韦氏（原因未载）	"贵州司"条（道光二年），第152页
8	小功	董九儒因口角争闹故杀小功叔母董崔氏及缌麻侄董兰香，砍伤小功叔董思诚	"直隶"条（嘉庆十九年），第152页
9	期亲	谢柱孜因私卖家中绿豆，被姑母朱谢氏向其父告知而遭责打，谢柱孜怀恨，将毒药掺入磨中，朱谢氏磨面做饭中毒，其女二人并童养媳被毒死，朱谢氏及子伤而未死	"安徽司"条（嘉庆二十二年），第153页
10	小功	韩锁挟韩冠英斥逐之嫌，故杀韩冠英年仅十二岁、五岁之孙韩黑、韩成	"安徽司"条（嘉庆十九年），第153页

序号	亲等	起因及案情简介	资料出处
11	小功	张长林杀死小功兄妻张陈氏及该氏幼子张乔娃、张再娃一家三命（原因未载）	"湖广司"条（嘉庆十八年）
12	缌麻	刘士进杀死缌麻兄刘士奇夫妇二命（原因未载）	"湖广司"条（嘉庆十八年），第153页
13	大功	石黄毛因大功弟石复欣患病，恐被传染，遂殴死，并向石复欣胞兄石门石贿嘱私和。嗣石门石索银不得，以告官威胁，遂致死灭口	"广东司"条（嘉庆二十二年），第153页
14	小功	赵帼柱砍死小功叔母张赵氏及小功堂妹赵长妹一家二命（原因未载）	"四川司"条（嘉庆二十年），第154页
15	小功	鲍进财因鲍二炮年之小功弟鲍七偷伊衣物，与长子鲍文升将鲍七谋杀。时鲍二炮年之子鲍白音在旁不依，亦被鲍文升殴伤毙命。被获解审，路经该屯，鲍进财央允解官松开锁铐，与文升回家探望。鲍二炮年虑其脱逃，子命无偿，起意纠约鲍成等将鲍进财父子四人一并杀死	"奉天司"条（道光元年），第155页
16	缌麻	彭仓海图奸胞弟妻未遂，族人欲捕送官，彭仓海持枪拒捕，戳死缌麻叔彭大广、无服族叔彭大湧、小功弟彭万里	"安徽司"条（道光元年），第156页
17	小功	余立文搜获行窃族人之小功兄余特升，称欲送官，余特升畏罪自缢。其妻余李氏不依，余立文主使其子余易发将余李氏溺毙，为绝后患，复将余特升之子余沉幅、余年姊一并致死	"湖广司"条（道光十二年），第540页
18	小功	张怀玉同弟张怀柱向姐夫王仁秀借贷，王仁秀因伊姊已死，亲戚断绝，不允。二人遂致死王仁秀，取其苞谷衣物，并将其女王寅女、王二女致死灭口	"四川司"条（道光十三年），第540页
19	缌麻	唐地潊砍伤缌麻侄女刘唐氏及女刘冬姑（原因未载）	"四川司"条（道光五年），第540页

续表

序号	亲等	起因及案情简介	资料出处
20	大功	王得礼因子王应夏自缢身死，系由大功兄媳王孙氏不借酒壶争吵起衅，起意泄忿，持刀砍伤王孙氏，其姑王朱氏喊叫，又将王朱氏砍伤，先后殒命	"河南司"条（道光十年），第540—541页
21	缌麻	赵里州砍伤缌麻兄赵幅山、缌麻弟赵金榜身死（原因未载）	"浙江司"条（道光四年），第541页
22	缌麻	罗楚秀因缌麻侄罗沅礼欠钱不还并辱骂，纠集众人图殴泄忿，被纠之人陈洮武等殴死罗沅礼、罗沅智	"四川司"条（道光六年），第542页
23	缌麻	王士春谋杀缌麻侄王进川及子王庚子（原因未载）	"河南司"条（道光五年），第542页
24	缌麻	乔凤杀死缌麻卑幼乔年一家三命（原因未载）	"河南司"条（道光五年），第542页
25	大功	任思栋戳死出嫁降服大功妹任二姑及任二姑婆母穆王氏（原因未载）	"四川司"条（道光七年），第543页
26	期亲	赖光标毒死期亲服侄赖得和身死，并误毒死赖得和之母赖邱氏、妻赖颜氏、弟赖六伢，致毙一家四命（原因未载）	"湖广司"条（道光十一年），第545页
27	期亲	谢周氏谋毒夫弟谢希伦之妻谢李氏身死，并误毒死谢希伦及子谢学魁、媳谢邓氏，致毙一家四命（原因未载）	"江西司"条（道光十二年），第546页
28	小功	刘洪宽与大功堂兄刘洪玉之妻通奸，起意毒死刘洪玉，误毒刘洪玉嗣母刘邓氏一并毙命	"安徽司"条（道光四年），第546页
29	缌麻	王全泗顺拾缌麻叔祖王子林家竹笋，被辱骂，并称送官，用刀戳死王子林并子王在先，其缌麻兄王全贵、小功叔王在连趋至捉拿，王全泗复又戳死王全贵、戳死王在连	"四川司"条（道光六年），第546页

序号	亲等	起因及案情简介	资料出处
30	缌麻	王沅阳因缌麻服族伯母王熊氏诬己偷窃，前往理论，被王熊氏用木棍殴伤，王沅阳回殴，持刀戳死王熊氏并王熊氏之媳王宋氏	"四川司"条（道光六年），第547页

资料来源：（清）许槤、熊莪：《刑部比照加减成案》，何勤华、沈天水等点校，法律出版社 2009 年版。

以上所列 30 个发生于亲属间的杀一家三人类案件，第 7、11、12、14、19、21、23、24、25、26、27 例案件，起因缺载。其余 19 例案件，从成因来看，因奸情引起的共 2 例，为第 16、28 例，剩余 17 例的起因，都是一些日常生活中的细故琐事或小偷小摸行为。这些生活中的口角细故，本来在常人之间都完全可以化解，而发生于亲属之间时，却往往因当事人情绪失控而酿成悲剧。这充分说明，即使在亲属之间，采用暴力解决纠纷也成为惯常思维，而且是不惜代价，用高昂的成本去解决一些极其细微的矛盾、纠纷，从而导致亲属相犯案件的频频发生。

第五节　失控的尊长权力

一　尊长滥用权威

伦常观念要求尊卑有序，故授予尊长管教卑幼的权力，应当说，尊长拥有合理、有限的管教权，并没有什么不妥。但伦常秩序下的管教权，目的在于强调尊长的地位以及对卑幼的控制权，尊长的管教权不仅范围广泛，体现在日常生产、生活中的各个方面；而且管教权是绝对的，哪怕是不合理甚至是错误的管教，卑幼都要无条件服从。卑幼若不服从教令，尊长有权将违反教令的卑幼送交官府处置，按清律的规定，对于父母告子孙违反教令者，应杖一百，[①] 嘉庆十五年定例："父母呈

---

① 参见《大清律例》卷 30《刑律·诉讼》"子孙违反教令"条，第 489 页。

子恳求发遣，即将被呈之子实发烟瘴地方充军。"① 故清代司法实践中，子孙触犯父祖而被呈送者，只要父祖要求严惩，一般都发配到极边、烟瘴之地，除非父母不愿发遣，才依律处杖刑。② 子孙的一些小过失，由于父母的控告，往往带来极重的惩罚，清代《刑案汇览》中有不少因小过而被父母控告的事例，如懒惰、游荡、酗酒、赌博、出言顶撞、私用家中财物等，以下略举二例：

> 谢帼兴先因其子谢立儿不听管教，赴中城呈送责惩，旋有钟二因犯夜被获，经官责释，谢帼兴闻知，以伊子谢立儿与钟二等常在一处，恐有伙同行窃情事，赴提督衙门具控。谢立儿闻知逃避，钟二亦混称谢帼兴邀伊赌博，经提督衙门送部审明，将谢帼兴、钟二俱杖责释放，后谢帼兴因谢立儿总未回家，复两次与钟二寻衅涉讼，均经南城讯明取结完案。谢立儿逃后于上年十一月投充正蓝旗汉军步甲，虑伊父送官，不敢回家，谢帼兴撞遇钟二，忆及伊子找寻不见，嗔钟二与伊子游荡，彼此分争扭控，经提督衙门将谢立儿传案送部，审据谢帼兴供称，情愿将伊子发遣。查谢立儿先因不听伊父谢帼兴管教，经官责惩，嗣复与钟二等闲游，经其父将钟二等喊告，该犯即逃避在外两年有余，并不回家养赡伊父，虽讯无另有忤逆别情，究属忘亲不孝，现据其父恳请发遣，自应照例问拟。（《刑案汇览》卷49《刑律·诉讼·子孙违反教令》"因子逃避两载不回呈请发遣"条，第1834页）
>
> 程廷彪因伊子程邦桂不听教训，出言顶撞，伊媳王氏亦顶撞伊姑，不服管教，一并呈请发遣，该抚将程邦桂依律拟军，王氏援照嘉庆六年本部审奏范氏触犯伊姑离异之案，断令离异等因。查范氏系违犯伊姑教令，经伊夫考善呈送断令离异，并非由翁姑呈送，与此案不同。查夫因妻不能侍奉翁姑呈告到官，止应断令离异，若翁姑呈送子媳，恳求一并发遣，是夫妇皆属不孝之人，自应一律治罪

---

① （清）祝庆祺、鲍书芸：《刑案汇览》卷49《刑律·诉讼·子孙违反教令》"出继之子本生继母呈送发遣"条引例，第1837页。

② 参见瞿同祖《中国法律与中国社会》，第14页。

以示惩儆，未便因律无一并发遣明文，仅令离异归宗，致滋宽纵。
本部向来办理此等案件，凡系父母呈送子与媳一并恳求发遣者，俱
将其夫依例问拟，其妻即令随同伊夫一并发配，今程邦桂夫妇既均
为父母呈送，自应一律办理，程邦桂一犯应如所咨，实发烟瘴充
军，其妻王氏应令该抚即交与伊夫程邦桂，一并带赴配所安置。
（《刑案汇览》卷 49《刑律·诉讼·子孙违反教令》"呈送子媳二
人一并发遣"条，第 1832—1833 页）

以上二例中，子孙的罪过，不过只是出言顶撞或游荡不归，若按原
定律文处置，最多杖刑，但因其父母所控，皆判充军或发遣。若卑幼因
违反教令而导致尊长死亡，卑幼则面临更加严厉的处罚：

> 小顾卢氏因老顾卢氏令其炊饭，小顾卢氏以赴地锄草回家，工
> 作辛苦，俟歇一回再煮，老顾卢氏斥其懒惰，小顾卢氏不服，以甫
> 经工作转回，全不体恤，自不炊煮反行斥骂之言顶撞，老顾卢氏气
> 忿扑向殴打，小顾卢氏闪避，老顾卢氏扑空失跌，被石块磕伤左
> 肋，擦伤左胳膊，越日殒命。该抚将小顾卢氏依子孙不孝致父母自
> 尽之案，如审有触忤干犯情节，以致忿激轻生例拟斩立决等因具
> 题……遵照部驳，将小顾卢氏比照子孙违犯教令，致父母抱忿轻生
> 者拟以绞候，妻于夫之父母有犯罪同例，拟绞监候。（《续增刑案
> 汇览》卷 10《刑律·人命·威逼人致死》"出言顶撞尚无悍泼致姑
> 跌毙"条，第 292 页）
>
> 伍锦达因赴厨炊爨，失手将碗跌破，连米泼地，嫁母唐易氏见
> 而村斥，该犯回称仍可洗净煮食，唐易氏嗔其强辩赶殴，因地湿滑
> 跌，被碗片戳伤左脚腕殒命。查唐易氏虽经改嫁，子无绝母之义，
> 应同亲母论，将伍锦达比照子违犯教令致母自尽例，拟绞监候。
> （《续增刑案汇览》卷 10《刑律·人命·威逼人致死》"跌破米碗
> 伊母斥殴滑跌身死"条，第 294 页）

以上二例中，子孙违反教令的举动，不过是与父母顶嘴，父母的死
亡是因追殴自行跌伤而死，全出意料之外，属于意外事故，但当事人仍

然被处以绞监候的重罚。这样判罚的目的无非是为了强调尊长的地位以及对卑幼的控制权。

正是因为如此，尊长的管教权因此极易失去控制，尊长滥用管教权的现象极为普遍。尊长行管教，本来应是针对卑幼的错误行为，但对于卑幼合情合理的正当行为，尊长也往往滥用权威：

> 刘知清平日孝顺伊母张氏，委无违反忤情事。嗣刘知清因伊母索得族兄刘知确嫁卖儿媳身价钱文，原非应得之财。刘知清向母劝说，他人嫁媳之钱不可使用。伊母不允。刘知清未与母言明，另凑钱文退还。经伊母问知不依，复虑被人耻笑软弱无能，气忿跳窑，跌伤身死。（《刑案汇览》卷34《刑律·人命·威逼人致死》"并无违反教令其母气忿自尽"条，第1245页）

> 尉金科因伊母杨氏令伊沽酒，该犯因无钱未买。杨氏不依，经人劝息，至夜自缢殒命。（《刑部比照加减成案续编》卷26《刑律·诉讼·子孙违反教令》"道光十二年湖广司"条，第684页）

尊长甚至因年幼子孙的无知玩闹行为而杀死他们：

> 王景周与俞妮各抱幼孩玩耍，王景周将俞妮哄至牛房，许给钱文欲成为夫妇。一闻有人咳嗽，各抱幼女走出，旋因王景周甥女与俞妮幼妹各相打哭，王景周与俞妮角口，将俞妮殴打哭骂而回，诉知伊母李氏，寻见王景周吵骂，经王景周之母劝回。越四日，俞妮之父何进礼回家，李氏述知前情，何进礼气忿，于次日将俞妮勒毙。（《刑案汇览》卷52《刑律·犯奸·犯奸》"诱奸幼女未成致女被父杀死"条，第1936页）

> （罗范氏）因三娃与养媳引姑在外顽吵，被夫罗网林辱骂欲殴，该氏气忿赴河投水，三娃、引姑拉住啼哭，该氏即迁怒三娃、引姑，一并拴缚拉踢落河溺毙。（《刑案汇览》卷44《刑律·斗殴·殴祖父母父母》"嗣母故杀子媳二命致夫绝嗣"条，第1603页）

上列各案中的俞妮不过九岁，三娃、引姑的年龄缺载，但无疑都是幼童。他们年幼无知，三娃、引姑不过是调皮吵闹，俞妮的所作所为也不过是无知的玩闹行为，竟然因此而命丧父母之手，尊长滥用权威的现象可见一斑。

尊长因自身的过错行为与卑幼发生纠纷时，也习惯于滥用权威：

> 老焦刘氏与焦菊弟通奸，被伊媳小焦刘氏窥见道破，与之争吵，用拨火铁叉戳伤小焦刘氏胸膛殒命。（《刑案汇览》卷23《刑律·人命·谋杀祖父母父母》"虑媳张扬奸情吓打一伤适毙"条，第811页）

> 吴大文因与查传贵之妻杨氏通奸，查传贵利资纵容，吴大文次子吴延华不服，在外传播，致地主戴赵斌闻知，令吴大文退佃搬迁。吴大文带同子媳等并查传贵夫妇迁至竹山租屋居住，吴延华仍时与查传贵争吵，查传贵欲同杨氏搬走，吴大文虑恐不能续奸，起意将吴延华致死，长留查传贵夫妇同住。随商同查传贵将吴延华诱至僻处，吴大文潜取小刀，乘吴延华不备，从其身后揪住发辫，连戳其项颈左右耳根，并狠割其咽喉两下，登时殒命。（《刑案汇览》卷23《刑律·人命·谋杀祖父母父母》"父奸人妻被子传播将子谋死"条，第812页）

不唯直系尊长如此，旁系尊长滥用权威的现象也不乏见：

> 张添受因年甫十二之小功堂妹张丙英在房内玩耍，张添受令其出外看门，张丙英不允，张添受用手向拉，致指甲划伤张丙英上唇吻，张丙英哭喊，张添受抓住其发髻向柱上碰，伤其右太阳右额角，张丙英谩骂，张添受用手搯住其咽喉，张丙英气闭殒命。张添受虑恐到官问罪，起意假装自缢，将张丙英尸身用棕索套住，系于磨担而逸，旋被访获。（《刑案汇览》卷41《刑律·斗殴·殴大功以下尊长》"搯死小功堂妹恐系谋故驳审"条，第1506—1507页）

> 谢运堂因埋怨胞伯谢德盛不应行窃雷正茂烟叶，谢德盛不依向殴，该犯闪避，谢德盛扭住该犯胸衣撞头，该犯求饶，举起右手推开，谢德盛一口咬住该犯衣袖拉走，该犯用右手大二两指向叉咽

喉，冀其松放。谢德盛被叉退后，适被门槛绊脚仰跌倒地，将该犯带跌身上，该犯放手不及，以致手指叉伤谢德盛咽喉殒命。（《刑案汇览》卷43《刑律·斗殴·殴期亲尊长》"致毙胞伯下手伤重似非无心"条，第1578页）

以上所言尊长滥用管教权，都发生在卑幼没有明显过错或是尊长自己有过错的情形下。如果卑幼有罪过，尊长行管教自然名正言顺，但因小过错而杀死卑幼的事例极为常见，手段也异常严酷：

张勇因子二小子偷窃杨金地内蔓青，杨金向张勇索赔，张勇以伊子时常在外窃物，屡诲不悛，起意致死，将二小子用麻绳勒毙。（《刑案汇览》卷44《刑律·斗殴·殴祖父母父母》"父勒死年甫十一犯窃之子"条，第1600页）

黄德显因子媳陈氏窃米卖钱，向其斥责，陈氏哭喊泼赖起衅，事甚细微，亦无殴詈翁姑重情，黄德显辄用铁锄柄戳其胸膛，并举锄殴伤其左额角连太阳倒地殒命。（《刑案汇览》卷44《刑律·斗殴·殴祖父母父母》"翁殴死窃米卖钱之媳"条，第1604页）

李增财因伊子李枝荣屡次行窃，央同周黑则前往李四喜家将李枝荣寻获捆住，李增财用铁斧背连殴致伤李枝荣两臁䯒，因其喊嚷滚转，李增财起意割断其两脚筋，随令李四喜将其按住，主使周黑则割断李枝荣两脚筋殒命。（《续增刑案汇览》卷12《刑律·斗殴·殴祖父母父母》"因子行窃央同外人将子殴死"条，第361页）

以上三例中皆为尊长故杀有盗窃行为的卑幼。可以看到，尊长对于犯盗窃行为的卑幼，不是一般性的殴责，而是用铁锄、铁斧或麻绳进行杀害。

在伦常秩序下，亲属之间的关系全部被构建为尊卑或上下的纵向关系，亲属间的交往，带有浓厚的命令—服从模式，因此，尊长滥用权威的现象，遍及日常生产、生活的各个方面，几乎无处不在。尊长滥用权威，是亲属相犯案件频发的重要原因，在《刑案汇览》中，由尊长滥用权威而引发的亲属相犯案件随处可见，举不胜举，如《刑案汇览》

卷42、卷43《刑律·斗殴》"殴期亲尊长"类下共载有84个案例，其中绝大多数都是因为尊长滥用权威而酿成杀伤悲剧，以下便是有代表性的三起案例：

> 王尚选因携铳赴田防守，由分居胞兄王尚品门首经过，王尚品之妻王辛氏嗔伊未经理睬，斥伊无礼，该犯回骂，王辛氏赶殴，该犯顺举竹铳声称施放，原冀王辛氏畏避，不期碰动火机铳伤王辛氏胸膛等处。适王尚品闻闹赶出查看，铳子飞开误伤王尚品右手背等处。（《刑案汇览》卷42《刑律·斗殴·殴期亲尊长》"铳伤兄妻误伤胞兄伤俱平复"条，第1548页）

> 卜以恪因伯母卜毛氏当得族人卜为楫地亩，复将地当给该犯管种，嗣卜为楫将前项当地一总绝卖与该犯为业，卜毛氏欲将先当之地向该犯分买，该犯不允，卜毛氏生气，用拄杖向该犯头上殴打，该犯用手抵挡，误伤卜毛氏左腮颊，卜毛氏赶向撞头，因雪地泥泞，自行跌在树上，带伤左额角。（《刑案汇览》卷42《刑律·斗殴·殴期亲尊长》"误伤期亲伯母平复未便量减"条，第1548—1549页）

> 刘德绍因胞兄刘德绅见杏果被人摘食，在门首叫骂，欲将杏树砍去，刘德绍好言相劝，刘德绅不允，举刀砍伐，刘德绍上前夺刀，刘德绅用刀向扎，刘德绍将刀夺获，又被刘德绅揪殴挣不脱身，情急用手搪抵，以致手内之刀扎伤刘德绅左肋等处。（《刑案汇览》卷42《刑律·斗殴·殴期亲尊长》"刃伤胞兄不得援引旧例夹签"条，第1551页）

二 尊长威权引发亲属杀伤

浏览清代的各种案例汇编，其中许多亲属相犯案件的发生，都与尊长威权过甚或拥有对卑幼的绝对管教权有关，可以说，尊长威权是引发亲属杀伤行为的重要成因。这主要可分为两种情形：

一是尊长强迫卑幼杀伤亲属，即尊长在与亲属发生纠纷或斗殴行为时，胁迫子孙杀伤亲属。此类事例极为常见，在《刑案汇览》中俯拾皆是，以下就选择《刑案汇览》卷43《刑律·斗殴》"殴期亲尊长"

类下所载尊长强迫卑幼杀伤亲属的案例，略举四例：

> 饶士琼因饶世友喜习拳棒，常在外间滋事，伊父饶世胜劝阻被詈，欲向殴打，饶世胜之妻张氏拉劝，饶世友以其帮护，拔刀将张氏戳伤，经人劝散。饶世胜往拿饶世友送官，喊同伊子饶士琼并邀允族弟饶世品前往捉拿。饶世友手执铁尺赶向饶世品等殴打，被饶世品用担格落铁尺，并殴伤腜肘，饶世胜拾获铁尺殴伤饶世友右脚踝，饶世友另拿柴斧向砍，饶世胜丢弃铁尺，将斧夺获，经邻人饶世璧将饶世胜拉开，饶世友辱骂，饶世胜气忿，因被饶世璧拉住不能脱身，将柴斧递给饶士琼，喝令殴打，饶士琼因系胞叔不敢动手，饶世胜嚷骂，逼令向殴，饶世友又举脚向踢，饶士琼用斧背殴伤饶世友左脚腕殒命。（《刑案汇览》卷43《刑律·斗殴·殴期亲尊长》"听从伊父殴死胞叔其父拟徒"条，第1569页）

> 郑德华听从熊一新行窃熊年丰家山薯，被事主查知起获原赃，欲行送究，经劝允赔而散。嗣伊父郑名胡因无钱赔赃，并恐到官指报，审出纵子行窃一同问罪，起意将伊长子郑万才致死，移尸往赖，希图抵制。向该犯商谋未允，郑名胡即以如不听从，自往寻死之言吓逼，该犯无奈允从。郑名胡用绳套入郑万才项颈，令该犯帮同拉勒，该犯不忍用力，郑名胡将其推开，手掐郑万才咽喉毙命。（《刑案汇览》卷43《刑律·斗殴·殴期亲尊长》"因窃败露父逼令谋杀兄图赖"条，第1570—1571页）

> 周通九因胞兄周通四偷窃伊母牛只并拳殴伊母成伤，伊母忿恨，逼令该犯将周通四推入河内溺毙。（《刑案汇览》卷43《刑律·斗殴·殴期亲尊长》"听从母命推溺胞兄致毙夹签"条，第1572页）

> 任得让因胞兄任得恭平日不顾父母养赡，并屡次触犯，复帮护外人寻衅。伊父任灿气忿莫遏，令该犯等代殴使知畏惧，经该犯等劝慰而息。次日任得恭饮醉复行混骂，任灿忿极，又令该犯寻殴，该犯未允，并向劝慰，任灿称欲撞死，该犯方始允从。任灿以如不力殴任得恭，总不知畏惧，伊仍撞死之言叮嘱。该犯往向任得恭村斥，任得恭即携柴刀赶砍，该犯夺获柴刀，彼此揪殴砍划，致伤任

得恭，次日殒命。(《刑案汇览》卷43《刑律·斗殴·殴期亲尊长》"勉从叠殴期尊至死应准夹签"条，第1572—1573页)

在尊长威逼卑幼杀亲尤其是杀尊亲的案件中，卑幼总是处于两难的地步：尊长在威逼时，往往以自杀来要挟，若违背其命，假如尊长因此而自杀，卑幼自然逃脱不了逼死尊长的罪名；但若奉尊长之命而杀伤尊亲，当然也逃脱不了杀害尊亲的罪名。如姚阿名逼死胞兄姚百受一案中，百受触犯母姚陈氏，姚陈氏喝令阿名捆缚百受送官，阿名不敢动手，姚陈氏斥骂阿名，以自尽相逼，阿名无奈用绳缚其兄。姚陈氏命阿名先将百受送官，自己随后进城告官。百受在路上央求其弟放他逃走，阿名恐母不依，劝兄等母气平再说。百受畏惧，乘阿名不备，跳河自尽。法司以姚百受之死，虽非弟逼，但事关名分，故判姚阿名流三千里。押送兄长是出于母命，并非己意，如果不服从母命，便是抗拒不孝，假如母亲因此而自尽，那么逼死父母的罪名大于逼死兄长。姚阿名处在母亲和兄长的纠纷中，违背哪一方的意愿都是要负刑事责任的。从是非的角度说，姚百受与其说是被弟逼死的，还不如说是被母亲逼死的。但从伦常的角度说，这是说不通的。因为尊长对卑幼的强逼罪不能成立，卑幼对尊长应逆来顺受，所以姚百受之死，虽然是其母强逼，但罪名只能由弟姚阿名来承担。[①] 可见，卑幼夹在两位尊长的冲突当中，无论如何也不会有善的结果，唯一的办法是自己身死。

二是尊长习惯于用暴力解决矛盾，与卑幼发生纠纷时，自恃尊长地位，殴打卑幼，卑幼被迫反抗，从而酿成杀伤悲剧：

胡光魁与胡光辉争吵，被期亲服叔胡崇儒踵至斥骂，该犯顶撞，胡崇儒将左手大指伸入该犯口内欲撕其嘴，该犯负痛情急，咬伤胡崇儒手指，越九十一日因伤进风，溃烂殒命。(《续增刑案汇览》卷11《刑律·斗殴·殴大功以下尊长》"咬伤胞叔正余限外因风身死"条，第338页)

向青槐系向刘氏故夫向世位共祖堂侄，服属小功，向青槐前往

---

① 参见瞿同祖《中国法律与中国社会》，第43—44页。

向刘氏家探望，见有粮食石余，即向借贷，向刘氏不允，并斥向青槐懒惰应该受饿，向青槐不服顶撞，向刘氏生气，手执柴块向殴，向青槐闪避，顺拾小木凳回打，适伤向刘氏顶心殒命。（《续增刑案汇览》卷11《刑律·斗殴·殴大功以下尊长》"回殴适毙功尊驳审是否有心"条，第343页）

吕成良因胞兄吕成祥向伊索钱，该犯答以夜晚无钱付给，吕成祥不依，该犯向劝，吕成祥益加气忿，奔取屋内防夜刀枪，该犯畏其持向殴戳，先将刀枪抢住在手，吕成祥抓夺，致将灯先碰熄，该犯持枪趋出门外，吕成祥赶出抓夺，并举脚向踢，吕成良跑走不脱，一时情急，随用刀枪向戳三下，致伤吕成祥左腮颊等处殒命。（《续增刑案汇览》卷11《刑律·斗殴·殴大功以下尊长》"卑幼有心干犯亦应照例声明"条，第344页）

曾汶星因胞叔曾得陆醉后见曾汶星向族人曾汶选借牛碾米，声言伊前向曾汶选借牛不肯，今借与曾汶星使用，欲往讲理，曾汶星劝阻，曾得陆斥其偏护，并向掌殴，经曾得陆之母曾欧氏喝阻，被曾得陆推跌，筑伤手指，曾汶星挣脱跑走。曾得陆举石赶殴，曾汶星躲避不及，虑被殴伤，情急拾棍抵格，原冀将石块格落，不期误伤其左手腕骨断。（《续增刑案汇览》卷11《刑律·斗殴·殴大功以下尊长》"卑幼误伤胞叔至折肢"条，第345—346页）

尊长在殴打卑幼的过程中，不慎造成自我损伤的事例也很多：

案江泳青因父江玉燿自外酒醉回家，令妻曾氏煮饭，值曾氏外出无人答应，江玉燿生气混骂，适该犯外归，见父已醉，劝令歇息，江玉燿村斥多管，一并喝骂，该犯即称有钱吃酒不如买馍充饥，何必在家混骂，江玉燿气忿，即取锄柄向殴，该犯跑避，江玉燿随后追赶失足滑跌倒地，被石块碰伤左额角，越四日殒命。（《刑案汇览》卷34《刑律·人命·威逼人致死》"言行违犯致父母赶殴跌毙"条，第1239页）

孟再兴平日嗜酒，不听伊父孟玉垌教训。嗣该犯卖菜回家，孟玉垌见其钱少，料伊沽酒花费，向伊查问。该犯答以菜多价贱，以致赚钱较少，并未饮酒浪费。孟玉垌嗔伊不听教训，气忿扑殴，该犯逃跑，致孟玉垌追赶，失跌磕伤殒命。（《刑案汇览》卷34《刑律·人命·威逼人致死》"不听教训致父赶殴跌毙私埋"条，第1239—1240页）

以上二例都是尊长不慎在殴责子孙的过程中死亡，而且都是尊长无理挑衅，卑幼并没有错误，但卑幼必须为尊长的死亡负刑事责任。孟再兴照子违犯教令致父自尽例处以绞候，对江泳青的判处缺载，因清代条例规定："子不孝致父自尽之案，如有触忤干犯情节即拟斩决，本无触忤情节，但其行为违犯教令，以致抱忿轻生者拟绞监候。"①是子不孝致父自尽之案，需分有无触忤干犯情节为斩决、绞候。江泳青因有责备父亲"有钱吃酒不如买馍充饥，何必在家混骂"的言语，是否属于触忤干犯，有待进一步审拟，但是江泳青最低也会被处以绞候。

正是因为有了尊长自尽卑幼需负刑事责任的法条，所以尊长在与卑幼发生纠纷时，尊长一旦自尽，哪怕是无理自尽，卑幼都要面临重刑。在《刑案汇览》"威逼人致死"类下收录有大量此类案件，以下略举二例：

柴赵氏因姑王氏欲食荞麦，该氏因荞麦面性冷，伊姑素患腹痛，忌食性寒之物，不肯与食，致伊姑气忿自尽。（《刑案汇览》卷34《刑律·人命·威逼人致死》"因姑有病不与冷物致姑自尽"条，第1251页）

王俊万因胞兄王荣万砍卖众山树木，并抢夺祭祖胙肉，均经该犯赔钱寝事。嗣王荣万因堂弟王贵万将坍败公众厅堂修整居住，欲令出给租钱不允，见王贵万肩钱经过，将钱抢走，王贵万投族，将王荣万寻获，处令还钱。王荣万钱已用完，央令该犯担保措偿，该犯不允，并以屡次滋事贻害，欲行首告。王荣万畏惧求免，王贵万亦恐牵连，代为力解。该犯不依，坚欲送究，并用言恐吓，王荣万

---

① （清）祝庆祺、鲍书芸：《刑案汇览》卷34《刑律·人命·威逼人致死》"言行违犯致父母赶殴跌毙"条引例，第1239页。

情急自尽。(《刑案汇览》卷34《刑律·人命·威逼人致死》"胞兄不安本分被弟逼迫自尽"条，第1253页)

　　以上案例中，尊长都属于无理自尽，卑幼是没有责任的，但法司只看重尊长死亡的事实，将案件归入"威逼人致死"一类，看作卑幼逼死尊长。至于卑幼的行为是否为强逼，强逼的程度是否到了不能容忍、不得不死的地步，尊长的行为是否合理，法律都不过问，只要尊长的自尽由卑幼引起，强逼的罪名便不可推卸，就要承担刑事责任。① 因此，尊长威权是引发亲属杀伤行为的重要成因。

---

① 参见瞿同祖《中国法律与中国社会》，第43页。

第五章

结　论

　　儒家主张的道德进路是由个别到一般，即先学会爱自己的父母兄弟，再逐步推及，去爱别的人和物。由于"亲亲之爱"是道德伦理的本始与基础，所以儒家极其看重亲属关系，刻意强调爱亲、敬亲、互通有无、扶困救难，处处为亲人着想。因此，"亲亲之爱"是中国传统道德伦理的起点，也是最高的道德标准。

　　伦理道德既然如此重视亲情，亲属之间就不应频频发生相犯事件。但从清代遗留下来的各类刑事档案来看，亲属相犯案件占有相当的比重，其中不乏因尺布斗粟而相杀、伤的案例，这表明道德理想与生活实际之间存在着巨大的反差。

　　对于反差局面的形成，我们很容易找到客观方面的因素——亲属相犯的概率本身就高。众所周知，中国在步入阶级社会之后，由于氏族血缘体系遗存较多，加上浓厚的祖先崇拜文化，导致了血缘体系与阶级体系的并存；而且因为农业文明的关系，血缘集团占有固定和毗连的土地，并安土重迁，又促成了血缘单位和领土单位的合一。家族聚居由此成为古代社会的一般形态，清代亦不例外。同时，由于古代社会家国一体的社会结构，宗族或家族不仅是古代社会重要的政治、经济单元，也是流布最普遍的社会组织，最重要的社会关系网；家族并非人类学意义上的生育社群，而是相当于氏族一类的事业组织，功能涉及政治、经济、文化的各个方面。家族是人们进行社会活动的主要载体，社会活动与经济交往大多在家族内部完成。由于家族聚居以及家族组织的事业化倾向，所以个人在生产、生活上的主要交往对象都是亲属，故亲属间的各种生活矛盾和利益纠纷难以避免，无形中增加了亲属之间发生纠纷的概率。从清代遗留下来的亲属相犯案件来看，案件的起因绝大多数都是日常交往中的各种矛盾和纠纷，似乎也证明生活矛盾和利益纠纷是导致亲属相犯的主要原因。

然而，这只是问题的表象。生活矛盾、利益纠纷与亲属相犯之间并没有必然联系，矛盾与纠纷虽不可避免，但只是亲属相犯的诱因，如果得到有效的化解，就不至于升级为刑事相犯案件。问题的实质不在于矛盾与纠纷本身，而在于矛盾与纠纷没有得到化解。

没有得到化解，可能的解释有三个：一是矛盾与纠纷过于尖锐，不易化解；二是缺乏和解的情感基础，不愿化解；三是传统（儒家）伦理的化解机制存在问题，不能化解。从清代亲属相犯实例来看，第一种解释并不能成立。我们还没有发现因价值观念分歧或政治冲突等难以调解的矛盾而引发的相犯案件，所有案件都由生活中的细故、琐事而起，其实不难化解。第二种一般适合于解释常人之间的相犯，而亲属之间，本能感情及"亲亲"伦理都是促进和解的情感基础，虽然也有感情破裂、不愿化解的个例，但总体上还不能以不愿化解来解释。那么，合理的解释只有第三种。

所谓化解机制，是指消弭矛盾与纠纷的内在工作方式，包括原理、过程、方法等因素。儒家伦理的确在这些方面存在着重大缺陷。

儒家的亲属伦理有"亲亲"与"尊尊"两大原则，"亲亲"是指爱自己的亲人，以恩爱、狎近为特点；"尊尊"是指敬重亲人，以秩序、法度为重。儒家亲属伦理最初重"亲亲"，将亲属之间的和睦相处看作亲属之道的根本，以亲属互爱的方式增强亲情观念，促进亲属间的恩爱，避免纠纷升级，其原理是通过情感来化解亲属间的矛盾。然而，随着儒家思想占据正统地位，同时因为家国一体的社会结构，亲属伦理的重点由"亲亲"升格为"尊尊"，宗旨由追求恩爱转变为讲求秩序。法律也按照儒家思想的要求，建立起一套维护尊卑、长幼秩序的等级制度，推行尊尊之道，强化家内秩序。与之相应，化解亲属矛盾的机制也发生了重大变化：以构建伦常等级的方式强化秩序观念，防止纠纷升级，其原理是通过秩序来化解矛盾。这一化解机制，应用于常人之间，或许不失为良方，但应用于亲属之间，却不啻为灾难。

在亲属间，试图通过强化秩序来化解矛盾，效率比通过情感化解要低得多。在常人之间，对秩序的要求大于对情感的要求，且矛盾、纠纷的产生，多由不履行义务或不遵守规范而引起，秩序化解一般能够奏效。而亲属之间，对情感的渴求大于对秩序的渴求，矛盾、纠纷的产生，多因情感因素而导致，情感化解才能避免纠纷升级。亲属间的矛盾、纠纷，不同于常人，并非单纯的利益之争，多掺杂有情感因素。我们注意到，亲属之间的利益纠纷往往有是非曲直"倒置"的现象，义务人似乎比权利人更有理，如索要欠款的人往往会遭到欠款者的殴打。而且即便是蝇头小利，也往往以告官的方式来解决纠纷，告官解决纠纷，需要花费不菲的费用，为蝇头小利而动用司法程序，显然不是出于追求利益的考虑。说明亲属间的纠纷，不是出于经济原因，而是情感因素在作祟，属于意气之争。

既然亲属间矛盾、纠纷的产生，多因情感因素而导致，那么情感化解才能避免纠纷升级为亲属相犯案件。如果不顾亲情而只讲秩序，不仅不能化解矛盾，有时还会起到相反的作用。清代的亲属相犯案件中，有不少这样的实例，纠纷本不难化解，却因一方过于讲道理、讲是非而引起对方的愤怒，从而上升为相犯案件。在这里，愤怒还不能完全以理屈来解释，更多的是对对方不顾亲情的愤慨。以秩序化解纠纷，前提是纠纷、矛盾的是非曲直容易判断。而亲属间的纠纷，很多都是积怨，恩恩怨怨相互交织在一起，头绪繁多，是非曲直不易判断，解决类似的矛盾与纠纷，单纯讲道理、讲是非，实际上没有多少功效，动之以情，可能才是最有效的方法。用强化秩序的方法来杜绝和防范亲属相犯，根本是行不通的，清代礼法对于秩序的强化，可谓登峰造极，但清代的亲属相犯案件却层出不穷，就说明强化秩序并不能化解纠纷、防范亲属相犯。所以，亲情才是矛盾与纠纷的天然润滑剂，防止亲属相犯的根本之道在于加强亲情。

退一步讲，如果说秩序也能高效化解亲属纠纷，那也一定是尊重亲情的秩序。而儒家的秩序是伦常等级，与亲情完全背道而驰。亲属间的情感以血缘为纽带，以信任为基础，发自于本心，近乎于本能，以恩爱、狎近为特点，天然缺乏等级秩序观念。而伦常观念与恩爱本属两极，是通过尊卑等级来构建亲属关系，最讲等级名分，要求的是秩序而非亲爱。出于亲情的行为，如救护父母而不幸造成父母死亡的意外事件，在伦常秩序观念中，却被视为应该制裁的犯罪行为；而背离亲情的行为，如父祖杀死犯奸子孙，在伦常秩序观念中，却被视为合理和正当的行为。

这种完全颠覆亲情的秩序观念，不仅不能有效化解矛盾与纠纷，反而严重破坏了亲属之间的信任、互爱关系，原有的情感化解机制也随之失效，亲属之间密而不亲，沦落为常人关系。因此，清代的亲属相犯在性质、频率、起因等方面与常人相犯并无二致。从性质来看，清代亲属相犯案件中，只能发生于亲属之间的特殊侵犯行为，如立嫡子违法、子孙别籍异财、娶亲属妻妾等，很少发生，绝大多数是常人与亲属之间都有可能发生的一般侵犯行为，如杀、伤、奸、盗等，与常人相犯没有区别。从案发频率来看，亲属相犯的频率并不低于常人相犯，如《刑案汇览》人命、斗殴类下共载有各类杀伤案例 1337 例，其中属于亲属间杀伤的就有 625 例，占到案例总数的 47% 左右。从起因来看，常人间能够引发冲突的事由也都能引起亲属相犯，比较《刑案汇览》中常人杀伤与亲属杀伤的案例，发现无论是亲属间的杀伤还是常人杀伤行为，起因皆类似——少数由奸、盗而起，绝大多数由生活矛盾和利益纠纷而引起。

在伦常等级观念下，亲属间的关系全部被构建为尊/卑或上/下的纵向关系，儒家希望以此来强化秩序，杜绝亲属相犯。结果却适得其反。首先，纵向关系不利于德性的培养。纵向关系下，对尊长几乎不设定义务，只是一味保障其地位与权益，而卑幼的权利被严重忽略，只有义务。这都不利于德性的培养。伦理学的研究证明，德性与权利的平衡，才有利于德性的成长。过度肯定权利，自然缺乏对道德义务的敬重心，难以养成高尚的道德情操；无视权利则可能丧失道德动力，也会导致德性的缺失。因此，从清代亲属相犯的案例来看，尊长与卑幼的道德水准与修养，皆令人担忧：尊长缺乏对道德义务的敬重心，不仅多无赖行为，还威逼卑幼参与犯罪活动或是教唆卑幼犯罪，甚至因己私利、为掩盖自身罪过或因卑幼不肯听从错误教令而残杀卑幼；卑幼则缺乏道德自觉，实际成为道德被动者，在强势尊长面前，屈从于尊长的指令，不辨是非，甚至听从尊长之命杀伤亲属，而尊长一旦失去强势，则威逼、欺凌之事常有发生。德性本是防范亲属相犯的重要屏障，正是它的缺失，才造成了亲属相犯案件的频繁发生。

其次，在纵向关系下，由于过度强调尊长的地位以及对卑幼的控制权，形成了家长专制，专制则出暴力。我们发现，失控的尊长权力，是造成亲属相犯的重要原因，由尊长滥用权威而引发的亲属相犯案件举不胜举，尊长故杀卑幼的案例也随处可见，《刑案汇览》所载亲属间的杀伤案件，绝大多数都是因为尊长试图用暴力解决纠纷，从而酿成悲剧，笔者曾统计《刑案汇览》"殴大功以下尊长"类下所载的亲属杀伤案件，发现由尊长先使用暴力而造成的杀伤悲剧，比例高达84%。同时，专制体制下，由于缺乏信任与平等交流，内心孤独，习惯于暴力解决问题，因此不难化解的日常纠纷往往升级为严重的暴力相犯事件。笔者曾统计《刑部比照加减成案》所收发生于亲属间的"杀一家三人"类案件的起因，发现因奸情引起的共2例，日常生活中的口角细故或小偷小摸行为引起的共17例，这些生活中的细故琐事，常人之间都完全可以化解，而发生于亲属之间时，却往往因当事人习惯于暴力解决问题而酿成重大悲剧。这充分说明，即使在亲属之间，采用暴力解决纠纷也成为惯常思维，而且是不惜代价，用高昂的成本去解决一些极其细微的矛盾、纠纷，从而导致亲属相犯案件的频频发生。

最后，纵向关系下，由于过度强调伦常秩序，情感不易满足，缺乏正常的情绪宣泄渠道，一旦出现纠纷，情绪往往失控，容易导致相犯案件的发生。在清代的亲属相犯案件中，蓄谋已久的相犯行为，较为罕见，大多属于情绪性犯罪，一些生活上的口角细故，本来在常人之间完全可以化解，而发生于亲属之间时，却往往因当事人情绪失控而酿成悲剧。

以儒家为代表的古代伦理在亲属关系上以秩序取代亲情，要求亲属间秩序为上，显然与家国一体结构下亲属组织的高度事业化有关。在高度事业化的家族组织中，成员之间各方面的联系尤其是经济方面的联系，十分紧密，容易产生利益纠纷，而利益往往蒙蔽亲情；加之个人品行良莠不齐，仅靠亲情来维系亲属关系，面临诸多困难。家族内部的确需要秩序。但需要秩序并不意味着秩序为上，亲属毕竟是一个特殊群体，不同于常人，在重视亲情的基础上适当照顾秩序，应该是一个合理的选择。儒家亲属伦理的缺陷在于过分强调伦常尊卑秩序而忽视亲情，把亲属关系等同于常人关系，试图通过强化秩序来化解亲属间的矛盾与纠纷。这一化解方式，由于忽略了亲属之间的情感需求，注定是行不通的。

儒家之所以选择秩序为重，除去上述原因，可能也与其学说兴起的背景有关。儒家学说兴起的时代背景是"礼崩乐坏"的春秋战国时代，社会"失范"严重，故儒家学说有强烈的秩序情结，其伦理以构建秩序为中心。[①] 姑且不论儒家将春秋战国时代看作失范社会是否恰当，仅就其学说旨趣来说，儒家对秩序的关注远远超过了对正义的关注，其目标"不在树立一套伦理知识，只在重建社会秩序，目标在行，不在知。所以，与其说儒学是有关伦理的知识，毋宁说是伦理本身"。[②] 构建秩序当然需要一定的政治地位，故有"内圣外王"的主张，而且"内圣"不过是"外王"的基础，"外王"才是最终目的，在儒家上下，不仅学生一定要"学而优则仕"，就是宗师孔、孟，也以设法取得政治地位为己任。争取政治地位，自然少不了趋炎附势、投怀送抱之举，儒家学说因此成为官方意识形态、儒生也成为官僚后备军。至此，儒生兼具伦理倡导者和政治执政者的双重身份。双重身份虽然有利于儒家伦理学说的推广，但双重身份也是一把双刃剑。以执政者的身份进行伦理宣教时，其效果往往受制于人们对现实和政治的满意程度：在满意度较高时，容易产生认同心理，效果较为理想；而满意度较低时，则容易产生反感心理和抵触情绪，效果就很差。由于人们对现实及政治不满的可能性远远大于满意的可能性，故政教合一体制下的伦理宣教，效果总是令人怀疑。儒家伦理也不例外。具体到亲属关系上，儒家伦常所推崇的尊卑、长幼秩序事实上很难得到真正的认同。尽管在官方意识形态及国家权力不遗余力地推广下，公然对抗伦常秩序的行为由于代价过高而较为罕见，甚至为了某些利益而表现出一种认同和追求，但消极反抗始终存在，伦常秩序观念仅仅停留在程式化或仪式化的层面上，徒具形式，难

---

① 参见张德胜《儒家伦理与社会秩序：社会学的诠释》，第109—110页。
② 同上书，第26页。

以深入人心，真正成为亲属交往的准则。伦常秩序的形式化，受损的不仅仅是伦常关系本身，亲情、道德观念及道德情感等也一并受损，于是，伦常秩序和亲情都不能起到有效的防范作用，亲属相犯因此而处于失控的状态。

征引书刊目录

历史文献

《尚书》,《十三经注疏》本,中华书局 1980 年版。

《尔雅》,《十三经注疏》本,中华书局 1980 年版。

《仪礼》,《十三经注疏》本,中华书局 1980 年版。

《礼记》,《十三经注疏》本,中华书局 1980 年版。

《左传》,《十三经注疏》本,中华书局 1980 年版。

《论语》,《十三经注疏》本,中华书局 1980 年版。

《孟子》,《十三经注疏》本,中华书局 1980 年版。

(宋) 黄伦:《尚书精义》,文渊阁四库全书本,台北:商务印书馆 1986 年版。

《吕氏春秋》,诸子集成本,中华书局 1954 年版。

《史记》,中华书局 1982 年版。

《汉书》,中华书局 1962 年版。

《魏书》,中华书局 1974 年版。

《旧唐书》,中华书局 1975 年版。

《新唐书》,中华书局 1975 年版。

《清史稿》,中华书局 1977 年版。

《睡虎地秦墓竹简》,文物出版社 1978 年版。

《唐律疏议》,中华书局 1983 年版。

《宋刑统》,法律出版社 1999 年版。

《大元圣政国朝典章》，中国广播电视出版社 1998 年版。

《大明律》，法律出版社 1999 年版。

《教民榜文》，收入刘海年、杨一凡总主编《中国珍稀法律典籍集成》乙编第一册，科学出版社 1994 年版。

《大清律例》，法律出版社 1999 年版。

《大清律纂修条例》，收入刘海年、杨一凡总主编《中国珍稀法律典籍集成》丙编第一册，科学出版社 1994 年版。

《大清律例汇辑便览》，同治十一年（1872）版，国家图书馆藏。

《清实录》，台北：华联出版社 1964 年版。

《南部县正堂清全宗档案》，四川省南充市档案馆藏。

（清）王明德：《读律佩觿》，法律出版社 2001 年版。

（清）祝庆祺、鲍书芸：《刑案汇览》，北京古籍出版社 2004 年版。

（清）祝庆祺、鲍书芸：《续增刑案汇览》，北京古籍出版社 2004 年版。

（清）潘文舫、徐谏荃：《新增刑案汇览》，北京古籍出版社 2004 年版。

（清）沈家本：《刑案汇览三编》，手稿本，国家图书馆藏。

（清）全士潮、张道源：《驳案汇编》，法律出版社 2009 年版。

（清）许梿、熊莪：《刑部比照加减成案》，法律出版社 2009 年版。

（清）冯桂芬：《显志堂稿》，光绪二年校邻庐刻本。

（清）魏源等编：《皇朝经世文编》，光绪十五年上海广百宋斋校印本。

《魏源集》，中华书局 1976 年版。

杜家骥主编：《清嘉庆朝刑科题本社会史料辑刊》，天津古籍出版社 2008 年版。

南京国民政府司法行政部编：《民事习惯调查报告录》，中国政法大学出版社 2000 年版。

四川省档案馆编：《巴县档案汇编》，档案出版社 1991 年版。

田涛等：《黄岩诉讼档案及调查报告》，法律出版社 2004 年版。

王钰欣、周绍泉主编：《徽州千年契约文书》（清、民国编），花山文艺出版社 1991 年版。

中国第一历史档案馆、东亚法律文化课题组合编：《清代"服制"命案：刑科题本档案选编》，中国政法大学出版社 1999 年版。

中国社会科学院历史研究所编：《曲阜孔府档案史料选编》，齐鲁书社 1979 年版。

近人论著

一 专著

陈顾远：《中国法制史概要》，台北：三民书局 1977 年版。

陈会林：《地缘社会解纷机制研究：以中国明清两代为中心》，中国政法大学出版社 2009 年版。

春杨：《晚清乡土社会民事纠纷调解机制研究》，北京大学出版社 2009 年版。

戴炎辉：《清代台湾之乡治》，台北：联经出版事业公司 1979 年版。

范忠信：《情理法与中国人》，中国人民大学出版社 1992 年版。

费成康主编：《中国的家法族规》，上海社会科学院出版社 1998 年版。

费孝通：《乡土中国·生育制度》，北京大学出版社 1998 年版。

何柄棣：《读史阅世六十年》，广西师范大学出版社 2005 年版。

何怀宏：《伦理学是什么》，北京大学出版社 2002 年版。

里赞：《晚清州县诉讼中的审断问题：侧重四川南部县的实践》，法律出版社 2010 年版。

韩秀桃：《明清徽州的民间纠纷及其解决》，安徽大学出版社 2004 年版。

瞿同祖：《中国法律与中国社会》，中华书局 1981 年版。

李文治、江太新：《中国宗法宗族制和族田义庄》，社会科学文献出版社 2000 年版。

梁治平：《清代习惯法：社会与国家》，中国政法大学出版社 1996 年版。

卢静仪：《民初立嗣问题的法律与裁判》，北京大学出版社 2004 年版。

毛国权：《宗法结构与中国古代民事争议解决机制》，法律出版社2007年版。

史风仪：《中国古代的家族与身份》，社会科学文献出版社1999年版。

王日根：《明清民间社会的秩序》，岳麓书社2003年版。

魏道明：《始于兵而终于礼：中国古代族刑研究》，中华书局2006年版。

谢维扬：《商周家庭形态》，中国社会科学出版社1990年版。

张晋藩总主编：《中国法制通史》，法律出版社1999年版。

张传玺：《中国历代契约汇编考释》，北京大学出版社1995年版。

张德胜：《儒家伦理与社会秩序：社会学的诠释》，上海人民出版社2008年版。

张佩国：《近代江南乡村地权的历史人类学研究》，上海人民出版社2002年版。

张锡勤、柴文华：《中国伦理道德变迁史稿》，人民出版社2008年版。

张小也：《官、民与法：明清国家与基层社会》，中华书局2007年版。

郑振满：《明清福建家族组织与社会变迁》，中国人民大学出版社2009年版。

周振鹤、顾美华：《圣谕广训集解与研究》，上海人民出版社2006.年版。

［日］滋贺秀三：《中国家族法原理》，法律出版社2003年版。

［日］中岛美章：《明代乡村的纠纷与秩序》，江苏人民出版社2010年版。

［美］白凯：《中国的妇女与财产：960—1949年》，上海书店出版社2003年版。

［美］步德茂：《过失杀人、市场与道德经济：18世纪中国财产权的暴力纠纷》，社会科学文献出版社2008年版。

［美］德克·布迪、克拉伦斯·莫里斯：《中华帝国的法律》，江苏人民出版社2010年版。

［美］黄宗智：《民事审判与民间调解：清代的表达与实践》，中国社会科学出版社 1998 年版。

［美］麦金太尔：《追寻美德》，译林出版社 2003 年版。

二 论文

卞利：《明代徽州的民事纠纷与民事诉讼》，《历史研究》2000 年第 1 期。

范忠信：《宗法社会组织与中华法律传统的特征》，《中西法律传统》（第一卷），中国政法大学出版社 2001 年版。

范忠信：《"亲亲尊尊"与亲属相犯：中西刑法的暗合》，《法学研究》1997 年第 3 期。

高汉成：《也谈中国古代律典的性质和体例——以〈唐律疏议〉和〈大清律例〉为中心》，《上海交通大学学报》（哲学社会科学版）2003 年第 5 期。

高学强：《丧服制度与中国传统刑事法：以亲属相犯为考察中心》，《中国刑事法杂志》2009 年第 6 期。

韩秀桃：《〈教民榜文〉所见明初基层里老人理讼制度》，《法学研究》2000 年第 3 期。

胡旭晟、夏新华：《中国调解传统研究》，《河南政法管理干部学院学报》2000 年第 4 期。

刘家和、何元国、蒋重跃：《孝与仁在原理上矛盾吗?》，《中国哲学史》2004 年第 1 期。

马启华：《论亲属容隐与亲属相犯》，硕士学位论文，中国政法大学，2003 年。

王倩：《清代至民国时期晋中南地区土地价格的变化趋势及其原因分析》，《华北水利水电学院学报》（社科版）2006 年第 2 期。

王文锦：《礼记》，收入《经书浅谈》，中华书局 1984 年版。

魏道明：《中国古代遗嘱继承制度质疑》，《历史研究》2000 年第 6 期。

武志文：《试论清代亲属相犯的法律责任》，硕士学位论文，西南政法大学，2004 年。

杨伯峻：《试论孔子》，收入氏著《论语译注》，中华书局 1980 年版。

俞江：《论清代九卿定议——以光绪十二年崔霍氏因疯砍死本夫案为例》，《法学》2009 年第 1 期。

郑定、马建兴：《略论唐律中的服制原则与亲属相犯》，《法学家》2003 年第 5 期。

郑秦：《十八世纪中国亲属法的基本概念》，《比较法研究》2000 年第 1 期。

［日］岸本美绪：《明清时代的"找价回赎"问题》，收入杨一凡总主编、寺田浩明主编《中国法制史考证》丙编第四卷《日本学者考证中国法制史重要成果选译·明清卷》，中国社会科学出版社 2003 年版。

［日］滋贺秀三：《清代诉讼制度之民事法源的概括性考察——情、理、法》，载［日］滋贺秀三等著，王亚新等编《明清时期的民事审判与民间契约》，法律出版社 1998 年版。

［日］滋贺秀三：《清代诉讼制度之民事法源的考察——作为法源的习惯》，载［日］滋贺秀三等著，王亚新等编《明清时期的民事审判与民间契约》，法律出版社 1998 年版。

［日］寺田浩明：《明清时期法秩序中"约"的性质》，载［日］滋贺秀三等著，王亚新等编《明清时期的民事审判与民间契约》，法律出版社 1998 年版。

工具书

（汉）许慎著、（清）段玉裁注：《说文解字注》，上海古籍出版社 1981 年版。

（清）永瑢等：《四库全书总目》，中华书局 1965 年版。

《辞源》，商务印书馆 1988 年版。

《中国大百科全书·法学》（修订版），中国大百科全书出版社 2006 年版。